Herder Taschenbuch 1670

Über das Buch

Die Bibel ist das große Buch der Verheißung: Gott läßt die Menschen nicht im Stich. Die Geschichte des Volkes Israel wird zur Beispielgeschichte, daß „Gott mit uns“ ist. Seit dem Schöpfungsmorgen hat sich Gott den Menschen immer wieder zugesagt und Zeichen seines Gedenkens gesetzt. Mit Jesus ist dieses „Gott mit uns sein“ zu einem Höhepunkt gelangt und Gottes Herrschaft angebrochen, damit wir voll Hoffnung in die Zukunft hineingehen, die Gott schenken will. Dieses Buch lädt ein, die Wege der Erwartungen nachzugehen, die von den Bildern und Geschichten des Alten Testaments hinführen auf den Mann von Nazaret, von dem die Evangelisten berichten. In ihm erfüllt sich nicht nur die Sehnsucht der Väter, sondern auch unsere Hoffnung auf eine letzte Geborgenheit, auch im Dunkel dieser Welt. So gelesen wird die Bibel zu einer unerschöpflichen Quelle des Glaubens und der Zuversicht.

Über den Autor

P. Dr. Bernard Springer, 1940 in Wien geboren. Eintritt in den Orden der Franziskaner-Minoriten 1963. Theologische Studien in Wien und Rom. Priesterweihe 1967 in Wien. Seit zwölf Jahren als Pfarrer in Neunkirchen (Diözese Wien). Neben der Pfarrseelsorge auf dem Bildungssektor tätig, mit dem Schwerpunkt Bibelpastoral und Judaistik.

Bernard Springer

Was uns verheißen ist

Wege zum biblischen Glauben

Herder Taschenbuch Verlag

Originalausgabe
erstmals veröffentlicht als Herder-Taschenbuch

Buchumschlag: Werner Bleyer

Herder Freiburg · Basel · Wien
Herstellung: Freiburger Graphische Betriebe 1990
ISBN 3-451-08670-0

MEINER MUTTER
ANNA SPRINGER

Inhalt

II.
Der Mensch
Unser Leben ist Gabe und Aufgabe

III.
Christus
Gott selbst ist mit uns auf dem Weg

V.
Nachfolge
Auf den Wegen des Herrn gehen

Vorwort

Der Buchtitel „Was uns verheißen ist" klingt gut. Ob er auch das hält, was er verspricht? Diese Frage wird mancher stellen, der, wie üblich, in der Inhaltsangabe am Buchanfang eine Erstinformation sucht. Das Stichwort „Verheißung" läßt oft nur an eine letzte Zukunft denken, die wir Himmel nennen, oder an Prophetenworte, die im Neuen Testament auf Christus bezogen werden. Diese Engpaßführung verstellt den Blick dafür, daß die Geschichte Gottes mit den Menschen, wie sie uns die Bibel beider Testamente erzählt, sich aus der einen und immer wiederkehrenden Zusage Gottes entfaltet: ich bin da für euch.

Die alles zusammenfassende Botschaft der Bibel klingt in den Gottesnamen kräftig an: JHWH ist der *ich bin da.* IMMANUEL der *Gott mit uns* und JESHUA heißt *Jahwes Heil.* Der biblische Mensch und der Gläubige, der sich an der Bibel orientiert, sieht sich einem einladenden Gott gegenüber, dessen Zusagen ihn herausfordern und auf den Weg des Glaubens stellen. Gottes Wort eröffnet uns eine Zukunft, in die wir trotz Dunkel und Unsicherheit hineinschreiten dürfen. Gott geht den Weg des Menschen mit, und als letzte Heilszukunft steht er auch am Ende dieses Weges. In dieser Perspektive ist das Christusgeheimnis die Erfüllung der im JHWH-Namen enthaltenen Zusage Gottes, die Sinnspitze der Geschichte Israels und das Ziel der suchenden Menschheit.

Die achtundzwanzig Themen, die hier dargestellt werden, sind an der „Wegmarkierung" der Zusagen Gottes orientiert. Und da Offenbarung wesentlich im Dialog geschieht, begegnen wir den Erfahrungen und Fragen des biblischen Menschen, in denen wir uns oft wiederfinden. Was die Auswahl der Themen und ihre Zuordnung anbelangt, bin ich mir der Begrenztheit und Unvollständigkeit bewußt. Da die Bibel selbst vor allem erzählt und situationsbezogen ist, will die Gliederung in Themenkreise und die Zusammenschau biblischer Aussagen nur den Zugang zur Botschaft in ihrer bunten Vielfalt erleichtern.

Einen „biblischen Glauben" im Sinne von geordneten Lehren eines Katechismus gibt es nicht, wohl aber eine Einladung, bereits begangene Pfade der Gotteserfahrung und der Hoffnung selbst zu gehen. Mit gut formulierten Patentantworten auf Probleme und Lebensfragen weiß sich der Mensch heute wenig anzufangen – sie treffen den Menschen weder auf seinen Höhenflügen noch an seinen Tiefpunkten. In den biblischen Menschen kann sich der Mensch heute leichter wiederfinden: als Mensch, der unfertig ist und verschiedene Wegstrecken zurücklegt, der immer wieder fragen muß und neu anfangen darf, weil er die Zusage Gottes hat, daß er seinen Weg mitgeht. Wer sich mit den biblischen Menschen in diesen Dialog mit dem „Gott mit uns" hineinbegibt, der wird Glauben als große Herausforderung, aber auch als tiefe Geborgenheit und Quelle von Kraft und Hoffnung erleben.

Eine eigenartige Spannung ist dem biblischen Glauben eigen: Einerseits liegt Gottes Wort an uns immer vorne, denn es will uns Zukunft geben, Lebensentfaltung schenken und Mut machen – und doch läßt uns die Bibel immer wieder zurückblicken. Es ist ein Rückblick, der uns aus der Verantwortung nicht entläßt und uns keinen Fluchtweg aus dem Heute anbietet. Das Gedächtnis dessen, wie Gott sein Volk geführt und wie er Christus errettet hat, soll uns die Gewißheit geben, daß er der treue Gott ist und daß er heute ebenso mit uns sein wird. Biblischer Glaube ist ganz lebens- und gegenwartsbezogen: es geht darum hier und heute auf Gott zu hören, auf die Zeichen der Zeit zu schauen, um nicht in einer selbstgenügsamen „Religionsausübung" zu vergessen, Gottes Güte in der gerade geforderten Zuwendung zum Mitmenschen nachzuvollziehen.

Die Bibel will ein Kursbuch sein, das uns zeigt, wie man die Wege Gottes geht und zu sich und den Mitmenschen findet. Menschen, die vor uns diese Wege gegangen sind, geben uns die Hoffnung, auch nach Mißerfolgen und menschlicher Untreue, sich wieder an dem treuen Gott festhalten zu dürfen, ohne abgewiesen zu werden.

Ein Anliegen, das mich bei der Darstellung der einzelnen Themen geleitet hat, war es, einem gefährlichen Fehlverständnis *des Teiles der Bibel*, den wir Christen *Altes Testament* nennen, den Boden zu entziehen. Das Alte Testament ist nicht bloß ein Schatten des Neuen Testaments und nicht nur Vorbereitung auf das Christusereignis. Die gesamte Bibel bis zur letzten Schrift der „Offenbarung" ist eine Entfaltung der im Namen JHWH liegenden Botschaft, daß Gott für uns da ist. Deswegen leben Christen und Juden aus der Erfahrung, daß Gott seine Verheißung jetzt schon als „Angeld" wahrgemacht hat und hoffen gemeinsam auf eine letzte Erfüllung der Selbstzusage des „Gott mit uns". Angeld der Erfüllung aller Zusagen Gottes ist für uns Christen der vom Vater erweckte und erhöhte Christus, der seine Kirche durch die Zeit führt.

Die einzelnen Kapitel sind in einem Drei-Jahres-Zyklus zuerst unter dem Thema „Biblisch glauben" im „Sendboten des heiligen Antonius", Padua/Italien, erschienen. Sie wurden für diese Buchausgabe überarbeitet und erweitert.

Neunkirchen, im Oktober 1989 *Bernard Springer*

I.

Offenbarung
Gottes Wege zu den Menschen

Gott spricht zu uns

Dein Wort ist eine Leuchte meinen Füßen und ein Licht auf allen meinen Wegen
(Ps 115,105)

Unter uns Menschen ist das Wort, gesprochen oder geschrieben, eine kaum ersetzbare Brücke zueinander. Man kann das deutlich an Sprachgestörten oder an jenen erkennen, die niemand haben, mit dem sie reden können. Gott hat uns Menschen, seine bevorzugten Geschöpfe, nicht allein gelassen. Nach der Bibel ist er es, der sich im ursprünglichen Wortsinn *entdecken* läßt: Er nimmt den Schleier der Verborgenheit und Unzugänglichkeit von sich weg. Das ist der Sinn des lateinischen Wortes *„revelatio"* (Offenbarung). Im Laufe der Geschichte hat er sich *immer wieder* kundgetan. Meist hat er dies durch Menschen getan, an die *sein besonderer Ruf* erging, und die sein Wort ihrer Zeit und Umwelt zu verkündigen hatten. Zuletzt aber offenbarte sich Gott durch *seinen menschgewordenen Sohn* Jesus Christus, der in vollkommenster Weise der Welt *den Willen seines Vaters* kundtat. „Viele Male und auf vielerlei Weise hat Gott einst zu den Vätern gesprochen durch die Propheten; in dieser Endzeit aber hat er zu uns gesprochen durch den Sohn ..." (Hebr 1,1–2).

Das Wort Jesu galt aber nicht bloß seinen Zeitgenossen; es gilt den Menschen aller Zeiten. Im Hören des Gotteswortes *begegnen* wir Gott. Christus wird bei jedem Gottesdienst gegenwärtig auch in seinem Wort, das wir mit Recht „Evangelium" (Frohbotschaft) nennen. – Das Wort Gottes will nicht bloß eine Wahrheit kundtun, die eine rechte Einsicht in die Dinge *von der Warte des allwissenden Gottes* bietet, sondern immer unser Denken, Reden und Handeln *bewegen.* Es ist die notwendige Orientierung für unser Leben und zugleich Anstoß, unser Tun und Lassen nach Gott auszurichten.

Gott ist ein Gesprächspartner der Menschen

Öfters kann man die Frage hören, warum man sich denn so ausführlich mit dem Alten Testament beschäftigen müsse. Was vor Christus war, sei zu Ende und für die Erlösten des Neuen Bundes von geringer Bedeutung. Auch die *Bücher des Alten Testaments* sind ganz und gar *Gottes Wort.* Die göttliche Offenbarung ist den Menschen *nicht auf einmal* zuteil geworden, sondern in *stufenweisem Fortschritt,* angepaßt der menschlichen Aufnahmefähigkeit und Kulturstufe. Der göttliche Heilsplan beginnt mit den Bundesschlüssen, die uns im Alten Testament berichtet werden: Der Bund mit *Noach* nach der Sintflut, der Bund mit *Abraham,* der Bund mit *Israel* am Sinai. Der Neue Bund in Jesus Christus *wurzelt* in dieser alten Geschichte Gottes mit den Menschen. Es ist unmöglich, das Evangelium in seiner letzten Tiefe zu erfassen, wenn uns nicht das Alte Testament den Sinn der Worte enthüllt, in welchen die neutestamentlichen Autoren die Frohbotschaft zur Sprache gebracht haben.

In dieser Perspektive bekommen die Ereignisse im Leben des Volkes Israel für uns eine besondere Bedeutung. Die Geschichte dieses Volkes wird zur *Heilsgeschichte,* weil Gott ihm Heil zuteil werden läßt. Gott wird erfahren als der, der *aus Ägypten befreit,* der *ins Verheißene Land führt;* der später aus der *Babylonischen Gefangenschaft zurückkehren läßt,* der *straft, verzeiht* und immer wieder eine *neue Zukunft eröffnet.* Der Gott der biblischen Offenbarung darf nicht nur als ein Faktor der Welterklärung oder – im philosophischen Sinn – als Erstursache verstanden werden. Gott ist Leben und Liebe, und er bekundet seine Sorge um die Menschen. Dieser menschenfreundliche Gott gewährt *Schutz* und stellt zugleich *seinen Anspruch* an das Gewissen des einzelnen und der Gemeinschaft.

In dieser Geschichte Gottes mit den Menschen stellt das Auftreten Jesu *den Höhepunkt* dar. Der Beginn des Neuen Bundes verkündet Johannes im Prolog seines Evangeliums: „Das Wort ist Fleisch geworden und hat unter uns gewohnt" (Joh 1, 14). In Christus hat das Sprechen Gottes zu den Menschen *sichtbare Gestalt* angenommen. Erst in dem vom Heiligen Geist *geschenkten Licht der Ostererfahrung* kommen die Jünger Jesu zur *endgültigen Bekehrung* und zur *ganzen Wahrheit.* Gott in einem Menschen zu entdecken, dessen Leben an einem Kreuz endet, versteht man nicht von selbst. Spontan erwartet man von Gott nicht, daß er seine Macht *in der Ohnmacht* offenbart. „Wir verkünden Christus als den Gekreuzigten: für Juden ein empörendes Ärgernis, für Heiden eine Torheit", gibt Paulus ohne weiteres zu (1 Kor 1,23). Die Christus-Offenbarung lag von Ewigkeit her in den Absichten Gottes zum Heil der Menschen. Paulus nennt sie deswegen ein Geheimnis. Doch jetzt geschieht die Enthüllung des „unergründlichen Reichtums Christi", und der Apostel weiß sich berufen und beschenkt mit der Gnade, dieses „Geheimnis Gottes" zu verkünden (vgl. Eph 3,8 f.).

Gott teilt seine Liebe, seinen Ruf und seine Verheißung durch die Realitäten des Lebens mit. Und wie Gott sich in seinem Handeln offenbart, so erweisen die Christen die Echtheit ihres Glaubens durch ihr konkretes Tun.

Propheten sprechen im Auftrag Gottes

„Ich glaube an den Heiligen Geist ..., der gesprochen hat durch die Propheten", so heißt es im großen Glaubensbekenntnis der Kirche. Wer kennt nicht Elija, Jesaja und Jeremia? Johannes der Täufer war der letzte und größte Prophet vor Jesus (Lk 7,28). Die Kirche ist erbaut auf dem Fundament der Apostel und Propheten (Eph 2,20). Propheten sind *Sprecher und Mahner* im Auftrag Gottes, *keine Wahrsager.* Sie holen den *tieferen Sinn* der Geschicke des Volkes in guten und schlechten Tagen ans Licht und zeigen die *Folgen der Treue* zu Gott und *des Abfalls* von Gott. Sie fordern radikale Beseitigung der Ungerechtigkeiten im Volk und aktive Hilfe für die Notleidenden. Sie sind zutiefst überzeugt, daß sie *zu einer Botschaft berufen* sind, die über rein menschliche Ansichten hinausgeht. „Wort des Herrn": so lautet ihre feierliche Verkündigung, um sich als *autorisierte Sprecher Gottes* einzuführen. So gesehen kann auch Jesus Prophet genannt werden, wenn er auch die anderen durch seine Sendung und seine Botschaft *überragt.* Er nimmt reuige Sünder an, verstößt gegen menschliche Erwartungen und nimmt aus Treue zu seinem Auftrag den Tod auf sich. So *offenbart* sich Gott durch Jesus *unüberbietbar.* Das Neue Testament ist sich dessen bewußt, wenn es dieses Bekenntnis Jesu überliefert: „Mir ist von meinem

Vater alles übergeben worden: niemand kennt den Sohn, nur der Vater, und niemand kennt den Vater, nur der Sohn und der, dem es der Sohn offenbaren will" (Mt 11,27).

Gott weist uns den Weg

Die *Zehn Gebote* und ebenso die anderen Gebote und Verbote der Tora dürfen nicht einseitig als Sammlung göttlicher Gesetze verstanden werden. Besser ist es, von der *Weisung Gottes* zu sprechen. Sie ist die Einladung Gottes an sein Volk, *auf seine zuvorkommende Liebe zu antworten* und darin Lebensorientierung – und Erfüllung zu finden. Die Gebote beschreiben die *Lebensform* des von Gott erwählten Volkes. Auf die Frage nach dem wichtigsten Gebot antwortete Jesus mit zwei Worten aus der Tora: „Das erste ist: Höre, Israel, der Herr, unser Gott, ist der einzige Herr. Darum sollst du den Herrn, deinen Gott, lieben mit ganzem Herzen und ganzer Seele, mit all deinen Gedanken und all deiner Kraft. Als zweites kommt hinzu: Du sollst deinen Nächsten lieben wie dich selbst" (Mk 12,29–31). Diese *doppelte Einladung* stellt also nach Jesu eigenen Worten den *Kern der Bundesweisung* und der *Lebensorientierung* dar. Dazu entsprechend wird das *Liebesgebot* im Johannesevangelium *für die Gemeinschaft der Jünger Jesu* formuliert: „Das ist mein Gebot: Liebet einander, so wie ich euch geliebt habe" (Joh 15,12). Der Maßstab für das ethische Verhalten der Glaubenden ist somit die Grenzenlosigkeit Gottes. An der Liebe Gottes muß sich der Glaubende in seinem Handeln orientieren, die Einzelgebote bieten nur Hilfe dazu. Dieses Hochziel zeigt Jesus in der Bergpredigt: „Ihr sollt also vollkommen sein, wie es auch euer himmlischer Vater ist" (Mt 5,48).

Die ganze Bibel ist Gottes Wort

Vielfältig wird in der Bibel Gott in Kontakt mit den Menschen geschildert: Gott *spricht* zum Menschen, *erscheint* ihm, *offenbart* sich ihm. Als *„Wort Gottes"* werden nicht nur die ausdrücklich auf ein *„Sprechen Gottes"* zurückzuführenden Aussagen der Bibel bezeichnet, sondern einfach alle in die Sammlung der heiligen Bücher (Kanon) aufgenommenen Schriften. Nach dem *Selbstzeugnis* der Bibel ist in ihr das *umfassende Sprechen Gottes* aufgezeichnet.

Wie sehr *dieses Wort* als Ausdruck des Liebeswerbens Gottes den Menschen *orientieren* und *verpflichten* will, bezeugt der 2. Timotheusbrief: „Du kennst von Kindheit an die heiligen Schriften, die dir Weisheit verleihen können, damit du durch den Glauben an Christus Jesus gerettet wirst. Jede von Gott eingegebene Schrift ist auch nützlich zur Belehrung, zur Widerlegung, zur Besserung, zur Erziehung in der Gerechtigkeit" (2 Tim 3, 15 f.).

Zeugnis vom Wirken Gottes in der Geschichte – aber kein Geschichtsbuch

Wir nehmen von vielen Büchern an, daß sie uns *nicht täuschen,* um so mehr von der Bibel, da sie Wort Gottes ist. Wir müssen aber darauf achten, daß die Bibel *eine Heilsbotschaft* enthält. Als Buch der *Einladung zum Leben mit Gott* ist sie irrtumslos. Viele Glaubensschwierigkeiten entstehen durch die *vorgefaßte* Meinung, daß die Bibel ein *Geschichtsbuch* sei. Man spricht ja wirklich immer von der biblischen Geschichte. Für viele Gläubige ist die *Geschichtlichkeit* der geschilderten Ereignisse, d. h., daß sich etwas so, wie wir es lesen, und nicht anders zugetragen hat, *allein der Beweis* für die Wahrheit einer Glaubensaussage. Viele sind dann schockiert und verunsichert, wenn sie hören, daß sich einzelne Berichte widersprechen, daß volkstümliche Legenden in die Bibel aufgenommen wurden oder manche biblischen Bücher gar keinen historischen Kern aufweisen, obwohl in ihnen so eindrucksvolle Persönlichkeiten auftreten wie Tobit, Jona, Judit oder Ester. Diese Bücher wollen an Hand einer Erzählung eine Lehre und Lebensweisheit verkünden und zur Glaubensstärke ermutigen.

Neben *gläubiger Geschichtsdeutung* finden sich im Alten Testament auch *erbauliche und lehrhafte Bücher,* die von vornherein keine Geschichtsschreibung sein wollten; wir finden eine *herrliche Poesie* im Gebetsschatz der Psalmen und auch *romanhafte Darstellungen* mit lehrhaften Aussagen. Ein geschichtlicher Bericht im modernen Sinn will bloß *informieren* – die Bibel *missioniert,* verkündigt und führt zur Glaubensentscheidung.

Zeitlos gültige Botschaft – zeitbedingtes Weltbild

Die Bibel ist ein Glaubensbuch. Sie vermittelt uns *religiöse Wegweisung,* aber im Kleid eines Weltbildes und einer Kultur vergangener Zeiten. Moderne naturwissenschaftliche Erkenntnisse und biblische Offenbarung liegen *auf verschiedenen Ebenen.* Theologie und Profanwissenschaft müssen die Grenzen ihres Forschungsgebietes und ihrer Aussagen erkennen. Der biblische Schöpfungsbericht z. B. bestätigt genausowenig die Evolutionslehre, wie die Evolution die Bibel beglaubigen kann. Deshalb ist keineswegs angebracht, eine Harmonisierung der Aussagen zu erreichen, da die Offenbarung *keine Erklärung über das „Wie"* der Schöpfung abgeben will.

Obwohl sich auf diesem Gebiet manches geklärt hat, fällt es vielen noch immer schwer, das *zeitbedingte Weltbild* von der *zeitlosen Glaubensaussage* zu unterscheiden. So kleidet z. B. Paulus die Heilsbotschaft, daß alle Menschen erlösungsbedürftig sind, in die Vorstellung seiner Zeit, wonach die Menschheit ein Urelternpaar haben müsse. Hat ja auch jede Familie einen Urahnen (vgl. Röm. 5,12–21). Der Text zielt nicht darauf ab, uns über den Anfang der Menschheit zu informieren. Er will sagen, daß alle Menschen auf das *Heil in Christus* angewiesen sind. Diese Lehre ist irrtumslose Wahrheit der Offenbarung. Zu entscheiden, ob die Menschheit von einem Menschenpaar abstammt oder von mehreren, ist wohl Sache der wissenschaftlichen Forschung und nicht der Theologie. – Sicher ist es nicht immer leicht festzustellen, auf welches Gebiet sich die Irrtumslosigkeit der Bibel bezieht. Der Prozeß Galilei zeigte deutlich, daß sogar aufgeschlossene Gläubige mehr am Buchstaben als am geistlichen Inhalt der biblischen Botschaft hängen konnten.

Die Pädagogik Gottes

Die Offenbarung, wie sie in der Heiligen Schrift niedergeschrieben wurde, ist die Geschichte einer voranschreitenden, göttlichen Pädagogik. Gott hat die Menschen dort abgeholt und angesprochen, wo sie sich kulturell und sittlich befanden, um sie nach und nach zu tieferer Einsicht und größerer Vollkommenheit zu führen. Wenn also die Bibel uns dieses oder jenes Verhalten der Menschen im Laufe der Geschichte vor Augen führt, bietet sie damit nicht notwendig ein Beispiel zur Nachahmung. Was zu einer bestimmten Zeit das *geringere Übel* sein konnte, kann zu einem späteren Zeitpunkt *überholt* und *verbessert* werden. So hat Jesus die im Alten Testament mögliche Ehescheidung abgeschafft. „Ihr habt gehört, daß gesagt worden ist ... ich aber sage euch"! Gottes Zuwendung zum Menschen hat sich seinem Verständnishorizont angepaßt. Im *Bereich der Heilswahrheit,* die Gott im Laufe der Geschichte, schrittweise und den Menschen angepaßt, geoffenbart hat, kann man von der *„Irrtumslosigkeit"* der Bibel sprechen. Nach der *Inspirationslehre* der Kirche hat ein biblisches Werk nicht nur einen Menschen, sondern zugleich Gott als Verfasser: „Zur Abfassung der Heiligen Bücher hat Gott Menschen erwählt, die ihm durch den Gebrauch ihrer eigenen Fähigkeiten und Kräfte dazu dienen sollten, all das und nur das, was er – in ihnen und durch sie wirksam – geschrieben haben wollte, als echte Verfasser schriftlich zu überliefern" (2. Vaticanum: Über die göttliche Offenbarung).

Früchte vom alten Baum der Offenbarung

Katechismen alten Stils haben Glaubenswahrheiten nach bestimmten Gesichtspunkten geordnet und leicht einprägsam dargestellt. Der Bibel fehlt diese Systematik ganz und gar. Sie erzählt uns in fortschreitender Vertiefung und Ausrichtung auf Christus *die Geschichte unseres Heils.* In dieser alten Geschichte Gottes mit den Menschen können wir heute noch *unseren Weg zu Gott* finden. Die Offenbarung ist wie ein alter Baum, der tief im Boden verwurzelt, immer wieder herrliche Früchte bringt. Wir müssen den ganzen Baum im Auge behalten! Weder die Urkirche noch die Kirche heute hat die Fülle und den Reichtum der Offenbarung voll ausschöpfen können. Immer wieder müssen wir um das Verständnis ringen und es uns neu schenken lassen.

Geschichte Gottes mit den Menschen

Im Spannungsbogen zwischen Verheißung und Erfüllung

Die Verheißungen eröffnen eine Zukunft

Wenn wir über Verheißungen und Hoffnungen reden, beschäftigen wir uns mit einem Hauptthema der Bibel. Damit wird uns ein Schlüssel in die Hand gegeben, der viele Tore zum Verständnis der biblischen Botschaft öffnet. Das Thema „*Verheißung – Erfüllung*" könnte ein Leitfaden für eine Gesamtdarstellung biblischer Theologie sein. In der Bibel des Alten Testaments ist zuerst – und vor allem – von *Heils-Verheißungen* die Rede und weitaus weniger von *Heilbringer-Verheißungen.* Die Konkretisierung auf einen Heilbringer, d.h. die Erwartung eines königlichen Messias finden wir nur vereinzelt und erst spät.

Wir wollen bei den Wurzeln des Gottesvolkes beginnen und den Verheißungen an die drei Erzväter Israels, Abraham, Isaak und Jakob, im Laufe der Heilsgeschichte nachspüren.

Ein zentraler Text, der am Anfang der Geschichte des Volkes Israel steht, ist die Verheißung an Abraham (Gen 15,1–21)

Abraham beklagt vor Gott seine Kinderlosigkeit, die im Widerspruch steht, zu dem von Gott zugesagten *großen Lohn* und *besonderen Schutz.* Wem soll dieser Segen nach ihm gelten? Gott verheißt ihm einen leiblichen Sohn, und im Bild der unzählbaren Sterne erfährt er darüber hinaus, daß er Stammvater eines großen Volkes wird. Gott hat Abraham aus seiner alten Heimat herausgeführt, um ihm eine neue zu geben, als Heimat für das zahlreiche Volk, das von ihm abstammen wird. In einem feierlichen „Schwur-Ritus" schließt Gott mit Abraham einen Bund und verheißt ihm den Besitz des Landes Kanaan als *Lebensraum* für das von ihm abstammende Volk (V. 17f.). Die göttliche Verheißung ist hier in einer kaum zu überbietenden feierlichen

Form ausgesprochen, durch die sich Gott – als *Bundesherr* – an Abraham und seine Nachkommen bindet. Es ist ein „*einseitiger Bund*", da die Initiative von Gott ausgeht, und eine *göttliche Zusage* – ein Segen dieser Art – *nicht verdient* werden kann. Die Verheißung, daß Abraham *Segensträger* ist, durch den alle Geschlechter der Erde Segen erlangen sollen (Gen 12,2f.) – ausgesprochen bei der Berufung des Erzvaters – gehört auch hierher. Diese Verheißungen stehen am Anfang der Geschichte Israels und damit auch am Anfang unserer Glaubensgeschichte, denn in der Berufung Abrahams wurzelt auch die Berufung des Gottesvolkes der Kirche. In dieser Verheißungsperspektive steht Jesus von Nazaret als Erfüllung – und als neue Verheißung in Hinblick auf das Reich Gottes in seiner Vollendung.

Inhalt und Dynamik der Verheißungen Gottes an die Väter Israels

1. Die Geschichte Gottes mit den Menschen beginnt, weil Gott aus Gnade und völlig unverdient sich mit den Menschen *verbündet.* Er offenbart sich als „*Gott mit uns*".
2. Die Verheißungen schaffen eine *Zukunft.* Wider alle Hoffnung schenkt Gott Leben. Den alten Eltern Abraham und Sara wird Isaak geschenkt und damit die Zukunft des Gottesvolkes garantiert.
3. Der Lebensraum des Volkes wird das *verheißene Land* sein, das poetisch als Land, in dem Milch und Honig fließen, gepriesen wird.
4. Sinn und Ziel dieser Verheißungen ist die *Segensmittlerschaft* des Volkes Abrahams. In diesem Volk, und durch dieses Volk möchte Gott sein Heil wirken. Von Anfang an eröffnet sich hier eine *messianische Perspektive,* denn das Heil für alle Völker soll durch Israel *vorbereitet* und *vermittelt* werden.
5. Diese Verheißungen sind *Lebensverheißungen,* in denen die Hoffnung auf ein jenseitiges Heil noch nicht anklingt.

Gott ist treu: er schenkt einen neuen und ewigen Bund

Immer wieder wird in der Bibel auf diese Väterverheißungen zurückverwiesen. Da man vor dem babylonischen Exil (586 v. Chr.) noch *keine Auferstehungshoffnung* kannte, ist ein langes, glückliches Leben im verheißenen Land der *Inbegriff* des von Gott geschenkten Lebens. Der irdische Segen soll Israel zu einer *tieferen Abhängigkeit* seinem Bundesgott gegenüber führen und erneut *Anlaß zum Lobpreis* werden (vgl. Dtn 8, 10). – Der Verlust der Heimat wird zur Glaubenskrise durch die Frage: „Haben wir den Herrn verloren, nachdem er uns den Segen entzogen hat?" In dieser Krise und im Zweifel, überhaupt noch Volk Gottes zu sein, klammert man sich an die alten Verheißungen und hört sie neu.

In der Ankündigung der *Heimkehr* aus der Verbannung und des *neuen Bundes* (Jer 31, 31 f.), der ewig und endgültig sein wird (Jer 32, 40 f.), erfährt der Inhalt der „Lebens-Verheißung" eine Erweiterung: Dem *„ewigen Bund"* entspricht die von nun an ungebrochene Güte Gottes für Israel, die einerseits die bleibende Treue des Volkes bewirken wird, andererseits dessen Wohlergehen im Lande sichert. Noch wird dieses Heil als *irdisches Heil* gedacht, doch ist es ein *bleibendes*, das Gott nicht mehr zurücknehmen wird. Man könnte von einem endgültigen (eschatologischen) Heil in der Dimension des Raumes und der Geschichte sprechen. Diese Verheißungen sind ganz *offen* und *zukunftsgerichtet*. Nach der eigentlichen Vollendung und Erfüllung wird man sich immer wieder ausstrecken müssen.

Gott erfüllt seine Verheißungen über den Tod hinaus

Der *biblische Verheißungsglaube* hat sehr lange an einer *geschichtlichen* und rein *diesseitigen Erfüllung* festgehalten. Erst am Ende der biblischen Zeit bricht die Hoffnung auf, daß Gott die Seinen auch im Tod nicht verläßt, weil er *treu* zu seinen Verheißungen steht. Die makkabäischen Märtyrer sterben in der Hoffnung, daß der lebendige Gott ihre Treue mit einem neuen und ewigen Leben belohnen werde (2 Makk 7).

In dem Streitgespräch mit den Sadduzäern knüpft Jesus an die Frühgeschichte Israels an, um den Glauben an die Auferstehung zu verteidigen. „Daß aber die Toten auferstehen, habt ihr das nicht im Buch des Mose gelesen, in der Geschichte vom Dornbusch, in der Gott zu Mose spricht: Ich bin der Gott Abrahams, der Gott Isaaks und der Gott Jakobs? Er ist doch nicht ein Gott von Toten, sondern von Lebenden" (Mk 12,26f.). Es geht hier letztlich um die Verheißungen des Anfangs, die als Kraft- und Hoffnungsquelle das Volk durch die Geschichte begleitet haben. Gott, der sich nach den drei Erzvätern Israels nennt, hat das einmal begonnene Gespräch mit diesen Menschen nicht abgebrochen. *Mit wem Gott im Gespräch ist, den nimmt er ewig ernst, den läßt er niemals mehr fallen.* Die Erzväter des Bundesvolkes sind auch die drei ersten Verheißungsträger. Die alte Lebensverheißung – die Hoffnung auf Nachkommen, Land und irdischen Segen – hat die Todesgrenze hinter sich gelassen und eine letzte Dimension, die Hoffnung auf ewiges Leben, entdekken lassen. Diese Verheißung in ihrer letzten inhaltlichen Tiefe, hat der lebendige Gott in seiner Treue an den Vätern Israels erfüllt; das will Jesus sagen. Gott schenkt Auferstehung und ewiges Leben, *weil er treu zu seinen Verheißungen steht* und seine Bundespartner ewig ernst nimmt.

Gott lädt zu einem Fest

Jesus vergleicht die Teilnahme der Gerechten am Leben Gottes mit der herzlichen Beziehung eines Gastgebers zu seinen geladenen Gästen. Mehrere Gleichnisse des Herrn sprechen davon. Da ist die unerwartete und überraschende Einladung der treuen Knechte, denen für die Zeit der Abwesenheit des Herrn das Haus anvertraut ist, und die treu bis zur Rückkunft ihres Herrn ausharren. „Er selbst wird sein Gewand hochbinden, sie am Tisch Platz nehmen lassen und sie alle bedienen" (Lk 12,35–48). Wir sind von Gott geladen zu einem Fest, das er uns bereitet, weil er uns liebt. Doch dürfen wir diese Einladung in unserem Leben nicht ignorieren. Dazu mahnen uns die Gleichnisse von den *klugen und unklugen Jungfrauen* (Mt 25,1–13), *vom Gastmahl* (Lk 14,15–24), zu dem sich viele geladenen Gäste entschuldigen, und vom *königlichen Gastmahl* (Mt 22,1–14), auf dessen Einladung die Gäste sogar aggressiv reagierten. Alle Bilderzählungen weisen auf eine *innige, freudige Gemeinschaft der auferstandenen Gerechten mit Gott* hin, die für immer dauern wird.

„... Du bist ein tüchtiger und treuer Diener. Du bist im Kleinen ein treuer Verwalter gewesen, ich will dir eine große Aufgabe übertragen. Komm, nimm teil an der Freude deines Herrn!" (Mt 25,21). Das Los der von Gott Verworfenen wird als dauernder *Ausschluß* aus dieser Heilsgemeinschaft, als *Verfehlung* jenes Zieles, zu dem wir berufen sind, geschildert (Mt 25,30.46). Jesus, der im Namen seines Vaters zum himmlischen Hochzeitsmahl einlädt, verkündet, daß *alle Menschen* zu dieser *Gemeinschaft mit Gott* und zur *Teilnahme an seinem Leben* bestimmt sind. Doch hängt die Erlangung dieses Lebens von der Hellhörigkeit gegenüber dem einladenden Herrn und seinem Willen ab.

Jesu Rede über die Endzeit: Mt 24,1–51; 25,1–46
In den Fragen der Jünger nach den *Zeichen* für die Ankunft des Messias zum Gericht und für das Ende der Welt begegnen wir auch den *Fragen* der frühen Kirche. Die Ermunterung trotz all der kommenden Leiden und Katastrophen – jede Katastrophe ist ein *Vorzeichen* für das kommende Gericht – standhaft zu bleiben, steht im Vordergrund (24,13). Eine *Zeitansage* für die Wiederkunft zum Gericht und das Weltende gehört nicht zur Offenbarung Jesus. „Jenen Tag und jene Stunde kennt niemand ..." (24,36). Die Verwirrung der Guten durch falsche Messiasse und lügenhafte Botschaften gehört zu den damals geläufigen Vorstellungen der „Wehen der messianischen Zeit". Das Wissen darum, hier vermittelt durch Christus selbst, soll zur *Vorsorge* und *Wachsamkeit* führen (25,23–25). Ist für uns eine Verbindung zum Weltgericht, Weltuntergang und Erweckung der Toten noch relevant, oder gehört diese Schilderung dem *antiken-biblischen Weltbild* an? Von einer Erweckung der Toten wird in dieser Endzeitrede nicht ausdrücklich berichtet, sie ist mitgemeint in der „Einsammlung und Zusammenführung der Gerechten" (24,31). Diese dramatischen Ereignisse vor dem Weltgericht spielen sich auf dieser Erde ab und nicht im Jenseits. Wir sind heute eher *Individualisten* und fragen nach einer *persönlichen-jenseitigen Zukunft.* Ist nicht *mein Tod,* der Tod des einzelnen, der Zusammenbruch, die *Katastrophe* schlechthin, *zugleich* aber die *Begegnung mit dem Menschensohn?* Werde ich nicht Ge-

richt und Heil in meinem Sterben erleben? Hier aber ist der einzelne ganz hineingebunden in das geschichtlich ablaufende Endzeitdrama. Das Weltbild von damals ist sicher zu berücksichtigen. Unaufgebbar bleibt auch für uns der Gedanke, daß Gott *seine Schöpfung* – vielleicht auch durch die Zerstörung hindurch – zur *Vollendung* führt. Gottes Schöpfung hat eine große Zukunft!

Der *Menschensohn-Richter* identifiziert sich mit den leidenden Menschen, deren Situation er selbst geteilt hat: „Amen, ich sage euch: Was ihr für einen meiner geringsten Brüder getan habt, das habt ihr mir getan" (25,40). Auch hier wird uns *keine Jenseitsinformation* vermittelt, sondern eine *Frohbotschaft* verkündet: Jesus, dem „Gott mit uns", begegnet man in den Menschen, deswegen entscheidet das Verhalten zum Nächsten über Heil und Unheil. Wir können nur Gemeinschaft mit Gott haben, wenn wir uns bemühen, seinen Weg zu den Menschen bis hinein in das Leid mitzugehen. Es gibt also auch Menschen – Karl Rahner nennt sie „anonyme Christen" –, die in diesem Leben nicht zu Christus und Gott gefunden haben, deren Leben aber der Güte Gottes entsprochen hat. „Herr, wann haben wir dich hungrig gesehen und dir zu essen gegeben, oder durstig und dir zu trinken gegeben?" (25,37).

Ziel der Schöpfung und des Menschen ist die Gemeinschaft mit Gott: „Kommt her, die ihr von meinem Vater gesegnet seid, nehmt das Reich in Besitz, das seit der Erschaffung der Welt für euch bestimmt ist" (25,34). Abschließend wird festgestellt, daß „die Gerechten das ewige Leben", die Ungerechten die ewige Strafe erhalten (25,46). Auch von den Verworfenen ist gesagt, daß sie *ewig leben* werden, ohne näher zu beschreiben, worin die Strafe besteht. Jesus will in seinen Hinweisen auf Verwerfung und Hölle deutlich machen, daß der Mensch *alles gewinnen* oder *alles verlieren* kann. Er wollte sicher keine bloße Information über die Hölle geben. Auf die bange Frage, ob wohl nur wenige gerettet werden, antwortet Jesus mit der Aufforderung: Bemüht euch mit allen Kräften, durch die enge Tür zu gelangen ..." (Lk 13,24). Wo Jesus über die Hölle spricht, geht es ihm nicht um einen Ausblick in die Zukunft, sondern um den *Ernst der gegenwärtigen Stunde.* Spekulationen und lächerliche, grausige Vorstellungen verdecken hier geradezu das eigentlich Anliegen der Predigt Jesu.

Das ewige Leben hat schon begonnen

Es gibt im Neuen Testament plurale Vorstellungen über die Verwirklichung des Gottesreiches und die kommende Welt. Gleichnisse und Bilder wollen zu dieser Wirklichkeit heranführen, von der es kein Erfahrungswissen gibt. Meist wird im Sinne eines zeitlichen Ablaufes gedacht. Der Evangelist Johannes verkündet eine besondere Form der Eschatologie, er betont ganz stark, daß die Heilszukunft *jetzt schon* begonnen hat. „Ich bin die Auferstehung und das Leben; wer an mich glaubt, wird leben, auch wenn er stirbt. Und jeder, der lebt und an mich glaubt, wird in Ewigkeit nicht sterben ..." (Joh 11,25f.). Hier wird die Todeslinie bereits in die Lebensgeschichte eines jeden Menschen hinein verlegt. Leben heißt demnach seit der Auferstehung Jesu: an Jesus glauben und durch diesen Glauben Anteil am Leben Jesu gewinnen. Tot sein aber heißt: in der alten Lebensordnung zurückbleiben. „Amen, amen, ich sage euch: Wer mein Wort hört und dem glaubt, der mich gesandt hat, hat das ewige Leben, und er kommt nicht ins Gericht ..." (Joh 5,24). Die Scheidung der Geister, die Überschreitung der Todeslinie, das Gericht, findet seit dem Kommen und der Auferstehung Jesu bereits dort statt, wo Menschen auf Jesus hören oder sich ihm gegenüber schuldhaft verschließen. Ganz deutlich spricht Johannes aber auch davon, wie dieser Glaube, von dem unser Heil abhängt, nach dem Vorbild der Hingabe Christi gelebt werden muß: „Wir wissen, daß wir aus dem Tod ins Leben hinübergegangen sind, weil wir die Brüder lieben. Wer nicht liebt, bleibt im Tod" (1 Joh 3,14).

Verlorenes und verheißenes Paradies

Hoffnungen, die dem Volk Gottes das Ziel seiner Wege zeigen

Der Garten Gottes

In den Mythologien der Ägypter und Griechen ist der Gottesgarten ein Wohnort göttlicher Wesen, die sich von den Früchten wunderbarer Bäume nähren, um ihre Unsterblichkeit zu sichern. Diese Bilder haben auch in die Bibel Eingang gefunden. Doch ist hier das Paradies nicht mehr als Lebensraum Gottes gedacht, denn der herrliche Garten wurde von Gott *für den Menschen,* nach dessen Erschaffung, gepflanzt, als Erweis seiner Güte zu seinen Geschöpfen. „Gott, der Herr, nahm also den Menschen und setzte ihn in den Garten von Eden, damit er ihn bebaue und hüte" (Gen 2, 15). Der Mensch ist für die Gabe des Gartens *verantwortlich,* er ist zur Weiterführung der Kulturarbeit, die Gott für ihn begonnen hat, berufen. Darin soll der Mensch *seine Erfüllung* finden, und nicht in einem untätigen Genießen.

Ein mächtiger Strom, der den Garten zur Oase macht, teilt sich dort in vier Flüsse, die alle großen Weltflüsse, entsprechend den vier Himmelsrichtungen, darstellen sollen. Ein aller Welt Fruchtbarkeit spendender Garten mit seiner *Urquelle* wird hier geschildert. Das Bild vom *lebenspendenden Wasser* finden wir in den Heilsverheißungen der Bibel immer wieder.

Die Vorstellungen, die mit dem Baum der Erkenntnis von Gut und Böse und dem Baum des Lebens verbunden sind, zeigen eine *enge Verwandtschaft,* denn rechtes Wissen, im Sinn einer umfassenden Erkenntnis, vermag das Leben des Menschen vor allem Unheil zu bewahren. In der biblischen Erzählung wird das umfassende Wissen, das sich der Mensch gegen das ausdrückliche Verbot aneignen möchte, als *Anmaßung* verstanden, über Gut und Böse selbst zu entscheiden und eine *Autonomie Gott gegenüber* zu beanspruchen. Doch beides, Leben und umfassende Erkenntnis, liegen in *Gottes Hand* und können nicht an Gott vorbei erlangt werden.

Die Strafandrohung „sobald du davon ißt, wirst du sterben" (Gen 2,17), will aus dem Gesamtzusammenhang des biblischen Sprechens über den Tod verstanden werden. Ein Gebot ist eine *Weisung* Gottes, durch die der Mensch in dem *besonderen Nahverhältnis* zu Gott – im Bund mit ihm – leben kann. Auch die Bundesgesetze, die bei bestimmten Übertretungen die *Todesstrafe* vorsehen, drücken sich so aus. Die Sünde, durch das Essen der Frucht symbolisiert, *verdient* den Tod. Die Bibel kennt den Begriff des Todes auch als *Sphäre der Gottferne,* in die der Mensch durch Auflehnung und Ungehorsam hineingerät. Ungehorsam führt in den Todesbereich – *weg vom lebenspendenden Gott!* Genau das wird in der Vertreibung aus dem Paradies ausgesagt: Zur Strafe wird der Mensch aus der *Nähe des Lebenspenders* entfernt.

Die *Lebensfülle,* die Gottes Nähe im Paradies schenkt, erinnert an die klassischen Beschreibungen des *Goldenen Zeitalters:* Vertrauter Umgang mit Gott – die herrlichen Früchte des Gartens – die Beherrschung der Tiere – das harmonische Miteinander von Mann und Frau und die Vorstellung, nicht sterben zu müssen. Das Glück im Garten Eden erscheint als *starkes Kontrastbild* zum realen Leben der Menschen, in dem es mühseliges Arbeiten, Schmerzen und Krankheiten gibt, gestörte und mißlungene Partnerschaften zur Erfahrung gehören und die Lebenskraft frühzeitig gebrochen wird. Wir können uns heute nicht vorstellen, daß es eine Zeit gegeben haben sollte, in der Mensch und Tier *friedlich miteinander* lebten, in der eine Geburt *nicht schmerzhaft* war und der Mensch *nicht sterben mußte.* Wo denn hätten alle diese „unsterblichen" Menschen auf Erden leben sollen? Der Text wäre sicher *überinterpretiert,* wollte man aus ihm die Beschreibung eines *Urzustandes* der ersten Menschen herauslesen. Der Autor, dessen Theologie in reine Erzählung aufgelöst ist, gebraucht das *Paradies-Motiv* als Einkleidung zur *Deutung der gegenwärtigen Situation des Menschen.* Alles Lebensmindernde, das letztlich im Tod gipfelt, versucht er, vom *Ungehorsam* des Menschen her zu verstehen – als *Folge der Abwendung* des Geschöpfes von seinem Schöpfer, der die Quelle des Lebens ist. Die Bibel zeichnet hier den Menschen in seiner *sittlichen Entscheidung*, und in seiner *Verantwortung* Gott gegenüber; ganz anders die Mythen, die Leiden und Tod durch den Neid der Götter verursacht sehen.

Mit der Paradieserzählung beginnt aber auch die *Geschichte der Einladung Gottes*, die Gemeinschaft mit ihm zu suchen und *in ihm* das Leben zu finden. In der Folge wird deshalb vom beispielhaften Gehorsam Noachs und Abrahams erzählt und vom Bund, den Gott mit ihnen und ihren Nachkommen schließt. Der biblische Autor will am Anfang seines Erzählwerkes, das die Geschichte Israels bis zum Einzug ins Land der Verheißung schildert, eine *verborgene Hoffnung* wecken: Gottes letztes Wort ist nicht Tod, Mühsal und Verbannung, als Folge der Sünde, sondern *Einladung zum Leben*, das im Bund mit Abraham verheißen wird. Ein *Schatten* des verlorenen Paradieses liegt schon auf dem *Land*, in das Gott sein Volk hineinführt, und das als „Land, in dem Milch und Honig fließen" gerühmt wird (Ex 3,17; Dtn 6,3).

Der neue Adam öffnet das Paradies

Für die *frühjüdische* Paradiesvorstellung, wie sie in der außerbiblischen Literatur bezeugt wird, ist es selbstverständlich, daß vor dem Sündenfall Menschen, Tiere und Engel in einer großen Gemeinschaft *miteinander lebten* und die Menschen mit einer Engelspeise genährt wurden (Siehe das apokryphe Buch: „Das Leben Adams und Evas".) Diese Vorstellungen wurden von der *Zukunftsverheißung* des Propheten Jesaja beeinflußt, in der das messianische Zeitalter sinnbildlich als die *Wiederkehr paradiesischen Friedens* beschrieben wird (Jes 11,1–9). Kein Wunder, daß sich die Menschen in Israel vom Messias die Wiederherstellung dieses *paradiesischen Zustandes* erhofften. Wenn der Evangelist Markus in der Versuchungsgeschichte (Mk 1,13f.) schildert, daß Jesus *in Gemeinschaft mit den wilden Tieren* lebte, *von den Engeln bedient* und *vom Satan versucht* wurde, so wollte er seine Leser an *Adam im Paradies* erinnern. Der auffälligste Unterschied zu den anderen Evangelien ist die Aussage: „Er lebte bei den wilden Tieren, und die Engel dienten ihm" (Mk 1,13). Der Geist, der Jesus in die Wüste trieb, hat ihn *ins Paradies* gelangen lassen, und Jesus verspielt es nicht aufs neue. Jesus ist der geliebte Sohn (Mk 1,11), aber auch der *neue Adam,* der das verlorene Paradies *wiedergewonnen* hat und in dessen Gemeinschaft die Schöpfung zum Frieden findet. Der *Sieger* in der Versuchung wird dem *Besiegten* in der Versuchung gegenübergestellt.

Paulus hat diese Gegenüberstellung von Adam und Christus noch deutlicher entfaltet. „Durch einen einzigen Menschen kam die Sünde in die Welt und durch die Sünde der Tod, und auf diese Weise gelangte der Tod zu allen Menschen, weil alle sündigten" (Röm 5,12). Auf diesem dunklen Hintergrund, der vor allem die *Situation der Menschheit* beschreiben will – sie ist in ihrem Stammvater Adam exemplarisch vorgegeben – verkündet der Apostel das Heil in Christus, der die Macht des Todes und die Trennung von Gott überwunden hat: „Ist durch die Übertretung des einen der Tod zur Herrschaft gekommen, durch diesen einen, so werden erst recht alle, denen die Gnade und die Gabe der Gerechtigkeit reichlich zuteil wurde, leben und herrschen durch den einen, Jesus Christus" (Röm 5,17).

Paulus greift auf die Gestalt Adams zurück, ohne an den Details der Paradieserzählung besonderes Interesse zu haben. Es geht ihm darum, das Leben, das Christus gebracht hat, zu preisen, es geht ihm um ein *Paradies,* das ganz *an die Person Christi gebunden ist.*

Bilder des Lebens und der Gemeinschaft mit Gott

Wasserströme und Bäume

In der Geschichte vom Paradies erscheint das dort entspringende Wasser, das sich in vier Weltströme teilt, als *geographische* Angabe. Das Zukunftsbild, das der Priesterprophet Ezechiel im Babylonischen Exil entwirft, läßt aus diesen Angaben aber mehr heraushören. Fern der Heimat, in der der einst glanzvolle Tempel in Schutt und Asche liegt, inmitten seines resignierten Volkes, schaut der Prophet die *Wiederherstellung Israels* und die *Rückkehr* ins verheißene Land (Ez 40–48). Segen und Heil für das Volk sind nicht an einen Herrscher aus Davids Geschlecht gebunden, sondern an die *bleibende Gegenwart Gottes* im neuen Tempel. Dieser Gottessegen wird im *Bild der Quelle* veranschaulicht, die unter der Tempelschwelle hervorbricht, sich zu einem gewaltigen Strom entwickelt und schließlich in das fluchgezeichnete Tote Meer strömt (Ez 47,1–12). An den Ufern dieses Stromes wachsen herrliche Bäume, die jeden Monat neue Frucht bringen. Das Tote Meer wird „geheilt“ und Fischer werfen dort ihre Netze aus. Um das neue und bleibende Heil, das Gott seinem geschlagenen Volk schenken wird, zu beschreiben, greift der Prophet auf das Bild vom *Paradiesstrom* zurück. Dieses, das Tote lebendig machende Wasser, geht vom *neuen Tempel* aus, von der Wohnung Gottes *inmitten* seines erwählten Volkes.

Von den Wassern des Paradieses hören wir wieder im Neuen Testament. Hier ist Christus der *Spender,* und die Gabe ist *nicht mehr* an den heiligen Ort des Tempels gebunden. Es wird den Gläubigen jetzt schon als Vorwegnahme des wiedergefundenen Paradieses verheißen. „Wer Durst hat, komme zu mir, und es trinke, wer an mich glaubt. Wie die Schrift sagt: Aus seinem Inneren werden Ströme von lebendigem Wasser fließen. Damit meinte er den Geist, den alle empfangen sollten, die an ihn glauben ...“ (Joh 7,37–39).

In der Schau des *himmlischen Jerusalem,* im letzten Buch des Neuen Testaments, die stark von der Vision Ezechiels bestimmt ist, strömt „das Wasser des Lebens, klar wie Kristall“ vom Thron Gottes und des Lammes aus und *Lebensbäume* wachsen an den Ufern, deren Blätter zur Heilung der Völker dienen (Offb 22,1 f.).

Den Gläubigen, die aus der Drangsal und Versuchung als Sieger hervorgehen, verheißt Christus den Zugang zum Baum des Lebens: „Wer siegt, dem werde ich zu essen geben vom Baum des Lebens, der im Paradies Gottes steht“ (Offb 2,7). Diese Verheißung steht im Gegensatz zu Gen 3,24, wo der Zugang zum Baum des Lebens den Menschen *grundsätzlich verwehrt* erscheint. Das mythologische Bild vom *Lebensbaum* ist in der Spätzeit des Alten Testaments zu einem *starken Hoffnungsbild* geworden. Durch die Weisheit schenkt Gott den Menschen einen *Vorgeschmack* der Paradiesfreude. Die *Weisheit* ist wie ein *Lebensbaum,* der ein geglücktes Leben verbürgt (Sir 24,1–22). In der Botschaft des Paulus ist Christus die *Quelle dieser Weisheit,* ja er selbst ist diese Weisheit (1 Kor 1,30).

Paradies und Himmel

In den Apokryphen (d.h. in den frühjüdischen Schriften, die nicht zur Bibel gehören) wird das Paradies der Endzeit stark ausgeschmückt. Manchmal wird es mit dem *Himmel,* in dem Gott wohnt, *identifiziert.* Die Vergeltungslehre hat die Frage nach dem Schicksal der Gerechten aufgeworfen, die nach ihrem Tod der Auferstehung entgegenharren. So sieht das *Henochbuch* das Paradies als *Aufenthaltsort* der Erzväter und aller Gerechten in der *Zwischenzeit* zwischen Tod und Auferstehung. Diese Vorstellungen sind auch den neutestamentlichen Schriftstellern bekannt, doch spielen sie eine eher *untergeordnete* Rolle; sie dienen dazu, das *Heil in Christus* im damaligen Verständnishorizont zu verkünden.

Wenn nach Mk 13,27 beim Kommen des Menschensohnes die Auserwählten „vom Ende der Erde bis zum Ende des Himmels" (wörtlich: *äußerster Himmel*) zusammengeführt werden, dann sind hier die Verstorbenen gemeint, die sich im Paradies, dem als *Zwischen-Aufenthaltsort gedachten Himmel,* befinden. In diesem Sinn ist auch die Verheißung Jesu an den guten Schächer zu verstehen: „Amen, ich sage dir: Heute noch wirst du mit mir im Paradies sein" (Mk 23,43). Auch Paulus kennt diese *zeitgenössische* Jenseitsvorstellung und übernimmt sie, um sein tiefes Gotteserlebnis auszusprechen. In den „dritten Himmel" entrückt, den er *Paradies* nennt, hört er unsagbare Worte, die ein Mensch nicht aussprechen kann (2 Kor 12,2–4).

Da die Botschaft der Auferstehung in der Mitte des Neuen Testaments steht und die Wiederkunft des Herrn anfänglich für die nächste Zukunft erwartet wurde, finden wir *nur gelegentliche Andeutungen* über das Schicksal der verstorbenen Gläubigen. Bewußt hat man auf phantastische Ausmalungen des Paradieses *verzichtet* und einfach die Hoffnung *festgehalten,* daß ein „Mit Christus sein" auch im Tod nicht aufhört (Phil 1,23; Apg 7,59).

Eine Botschaft in Bildern

Gerade heute tun sich viele mit der Bildsprache der Bibel schwer und messen ihr eine *überholte Bedeutung* zu, andere sind von den Hoffnungsbildern *fasziniert.* Es kommt darauf an, an den Bildern nicht hängenzubleiben, sondern sie zu *deuten,* ohne aus ihnen ein System der Zukunftserwartung zu machen. Eines müssen wir uns immer vor Augen halten, daß *unser Sprechen über die Welt Gottes,* in der sein Volk und die ganze Schöpfung eine letzte Erfüllung finden wird, *nur in Bildern* und *Gleichnissen* möglich ist.

Die Hoffnungsbilder des Paradieses, des Lebensbaumes und der Wasserströme des Lebens *begleiten* uns durch die Bibel. Das Paradies des Anfangs *bezeugt* die Hoffnungen des Gottesvolkes auf den Weg durch seine Geschichte. In immer neuen Variationen werden Vorstellungen, die ursprünglich in weit verbreiteten Mythen beheimatet waren, zur *Veranschaulichung* der großen Berufung des Gottesvolkes und des von Gott geschenkten Heils herangezogen. Das Paradies des Anfangs ist wie eine *offene Verheißung,* die den Menschen in eine *heilige Unruhe* versetzt, damit er sich mit der gegenwärtigen Bedrohung seines Lebens durch Sünde und Tod *nicht abfindet.* Dadurch wird das *verlorene* Paradies des Anfangs und das *verheißene* Paradies der Zukunft in den großen Spannungsbogen von *Verheißung und Erfüllung* hineingenommen, der die gesamte Heilige Schrift bestimmt. Der urtümliche Mythos hat damit seine *Bedeutung verloren;* seine Bilder (Garten, Baum, Lebensstrom) illustrieren das *Ziel,* auf das hin das Gottesvolk unterwegs ist.

Es ist nicht zu verwundern, daß die so *offenen Bilder* vom Paradies im Zuge der theologischen Entfaltung mit *ähnlichen Vorstellungen* verbunden wurden wie mit der *Auferstehungshoffnung,* dem *Jenseitsglauben,* der *Vergeltungslehre* und dem *Himmel.* Diese Verbindungen und auch Überschneidungen von Vorstellungsbereichen erfolgten vor allem in der frühjüdischen Literatur und sind auch im Neuen Testament feststellbar. Die Vorstellungen sind oft *phantastisch,* widersprechend und *nicht auf einen Nenner* zu bringen. Aber unter den wechselnden Formen versichern die unbekannten Autoren, daß *die Getreuen leben werden,* denn der ewige Gott ist *die Quelle des Lebens;* sie werden in Freude leben, weil sie *jetzt schon* mit Gott leben. Das biblische Buch der *Offenbarung,* das literarisch der umfangreichen *apokalyptischen* Literatur zuzuordnen ist, und seine phantastischen Bilder nicht nur dem Alten Testament, sondern im weitaus größeren Umfang der frühjüdischen-apokalyptischen Literatur entnimmt, spricht genauso wie diese vom *Ende des Todes* und *jeder Lebensbedrohung* mit dem Unterschied, daß Gottes Heil *durch das Christus-Lamm* geschenkt wird: „Denn das Lamm in der Mitte vor dem Thron wird sie weiden und zu den Quellen führen, aus denen das Wasser des Lebens strömt, und Gott wird alle Tränen von ihren Augen abwischen" (Offb 7,17).

Angeld und Vorwegnahme des Paradieses

Der Glaube an ein Paradies am Anfang und am Ende der Geschichte könnte vermuten lassen, daß die immer wieder *entfachten Hoffnungen* dazu geführt hätten, die Gegenwart und das *Leben hier und heute* nicht mehr ernst zu nehmen. Teilweise mag das in Zeiten schwerer Verfolgungen und Bedrängnisse zugetroffen haben, in denen die Gläubigen *nur mehr* auf ein Eingreifen Gottes warteten und darauf hofften, daß Gott das *„himmlische Jerusalem"* oder das *verlorene Paradies* von oben herabsenkt. Doch grundsätzlich war der biblische Glaube davon überzeugt, daß so etwas wie ein „kleines Paradies" – eine *Vorwegnahme des Heils* – auch schon *inmitten* des Gottesvolkes und *trotz der Bedrohung* aufblühen kann. Dieses „kleine Paradies" ist ein Geschenk Gottes, es ist aber auch von der Bundestreue des Volkes abhängig. So ist das *„verheißene Land"*, das Land, in dem Milch und Honig fließen, ein *Hinweis* auf den verlorenen Paradiesgarten, es ist *Gabe,* aber grundsätzlich auch *Aufgabe,* denn nur ein treues Volk, das seine Gottbeziehung und gottgewollte Brüderlichkeit nicht vergißt, verdient es, *in diesem Land* sein Leben zu entfalten.

In der Weisheitsliteratur erscheint die Weisheit, die Gott seinem Volk in den Lehren der Tora gegeben hat, als *Vorgeschmack* der Paradiesfreude. Das Gesetz schenkt dem Menschen, der es beobachtet, Weisheit in Fülle gleich einem Paradiesstrom (vgl. Sir 24,25 ff.).

Das Johannesevangelium verzichtet darauf, Heilserwartungen auszumalen und einen Blick in die Zukunft zu werfen. Der Mensch, der an Christus glaubt, hat die „Speise des Lebens" (Joh 6,35), er trinkt bereits „lebendiges Wasser" (Joh 4,14) und er ist „aus dem Tod ins Leben hinübergegangen" (Joh 5,24). In den bekannten Bildern vom Paradies wird den Gläubigen so eindringlich wie sonst nirgends im Neuen Testament gesagt, daß sein *endgültiges Heil jetzt schon begonnen hat.* Trotz dieser massiven Zusage bleibt der Gläubige gefordert, an diesem „Paradies" jetzt mitzuwirken, denn „wir wissen, daß wir aus dem Tod in das Leben hinübergegangen sind, weil wir die Brüder lieben. Wer nicht liebt, bleibt im Tod" (1 Joh 3,14). Die großen *Lebenshoffnungen,* die in den verschiedenen Vorstellungen des Paradieses *bildhaft* zur Sprache kommen, sind den Gläubigen *in der Person Jesu Christi* zugesagt und geschenkt. Das „in Christus sein" kann auf einen *Paradiesgarten,* auf ein *heiliges Land* und auch auf *Jerusalem* verzichten. Die biblischen Heilserwartungen werden in Christus *personalisiert.* Das Heute wie die Zukunft sind an den auferstandenen Herrn gebunden und das *Angeld des Heils* fordert geradezu heraus, wenigstens *kleine Paradiese* hier auf Erden zu schaffen.

Was mit den Geheimnissen Gottes gemeint ist

Wie unergründlich sind seine Entscheidungen,
wie unerforschlich seine Wege!
(Röm 11,33)

Ein Gott, der für uns ist

Glauben Sie an ein „höheres Wesen"? Diese Frage umschreibt gerade das, was viele Menschen heute sich unter Gott vorstellen. GOTT – das ist für viele so etwas wie eine *oberste Instanz,* vielleicht ein *erster Beweger* all dessen, was im Kosmos sich regt und bewegt. Dieses Wesen wird aber *weit entfernt* gedacht von den Menschen; wie könnte sich dieser Gott auch noch um unser Leben und um unsere Probleme kümmern? Die Vorstellung von einem „höheren Wesen" ist *dem biblischen Glauben fremd.* Wir haben es hier mit einem Überbleibsel aus der Zeit des Rationalismus zu tun, und damals galt: Denken ist größer als Lieben. Der Gott, den die Propheten und Jesus verkündet haben, ist *ganz anders.*

Wenn es gilt, daß jeder Mensch ein Geheimnis ist, so dürfen wir mit größerem Recht sagen: Gott ist ein Geheimnis. Unser Nachdenken über ihn will dieses Geheimnis *nicht lüften,* das kann es auch gar nicht. Gott wird uns auch weiterhin als das *absolute* Geheimnis begegnen, genauso, wie wir weiter mit dem Geheimnis im Herzen unserer Mitmenschen fertig werden müssen. Von diesem Geheimnis Gottes könnten wir nichts wissen, wenn er sich uns nicht *zugewendet* und *erschlossen* hätte. Diese *Zuwendung Gottes* hat eine lange Geschichte, die weit in die Anfänge der Menschheit zurückreicht. Das Volk Israel wurde in seinem Gottesbild entscheidend geprägt durch konkrete *geschichtliche Erfahrungen.* Es erlebte Gott auf den Höhepunkten seiner Geschichte, aber auch im tiefsten Leid, als einen Gott der *Zuwendung,* dem man sich aber auch schuldhaft *verweigern* kann. Diese Erfahrungen, die in der Bibel gesammelt wurden, führen uns an das Geheimnis Gottes heran, denn Gott muß wohl *so sein, wie er handelt* – sein Wesen wird in seinem Wirken offenbar. Die Kirche hat diesen Erfahrungsschatz übernommen, der vollendet wird durch die einzigartige Erfahrung mit Jesus von Nazaret, dem gekreuzigten und auferstandenen Herrn. Alles, was Gott für uns ist, ist uns mit Jesus gegeben: „Wer ihn sieht, sieht den Vater" (Joh 14,9). Der Gott der Mächte und Gewalten ist ein *liebender* Gott, der sein Angesicht den Geschöpfen zuwendet und sich den Menschen mitteilt. Selbstmitteilung und Zuwendung aber entspringen der Liebe und sind Geschenk.

Die Botschaft Jesu, die Offenbarung des Vaters, der unser Heil will, gilt *nicht* der menschlichen Neugierde, sondern ist *Einladung,* sich nun tatsächlich mit diesem Gott, den wir Vater nennen dürfen, einzulassen. Gott hat einen unendlichen Einsatz gewagt, um uns in den *Dialog seiner Liebe* hineinzuziehen: „Denn Gott hat die Welt so sehr geliebt, daß er seinen einzigen Sohn hingab, damit jeder, der an ihn glaubt, nicht zugrunde geht, sondern das ewige Leben hat" (Joh 3,16). Alles, was im Laufe der Heilsgeschichte über das Geheimnis Gottes geoffenbart wurde, sagt nur das eine: Er ist der „Immanuel" – der „Gott mit uns". Er hat sich uns nicht erschlossen, damit wir *mehr über ihn wissen,* sondern damit wir ihn und unsere Mitgeschöpfe *mehr lieben.* Von der Existenz Gottes, die von verschiedenen philosophischen Richtungen erschlossen wird, und die man zur Kenntnis nehmen kann, wird man jedoch kaum gefordert. Dem Gott Abrahams, Isaaks und Jakobs, dem Gott, der Mose im brennenden Dornbusch seinen Namen JHWH (ich bin da für euch) offenbarte, dem Gott und Vater unseres Herrn Jesus Christus kann man nur *in Liebe antworten,* oder *sich ihm verweigern.*

Gott hat einen Plan mit uns

Die Bibel spricht nicht vom Wesen oder Geheimnis Gottes, sondern *von seinem Wirken* in der Welt und in der Geschichte der Menschen. In diesem Wirken wird Gott erkannt. Gott hat einen *Plan* mit den Menschen, der den Menschen jedoch *grundsätzlich verborgen* ist, es sei denn, Gott teilt sich mit. Der Gedanke von „Geheimnissen Gottes" war Israel vertraut. Diese Geheimnisse beziehen sich vor allem auf den *Ratschluß des Heils,* den Gott in der Geschichte verwirklicht. So entspricht das *historische Schick-*

sal Israels einem göttlichen Plan, der durch das Wort der Propheten im voraus geoffenbart wurde. Die Propheten – die JHWHs Wort ausrichten – verbürgen das Kommen des Heils am Ende der Zeiten. „Nichts tut Gott, der Herr, ohne daß er seinen Knechten, den Propheten, zuvor seinen Ratschluß offenbart hat" (Am 3,7). Das Buch Daniel versteht sich als *Offenbarung (Apokalypse) göttlicher Geheimnisse.* Sie beziehen sich auf den Lauf der Geschichte, die nach dem Ablauf unheilvoller Epochen und Drangsale *dem von Gott seinen Getreuen geschenkten Heil* weichen wird. Gott selbst ist der Offenbarer dieser Geheimnisse, die keine menschliche Weisheit ergründen könnte. Er gibt im voraus bekannt, was am Ende der Tage geschehen wird (vgl. Dan 2,28). Gott gewährt durch erwählte Menschen seinem bedrängten Volk Einblick in den *Sinn der Geschichte.* In erster Linie ist diese apokalyptische Botschaft als *Trost und Zuspruch* zu verstehen, in den Bedrängnissen durchzuhalten und auf die *große Wende* zu hoffen, die Gott selbst herbeiführen wird. Das „Geheimnis" ist hier die *endzeitliche Verwirklichung* des Ratschlusses Gottes, der dem Volk Gottes mitgeteilt wird.

Jesus verkündet das Geheimnis vom Reich Gottes

Von den Jüngern nach dem Sinn und der weiteren Deutung seiner Gleichnisse befragt, antwortet ihnen Jesus: „Euch ist das Geheimnis des Reiches Gottes anvertraut: denen aber, die draußen sind, wird alles in Gleichnissen gesagt" (Mk 4,11). Es gibt demnach Zuhörer, die das Geheimnis verstehen, und andere, denen es ihre Herzenshärte unmöglich macht, zu begreifen (Mk 4,12). Den Jüngern aber wird das Geheimnis *anvertraut.* Das Geheimnis (mysterion) ist das Kommen des Reiches Gottes nach dem von den Propheten bezeugten Ratschluß Gottes. Jesu Aufgabe besteht in der Aufrichtung des Reiches Gottes und in der Verkündigung dessen, „was seit der Schöpfung verborgen war" (Mt 13,35). Das Geheimnis des Reiches Gottes ist *in seiner Person* gegenwärtig geworden. Die Verkündigung des Geheimnisses ist durchaus *nichts Geheimnisvolles* und geschieht in aller Öffentlichkeit (Mk 1,14f.), doch hebt sich der Schleier von dem Geheimnis des Gottesreiches, das Jesus in Gleichnissen verkündet, nur für jene, die *zu verstehen vermögen,* und das sind die „Kleinen", die von den Großen und Klugen verachtet werden. Die Glaubenserkenntnis – das Eindringen in das Geheimnis – setzt *Offenheit* und *Bereitschaft* voraus, letztlich ist sie aber *Geschenk:* „Ich preise dich, Vater, Herr des Himmels und der Erde, weil du all das den Weisen und Klugen verborgen, den Unmündigen aber offenbart hast ... niemand kennt den Vater, nur der Sohn und der, dem es der Sohn offenbaren will" (Mt 11,25 ff.).

Paulus: Das „Geheimnis Christi"
wird jetzt allen Völkern kundgetan

„Vielmehr verkündigen wir das Geheimnis der verborgenen Weisheit Gottes, die Gott vor allen Zeiten vorausbestimmt hat zu unserer Verherrlichung. Keiner der Machthaber dieser Welt hat sie erkannt; denn hätten sie die Weisheit Gottes erkannt, so hätten sie den Herrn der Herrlichkeit nicht gekreuzigt" (1 Kor 2,7f.).

Für den Apostel ist die Verkündigung des Geheimnisses Gottes nichts anderes als die Verkündigung von Jesus, dem *Gekreuzigten.* Diese Botschaft aber ist „für Juden ein empörendes Ärgernis, für Heiden eine Torheit, für die Berufenen aber, Juden wie Griechen, Gottes Kraft und Gottes Weisheit" (1 Kor 1,23f.). Wiederum wird deutlich, daß der geheimnisvolle und *unerwartete Weg* Gottes zu den Menschen auf Ablehnung stößt, und daß die Annahme dieses Gottes, der sich so erniedrigt hat, einen *gnadenhaften Ruf* voraussetzt. Diese *Weisheit Gottes,* die für viele Menschen *Torheit* ist, wird durch den Geist Gottes enthüllt und mitgeteilt (1 Kor 2,10), sie ist dem bloß natürlich-irdisch denkenden Menschen *unzugänglich.* „Der irdisch gesinnte Mensch aber läßt sich nicht auf das ein, was vom Geist Gottes kommt" (1 Kor 2,14). Glaube ist Geschenk! Paulus weiß sich als Diener Christi „und als Verwalter von Geheimnissen Gottes" (1 Kor 4,1). Er mahnt die Diakone, „am Geheimnis des Glaubens" festzuhalten (1 Tim 3,9). Dieses „Geheimnis Gottes" umfaßt die Heilsgeschichte, angefangen vom Kommen Christi auf diese Erde bis zu seiner Wiederkunft. Es ist die Frohbotschaft, die jetzt *allen Völkern* kundgetan wird (Röm 16,25f.).

In den Geheimnissen Gottes tut sich seine Liebe kund

Paulus spricht vom Geheimnis Israels

Der Apostel hat lange über die für ihn so schmerzvolle Tatsache der Verweigerung Israels gegenüber dem Messias Jesus nachgedacht. Auch darin entdeckt er ein Geheimnis Gottes, das er uns im Römerbrief mitteilt (Röm 9–11). Ist nicht der Erfolg der Heidenmission letztlich darauf zurückzuführen, daß die ersten Glaubensboten vor allem deswegen zu den Heiden gingen, weil sie aus den Synagogen hinausgedrängt wurden – weil viele aus Israel „versagt" haben?

„Wenn aber schon durch ihr Versagen die Welt und durch ihr Verschulden die Heiden reich werden, dann wird das erst recht geschehen, wenn ganz Israel zum Glauben kommt" (Röm 11,12). Auch die *Verweigerung Israels,* das als Volk von Gott geliebt (Röm 11,28) seinen Weg weiter durch die Geschichte geht, liegt im *Heilsplan Gottes.* Wir sollen dieses Geheimnis annehmen und nicht in Überheblichkeit urteilen (Röm 11,18.25). Wieder ist hier vom Wirken Gottes und seinen Wegen zu uns Menschen die Rede, die uns zur Selbstbescheidung, zum Staunen und zum Lobpreis führen sollen. Die drei Kapitel zur *Sinndeutung* der Geschichte Israels beschließt der Apostel mit einem Hymnus auf die unergründlichen Geheimnisse Gottes: „O Tiefe des Reichtums, der Weisheit und der Erkenntnis Gottes! Wie unergründlich sind seine Entscheidungen, wie unerforschlich seine Wege! Denn wer hat die Gedanken des Herrn erkannt? Oder wer ist sein Ratgeber gewesen? Wer hat ihm etwas gegeben, so daß Gott ihm etwas zurückgeben müßte? Denn aus ihm und durch ihn und auf ihn hin ist die ganze Schöpfung. Ihm sei Ehre in Ewigkeit! Amen" (Röm 11,33–35).

Vom Geheimnis der Neuschöpfung in der Auferstehung

Der Sieg Christi ist letztes Ziel der Geheimnisse Gottes, wenn die Toten auferstehen, um an seinem himmlischen Leben teilzuhaben. „Seht, ich enthülle euch ein Geheimnis: Wir werden nicht alle entschlafen, aber wir werden alle verwandelt werden ... Denn dieses Vergängliche muß sich mit Unvergänglichkeit bekleiden und dieses Sterbliche mit Unsterblichkeit. Wenn sich aber dieses Vergängliche mit Unvergänglichkeit bekleidet und dieses Sterbliche mit Unsterblichkeit, dann erfüllt sich das Wort der Schrift: Verschlungen ist der Tod vom Sieg. Tod, wo ist dein Stachel?" (1 Kor 15,51 ff.). Wenn Paulus sich einerseits zu denen rechnet, die das endgültige Kommen Jesu noch erleben werden, so sagt er andererseits doch, daß der *genaue Zeitpunkt* der Wiederkunft *unbekannt* ist. Es gilt, *wachsam zu sein*, denn der entscheidende Augenblick kann bald hereinbrechen und die Menschen wie ein Dieb überraschen (vgl. 1 Thess 5,4). Mit der Auferstehung Christi begann die Zeit der Vollendung des Menschen. Der auferstandene Christus in seiner neuen, vollkommenen Lebensform, die auch den Leib umfaßt, ist dabei *Modell für die Verwandlung der Menschen*, die zu Christus gehören. Paulus ist überzeugt, daß das neue Lebensprinzip uns schon mitgeteilt worden ist und mächtig in uns wirkt: Das Sterbliche wird vom Leben verschlungen werden, und obwohl wir noch als Glaubende und nicht als Schauende unseren Weg gehen, hat uns Gott schon jetzt den Geist als ersten Anteil gegeben (vgl. 2 Kor 5,5 ff.).

Wenn wir – und durch uns die Welt – *endgültig bei Gott angekommen* sind, oder anders gesagt, wenn Gott endlich *ganz zu uns gekommen* ist, dann hat die Offenbarung der Geheimnisse Gottes *ihr Ziel* erreicht. Dann suchen wir Gottes Antlitz nicht mehr in Bildern und Gleichnissen, nicht mehr verunsichert, zwiespältig und von Zweifeln angefochten. Wir dürfen von Angesicht zu Angesicht schauen und aus dem Geheimnis der Liebe leben. Das meint Paulus, wenn er *vom Ziel der Pläne Gottes* schreibt, daß Gott *über alles* und *in allem* herrschen wird (1 Kor 15,28).

Gott ist ein Freund des Lebens

Schöpfung – Mensch – Umwelt

Waren es früher die Auseinandersetzungen mit dem Darwinismus und einer mechanistischen Evolutionslehre, die zu einem neuen Überdenken des Schöpfungsglaubens führten, so sind es heute die drückenden Umweltprobleme und die Angst vor der Macht des Menschen, seine Welt und damit sich selbst zu vernichten. Welchen Platz und welche Aufgabe hat Gott dem Menschen in dieser Welt zugedacht? Ist gar der biblische Schöpfungsauftrag „macht euch die Erde untertan" schuld an der rücksichtslosen Ausbeutung der Natur? Die Probleme unserer Zeit werfen ein neues Licht auf manche Aussagen der Bibel. Wir lassen uns neu ansprechen vom Wort Gottes und entdecken, vielleicht wie nie zuvor, Gott, den Freund des Lebens, der uns beauftragt, Hüter seiner guten Schöpfung zu sein.

Zwei Schöpfungserzählungen

Schon auf den ersten Seiten des Alten Testaments finden wir grundlegende Aussagen über die Schöpfung der Welt und des Menschen, die für uns bleibende Geltung haben. Wir müssen *zwei Schöpfungsgeschichten* unterscheiden, die sehr unterschiedlich von der Erschaffung der Welt erzählen, und diesen Glauben in *verschiedenen Bildern* darstellen. In beiden Fällen geht es *nicht* um eine Reportage des Anfangs, sondern um eine Antwort auf die Grundfragen menschlichen Lebens: Was ist der Mensch? Was ist die Welt?

In der älteren, jahwistischen Erzählung (Gen 2,4b–25) erscheint der Mensch als *Mittelpunkt* der Schöpfung. Deshalb wird die Erschaffung der Welt nur knapp und kurz angedeutet, dafür aber die Erschaffung des Menschen sehr breit und plastisch erzählt: „Zur Zeit, als Gott, der Herr, Erde und Himmel machte ... Da formte Gott, der Herr, den Menschen aus Erde vom Ackerboden und blies in seine Nase den Lebensatem. So wurde der Mensch zu einem lebendigen Wesen" (Gen 2,4b.7). Der Mensch (adam) ist ein Teil dieser Schöpfung, da er aus Erde (adama) geformt ist. Seine besondere Nähe zu Gott kommt in dem Bild vom *lebendigmachenden Anhauch* Gottes zum Ausdruck (Gen 2,7). Der Mensch ist mit der Bebauung und Behütung des Gartens Eden beauftragt (Gen 2,15). Seine *Überlegenheit* über die Tiere wird durch die *Namensgebung* deutlich: Gott führt die Tiere dem Menschen zu, um zu sehen, wie er sie nennen würde (Gen 2,19).

Diese Sicht des Menschen wird zur Zeit des Exils im *priesterlichen Schöpfungsbericht* weiter entfaltet (Gen 1,1–2,4a) Hier wird geschildert, wie Gott im Rhythmus von sechs Tagen die einzelnen Schöpfungswerke hervorbringt. Den Höhepunkt bildet die Erschaffung des Menschen am sechsten Tag. Und am Schluß heißt es zusammenfassend: „Gott sah alles an, was er gemacht hatte: Es war sehr gut" (Gen 1,31). Durch zwei engverwandte Bilder wird die Aufgabe, die dem Menschen vom Schöpfergott zugedacht wird, ausgedrückt: Der Mensch ist das „Abbild Gottes" und steht unter dem Segens-Auftrag, über die Tiere „als Hirt zu herrschen" (Gen 1,27f.). Im Unterschied zu der außerhalb Israels bezeugten Vorstellungswelt, in der nur vom König als Abbild einer Gottheit gesprochen wird, ist in der Bibel *jeder Mensch* „Abbild" Gottes. Er ist wie ein *lebendes Kultbild* Gottes und besitzt die Vollmacht, *anstelle Gottes* in dieser Welt zu handeln.

Beide Schöpfungsgeschichten bedienen sich der Vorstellungswelt ihrer Zeit und sprechen deren Sprache, ihre Aussagen jedoch entstammen nicht dem damaligen Weltbild, sondern den Erfahrungen des Volkes Israel mit seinem Bundesgott. In seiner Geschichte erfuhr Israel immer wieder: Die Herrschaft Gottes hat keine Grenzen. Gott ist nicht nur der Vater Israels, sondern der Herr aller Völker der ganzen Welt. Er kann ja Israel und dem einzelnen Gläubigen nur helfen, wenn er der *Allmächtige* ist: „Wer mißt das Meer mit der hohlen Hand? Wer kann mit der ausgespannten Hand den Himmel vermessen? Wer mißt den

Staub der Erde mit einem Scheffel? ... Seht, die Völker sind wie ein Tropfen am Eimer, sie gelten soviel wie ein Stäubchen auf der Waage. Ganze Inseln wiegen nicht mehr als ein Sandkorn" (Jes 40,12.15). Die Schöpfung ist die *erste* der Offenbarungstaten Gottes, sie wird in der Bibel der Geschichte Israels als *Vorgeschichte* und *Einleitungsakt* vorangestellt.

Himmel und Erde sind erfüllt von seiner Herrlichkeit

Der Gott der Offenbarung ist ein Gott *für die Menschen*, ein Gott der Menschen. Ist die Welt – die Erde und die Natur – Gott gleichgültig? Dient sie ihm im „Großen Welttheater", in dem der Mensch auftritt, und Gott die Regie führt, lediglich als Bühne und Kulisse? Die Vorzugsstellung des Menschen in dieser Schöpfung und seine Vollmacht gegenüber allen anderen Geschöpfen dürfen nicht verabsolutiert werden. Der Psalm 104 ist ein Naturhymnus, der die Herrlichkeit des Schöpfers in allen seinen Geschöpfen preist. Nicht nur in der Geschichte oder beim Gottesdienst, sondern auch in der Natur, und damit in der „profanen" Welt, begegnet man Gott: „Lobe den Herrn, meine Seele! Herr, mein Gott, wie groß bist du! Du bist mit Hoheit und Pracht bekleidet. Du hüllst dich in Licht wie in ein Kleid. Du verankerst die Balken deiner Wohnung im Wasser. Du nimmst dir die Wolken zum Wagen, du fährst einher auf den Flügeln des Sturmes ... Du tränkst die Berge aus deinen Kammern, aus deinen Wolken wird die Erde satt. Du läßt Gras wachsen für das Vieh, auch Pflanzen für den Menschen, die er anbaut, damit er Brot gewinnt von der Erde und Wein, der das Herz des Menschen erfreut ... Du hast den Mond gemacht als Maß für die Zeiten, die Sonne weiß, wann sie untergeht ... Herr, wie zahlreich sind deine Werke! Mit Weisheit hast du sie alle gemacht, die Erde ist voll von deinen Geschöpfen ... Ewig währe die Herrlichkeit des Herrn; der Herr freue sich seiner Werke" (aus Ps 104). Der erste Sinn der Schöpfung ist *die Verherrlichung Gottes.* Die Psalmen bringen diesen Gedanken immer wieder zum Ausdruck: „Die Himmel rühmen die Herrlichkeit Gottes, vom Werk seiner Hände kündet das Firmament" (Ps 19,2). – So wird die Natur als „Zeichen" der Gegenwart und Wirksamkeit Gottes verstanden. Deswegen ist *alles* grundsätzlich gut. Wie der biblische Schöpfungsbericht mehrmals verkündet, hat Gott alle Dinge gut gemacht (Gen 1,4.10.12.18.21.31). Mit dieser Auffassung vom *Gutsein der Schöpfung* in allen ihren Bereichen ist jeder falschen Aszese, jeder pessimistischen Weltflucht, aber auch jeder selbstherrlichen „Herrschaft" *die Absage* erteilt. Denn die ganze Schöpfung ist eine *Offenbarung der Größe Gottes* und steht unter seinem Schutz. „Herr, du hilfst Menschen und Tieren, wie köstlich ist deine Huld" (Ps 36,8).

Der Risikofaktor Mensch in Gottes guter Schöpfung

„Du hast mit allen Erbarmen, weil du alles vermagst, und siehst über die Sünden der Menschen hinweg, damit sie sich bekehren. Du liebst alles, was ist, und verabscheust nichts von allem, was du gemacht hast; denn hättest du etwas gehaßt, so hättest du es nicht geschaffen ... Du schonst alles, weil es dein Eigentum ist, Herr, du Freund des Lebens" (Weish 11,23 ff.). Diese Worte beziehen sich nicht in erster Linie auf Natur und Umwelt, sondern auf den Menschen, der durch Sünde und Schuld das *Recht auf Leben* verwirkt hat. Gott will aber nicht den Tod des Sünders, sondern sein Leben. Der Blick auf den Menschen öffnet sich in diesem Text zum Blick auf die ganze Schöpfung. Gott ist ein *Freund des Lebens,* weil er der *Urgrund* und die *Quelle* allen Lebens ist. Der Mensch hat auf besondere Weise teil an diesem Leben, weil er als Bild Gottes erschaffen wurde. Daraus folgt, daß der Mensch, der als Geschöpf in eine besondere Nähe zu Gott berufen wurde, ein Freund des Lebens sein soll. – Aber gerade der Mensch ist der *Risikofaktor* in Gottes guter Schöpfung, denn er erweist sich oft als Feind des Lebens. Es sind ihm Grenzen gesetzt, und wo immer er diese Grenzen mutwillig überschreitet, wird er zum Zerstörer, und die lebensfeindlichen Mächte gewinnen die Oberhand. Der scheinbare und kurzfristige Vorteil hat auf lange Sicht bittere Konsequenzen. Das wird in der Geschichte vom Sündenfall und der Vertreibung aus dem Paradies deutlich. Kain erschlägt seinen Bruder Abel. Die Leistungsbesessenheit der Erbauer des Turms von Babel führt zur Sprachverwirrung, das heißt, daß die Menschen untereinander immer mehr *entfremdet* werden. Die Lasterhaftigkeit der Menschheit hat die Sintflut zur Folge; das Leben wird zerstört, soweit es nicht in der Arche Noachs Rettung findet für einen neuen Anfang.

Gottes Bund mit der Schöpfung

„Dann sprach Gott zu Noach und seinen Söhnen, die bei ihm waren: Hiermit schließe ich meinen Bund mit euch und mit euren Nachkommen und mit allen Lebewesen bei euch, mit den Vögeln, dem Vieh und allen Tieren des Feldes ... Nie wieder sollen alle Wesen aus Fleisch vom Wasser der Flut ausgerottet werden, nie wieder soll eine Flut kommen und die Erde verderben" (Gen 9,9–11).

Der Bund mit Noach ist in der christlichen Auslegung auf geringeres Interesse gestoßen als in der jüdischen Tradition, die in diesem Bundesschluß schon immer *Gottes Heilszusage an alle Menschen* gesehen hat, die sich um Gerechtigkeit bemühen. Israel steht unter einer besonderen Erwählung, daraus aber darf nicht geschlossen werden, daß JHWH den anderen Völkern fremd und fern wäre. Die *Universalität* dieses Bundes, der alle Menschen und Lebewesen umfaßt, hat etwas Faszinierendes an sich. Nach der großen Katastrophe der Sintflut, die in heutiger Sicht als *Selbstzerstörung* des Menschen und seiner Umwelt gedeutet werden kann, sagt Gott, wie am Anfang der Schöpfung, sein *Ja zu allem Leben* auf dieser Erde – ein Ja, das nicht mehr widerrufen werden soll. Der Noach-Bund ist Ausdruck des Glaubens, daß Gott die Welt und alle Menschen erhält – er ist eine *Verheißung,* daß Gottes *Wille zum Leben* stärker sein wird als der *Zerstörungswille* des Menschen. Als *Zeichen des Bundes* mit der ganzen Schöpfung erscheint der *Regenbogen.* Die Bibel verwendet dasselbe Wort für den Bogen als Waffe und für den Regenbogen. Das poetische Bild will sagen: Gott hat die Waffe weggestellt, und wie nach dem Unwetter die Sonne aufgeht, so wendet sich Gott nach dem Strafgericht erneut der Schöpfung zu. Aus der Sintfluterzählung hören wir heute *deutlicher* als die Gläubigen früherer Zeiten eine *aktuelle Botschaft:* Die *Entfremdung* zwischen *Mensch und Natur* ist zutiefst eine Folge der *Entfremdung* zwischen *Mensch und Gott.* Diese Entfremdung, die im Chaos der totalen Selbstzerstörung enden könnte, soll nicht das letzte Wort haben. Die Verheißung will aber nicht bloß gehört und geglaubt werden, sie will unser Leben, Denken und Handeln bestimmen. Die göttliche Zusage weist uns den Weg, damit wir nach dem *Vorbild* Gottes *Freunde des Lebens* werden.

Herrschen oder behüten?

In der Diskussion über die bedrückenden Umweltprobleme werden immer wieder Stimmen laut, die der jüdisch-christlichen Tradition die Schuld an der rücksichtslosen Ausbeutung der Natur anlasten. Denn in Gen 1,28 werde der Mensch selbst aufgefordert, die *Umwelt zu beherrschen.* Damit sei von höchster Autorität ein Freibrief zum *willkürlichen Umgang* mit der Natur gegeben worden. Es läßt sich leicht zeigen, daß diese These das Wort „herrschen" aus dem Kontext herausreißt und fehlinterpretiert. Das mit „herrschen" übersetzte hebräische Wort bezeichnet vor allem die *Tätigkeit eines Hirten,* der mit seiner Herde zieht, sie schützt und dafür sorgt, daß auch die Schwachen genügend Nahrung finden. Der im Bild Gottes erschaffene Mensch ist demnach beauftragt, *wie Gott* selbst und *anstelle Gottes zu herrschen,* d.h., er soll *wie ein Hirte Leben bewahren und hüten, schützen und fördern.* Freilich müssen wir uns als Christen angesichts der Umweltbedrohung ernsthaft fragen, ob bisher getroffene Entscheidungen und Entwicklungen nicht geradezu in *Widerspruch* zum „Auftrag des Schöpfers" geraten sind. Wir müssen einbekennen, daß auch gläubige Menschen ihre Vorzugs- und Vollmachtstellung gegenüber allen anderen Geschöpfen verabsolutiert haben und sich keineswegs als Hüter der guten Schöpfung betätigten.

Alles ist durch ihn und auf ihn hin erschaffen –
Christus der Schöpfungsmittler

Das Neue Testament teilt selbstverständlich den alttestamentlich-jüdischen Glauben, daß diese Welt ihr Dasein dem Schöpfer verdankt. Der Gott, der sich in Jesus von Nazaret offenbart, ist *kein anderer* als der eine Gott, der alles, was ist, ins Dasein gerufen hat. Die geschaffene Welt ist die gute Schöpfung Gottes. Der *Schöpfungsglaube* der gesamten Bibel steht daher im *Gegensatz* zu *gnostischen Weltauffassungen,* einer zur Zeit der frühen

Kirche weit verbreiteten Weltweisheit, die den *Schöpfergott* des Alten Testaments *ablehnte*, und die materielle Welt als böse verwarf.

Wie die Schöpfung einen Anfang und ein Ziel hat, so hat sie *ihre Mitte in Jesus Christus.* Diese Überzeugung wird im Alten Testament vorbereitet durch die Aussage, Gott habe alles *durch sein Wort* erschaffen (Gen 1). Das Wort ist im Neuen Testament Jesus Christus (Joh 1, 1 ff.). Der Schöpfer, den der Hymnus des Kolosserbriefes preist, ist zugleich der Erlöser und das Haupt seines Leibes, der Kirche (Kol 1, 18): „Er ist das Ebenbild des unsichtbaren Gottes, der Erstgeborene der ganzen Schöpfung. Denn in ihm wurde alles erschaffen im Himmel und auf Erden, das Sichtbare und das Unsichtbare ... alles ist durch ihn und auf ihn hin geschaffen. Er ist vor aller Schöpfung, in ihm hat alles Bestand" (Kol 1, 15–17).

Erst durch Jesus Christus werden auch die dunklen Aspekte und die Rätsel der Schöpfungswirklichkeit, wie Leiden und Sterben, mit Sinn erhellt. Der Gott, der „das, was nicht ist, ins Dasein ruft", ist zugleich der „Gott, der die Toten lebendig macht" (Röm 4, 17). Dies geschah ein für allemal in Tod und Auferwekkung Jesu Christi. Deshalb *vollendet* sich die Schöpfung der Welt dort, wo Gott im Tod den Menschen nicht ins Nichts zurückfallen läßt, sondern ihn trägt, und zu *neuem Leben* erweckt. Auch in diesem Sinn hat in Jesus Christus alles Bestand (Kol 1, 17). Hier erweist sich Gott *unüberbietbar* als *Freund des Lebens.* Nach dem Johannesevangelium ist Jesus selbst das „Leben" (Joh 16, 6), der allen, die glauben, *ewiges Leben* schenkt (Joh 5, 24).

Heimkehr der Schöpfung zu Gott

Die Schöpfung ist keine starre Wirklichkeit, sondern ein Geschehen, das *nicht abgeschlossen* und *auf eine Zukunft hin* offen ist. Diese Ausrichtung auf Vollendung hin bringt der Schöpfungsbericht am Anfang der Bibel dadurch zum Ausdruck, daß er Gott am siebten Tag, nachdem er sein Werk vollbracht hat, *ruhen* läßt (Gen 2, 2). Der *Sabbat*, an dem der Mensch Gott dankt und verherrlicht, ist das *Ziel* der Schöpfung.

Gott als Freund des Lebens hat seine Schöpfung nicht dem Verderben preisgegeben. Die erste Schöpfung ist auf den *neuen*

Himmel und die *neue Erde* hingeordnet (Offb. 21,1). Sie findet ihre Vollendung, wenn Gott „alles und in allem" sein wird (1 Kor 15,28). Der Apostel Paulus zeigt, daß das schon geschehene und noch ausstehende Heilswirken Christi nicht nur den Menschen gilt, sondern letztlich der gesamten Schöpfung: „Auch die Schöpfung soll von der Sklaverei und Verlorenheit befreit werden zur Freiheit und Herrlichkeit der Kinder Gottes. Denn wir wissen, daß die gesamte Schöpfung bis zum heutigen Tag seufzt und in Geburtswehen liegt" (Röm 6,21 f.). So erwartet die christliche Hoffnung die *Heimkehr* der Schöpfung zu ihrem Schöpfer, die *Ankunft Gottes* in seiner *neugeschaffenen* Welt.

Doch beginnt diese Schöpfung jetzt schon, durch den erlösten Menschen neu zu werden. Die Erfüllung der Verheißung eines neuen Himmels und einer neuen Erde will *nicht ohne Mitwirkung des Menschen* erwartet werden.

„Die Söhne und Töchter Gottes begegnen der Natur anders als der alte Adam: Sie bebauen und hüten die Erde, aber sie zerstören sie nicht und beuten sie nicht aus. Sie wissen sich in Solidarität mit der ganzen Schöpfung verbunden. Sie sind sich der Verantwortung gegenüber der natürlichen Umwelt genauso bewußt wie der Verantwortung gegenüber den Mitmenschen. Sie können Maß halten, sie sind fähig, ihre Ansprüche zu vermindern und einfacher zu leben. Sie wissen, daß der Wert des Menschen nicht davon abhängt, was er hat, was er besitzt, sondern davon, was er ist und wie er ist. Sie sehen Natur, Welt, Leben nicht nur im Blickwinkel der Nützlichkeit, sondern vermögen sich an der Schönheit der Schöpfung zu freuen. Sie denken nicht nur an sich, sondern auch an die kommenden Generationen und deren Lebenschancen" (Kardinal F. König).

II.

Der Mensch
Unser Leben ist Gabe und Aufgabe

Mann und Frau

Im Gegenüber und im Miteinander sind sie ein Bild Gottes

Als Mann und Frau schuf er sie

„Gott hat die Frau nicht aus des Mannes Kopf geschaffen, daß er ihr befehle, noch aus seinen Füßen, daß sie seine Sklavin sei, vielmehr aus seiner Seite, daß sie seinem Herzen nahe sei" (Talmud).

Im jüngeren Schöpfungsbericht wird Gottes Werk im Rhythmus einer Arbeitswoche erzählt (Gen 1–2, 4 a). Am Ende der einzelnen Schöpfungstage heißt es immer: „Gott sah, daß es gut war." Erst am sechsten Tag, nach der Erschaffung des Menschen, kommt Gottes Werk ans Ziel. Hier heißt es, daß Gott alles sah, was er gemacht hatte, und es für „sehr gut" befand (Gen 1, 31). Der Mensch ist nicht nur durch Gottes Wort ins Dasein gerufen worden, er vermag auch auf dieses Wort zu hören und zu antworten. Er ist das Lebewesen, das sich Gott zuwenden und zu ihm beten kann. Der Mensch ist berufen, Dialog-Partner Gottes zu sein. Das ist aus dem Schöpfungswort des sechsten Tages herauszuhören: „Gott schuf also den Menschen als sein Abbild; als Abbild Gottes schuf er ihn. Als Mann und Frau schuf er sie" (Gen 1, 27). Als Mann und Frau sind sie das *eine Bild* von Gott, berufen in ihrer Bezogenheit und Gemeinschaft, den Dialog der Liebe miteinander zu führen und darin die Sprache der Liebe Gottes wiederzugeben. Mann und Frau sind von *gleicher* Würde; *gemeinsam* sind sie jenes Bild, in das Gott etwas von seinem Wesen hineingelegt hat. Gott segnet Adam und Eva gemeinsam (Gen 1, 28), denn als Paar *vollenden* sie die Schöpfung, in ihrer Verwiesenheit aufeinander, durch ihre Liebe und die Weitergabe des Lebens. Hier wird nicht nur über die Ehe eine Aussage gemacht, sondern auch die *Ergänzung* angesprochen, die der männliche und der weibliche Eros, der mütterliche und der väterliche Mensch einander schenken. Diese *Polarität* des Menschen äußert sich in allen Bereichen des Lebens, in der Weltgestaltung genauso wie in der Gottbeziehung und Mystik. Denken wir an die Hilfe und Bereicherung, die Benedikt und Scholastika, oder Franz von Assisi und Klara einander schenken durften.

Im zweiten Schöpfungsbericht (Gen 2,4b–24) kommt das Verhältnis von Mann und Frau in einer naiv anmutenden Erzählung zur Sprache, deren Bilder großartige Aussagen machen. Der für den Menschen sorgende Gott stellt fest: „Es ist nicht gut, daß der Mensch allein bleibt. Ich will ihm eine Hilfe machen, die ihm entspricht" (Gen 2,18). Adam bedarf der Ergänzung, um *vollendet gut* zu sein. Dieses Gegenüber findet er in den Tieren, die Gott ihm vorführt und die er benennen darf, nicht (Gen 2,19f.). Sie geben ihm keine Antwort, darum bleibt der Mensch unter ihnen ein Einsamer. Erst als Gott ihm den Partner von seinem Bein und Fleisch, d.h. von seinem Wesen, zuführt, findet der Mensch sein *entsprechendes* Gegenüber (2,23). Die Erschaffung der Frau aus der Rippe des Mannes will der gesellschaftlichen Situation *widersprechen*, in der sich Frauen als Eigentum des Mannes befanden und bei Besitzaufzählungen neben Hausrat und Haustier genannt wurden. Die Frau ist dem Mann gleichwertig, weil sie von seinem „Fleisch und Bein" ist – das ist die hebräische Redensart für die *Blutsverwandtschaft*.

Die Erschaffung der Frau aus dem Mann will auch die Macht des Eros erklären, der stärker ist als die Bindung an die leiblichen Eltern: „Darum verläßt der Mann Vater und Mutter und bindet sich an seine Frau, und sie werden ein Fleisch" (Gen 2,24). Der Eros wird hier weder vergöttlicht noch verteufelt, er ist von Gott dem Menschen *eingestiftet* und deswegen *gut*. Er ist jene Anziehungskraft, die Menschen zur Partnerschaft führt, damit sie *füreinander da sind* und sich *miteinander* entfalten. Der Mensch wird am Du zum Ich, sagt Martin Buber.

Partnerschaft

Eine Reihe von ergreifenden Liebesgeschichten finden wir in der Bibel, die eine echte Partnerschaft bezeugen. Sara wird von Abraham geliebt. Jakob liebt Rahel so tief, daß er bereit ist, um sie sieben Jahre zu dienen, und „weil er sie liebte, kamen sie ihm wie wenige Tage vor“ (Gen 29, 20). Elkana, der Samuels Vater werden sollte, tröstet seine kinderlose Frau Hanna: „Warum weinst du, warum ißt du nichts, warum ist dein Herz betrübt? Bin ich dir nicht viel mehr wert als zehn Söhne?“ (1 Sam 1, 8). Hier wird die Liebe nicht mit der Fortpflanzung gleichgesetzt. Das „Füreinander-Dasein“ gehört zum Wesen der Ehe. Sara, Rahel und Hanna, die zuerst unfruchtbar waren, werden von ihren Männern *um ihrer selbst willen* geliebt. Die ersehnte Nachkommenschaft wird ihnen später, buchstäblich aus Gnade, geschenkt. Der Sinn der Ehe erschöpft sich nicht nur in den Kindern.

Zwar wird im alten Israel das Mädchen in der Regel vom Vater verheiratet, die Liebesehe ist jedoch häufiger, als es die Rechtslage vermuten läßt. Schon die Erzählung von Adam und Eva setzt ein echtes Liebesverhältnis von Mann und Frau voraus. Für die Weisheitsliteratur ist die Liebesbeziehung das *Ideal* jeder ehelichen Gemeinschaft: „Dein Brunnen sei gesegnet; freu dich der Frau deiner Jugendtage, der lieblichen Gazelle, der anmutigen Gemse! Ihre Liebkosung mache dich immerfort trunken, an ihrer Liebe berausche dich immer wieder!“ (Spr 5, 18 f.).

Das Glück einer gelungenen Ehe wird allen anderen Gütern vorgezogen und ist sicher auch oft erlebt worden: „Wer eine Frau gewinnt, macht den besten Gewinn: eine Hilfe, die ihm entspricht, eine stützende Säule. Fehlt die Mauer, so wird der Weinberg verwüstet, fehlt die Frau, ist einer rastlos und ruhelos“ (Sir 36, 29 f.). Das Lob der Frau wird *aus der Sicht des Mannes* gesungen. Die Frau trägt wesentlich bei zu seinem Glück und zum Gelingen seines Lebens. Im Hinblick auf die patriarchalische Struktur der Gesellschaft verwundert das nicht. Im „Lob der tüchtigen Frau“ wird uns Einblick geschenkt in den Bereich der Großfamilie und des Hauses, in dem die Frau eine eigenverantwortliche Rolle spielt, so daß ihr Mann mit ganzem Herzen *ihr vertraut* (siehe Spr 31, 10–31).

Den schönsten Lobpreis auf die Liebe finden wir im *Hohelied.* Es spricht und singt von der Schönheit des jungen Mannes und seiner Braut. Die Liebenden suchen sich, sie gehen aufeinander zu, sie verlieren sich wieder, sie sind unterwegs zueinander, ohne Hindernisse zu scheuen. Die Partner treten in verschiedenen Rollen auf: als Hirte und Hirtin, als König und Königsbraut; sie finden immer wieder neue Namen füreinander und sprechen sich als *Geliebter, Freundin* und als *Schwester-Braut* an. Auch das Mädchen scheut sich nicht, seine Gefühle zu äußern. Für die damalige Zeit ist es erstaunlich, daß die Frau, ebenso *offen* wie der Mann, ihre Sehnsucht und ihre Lust zum Ausdruck bringt. In den Bildern von den Äpfeln und Trauben, die im Orient als Liebessymbole bekannt waren, wird das Verlangen nach Liebesspiel und Hingabe ausgesprochen (vgl. Hld 2, 3–5). Die so offen gezeigten Gefühle der Frau sind nicht Zeichen einer „sexuellen Emanzipation", sie lassen vielmehr Mann und Frau als *gleichwertige Ebenbilder Gottes* erkennen. Die Anrede „Freundin" läßt auf den partnerschaftlichen Charakter der Geschlechterbeziehung schließen. Es geht um die *Konsequenz* des biblischen Menschenbildes. Frau und Mann sind gleichberechtigte Partner. Ihre Liebe verwirklicht sich im gegenseitigen *Sichannehmen,* nicht im Anspruch des einen auf den anderen: „Der Geliebte ist mein, und ich bin sein" (Hld 2, 16; 6, 3).

Texte aus dem Hohelied werden in der kirchlichen Trauungsliturgie gelesen; ein Zeichen dafür, daß diese Liebeslieder eine zeitlose Botschaft zu verkünden haben. Die frühjüdische Tradition hat diese Lieder *allegorisch* gedeutet; die Christen haben durch die Jahrhunderte diese Tradition bewahrt: Die Liebe zwischen Mann und Frau wird zum *Bild* der Liebe, die Gott seinem Volk schenkt. Auch der Apostel Paulus schöpft aus dieser Gedankenwelt, wenn er die Ehe ein *großes Geheimnis* im Hinblick auf das Verhältnis Christi zur Kirche nennt (vgl. Eph 5, 32 f.).

Die rechtliche Stellung der Frau

Wenn infolge der Paradiessünde die Frau „in Schmerzen gebiert" und „der Mann über sie herrscht", sieht die Bibel darin eine *Unordnung,* die der Mensch in seiner Abwendung von Gottes Gebot verursacht hat und die der ursprünglichen Schöpfungsordnung *widerspricht.* Der *beherrschende* Mann ist ein sprechendes Zeugnis für das *verlorene* Paradies. Hier spiegelt sich die soziale Stellung der Frau in der althebräischen Gesellschaft wider, die in ihren Ehe- und Besitzrechten eingeschränkt war. Trotz dieser Einschränkungen hält das Alte Testament unbedingt daran fest, daß die Frau als *Gegenüber* des Mannes seine Partnerin ist, ihm prinzipiell als „Bild Gottes" gleichgestellt.

Nicht nur die Frau ist dem Mann „eine Hilfe, die ihm entspricht" (Gen 2,18), auch der Mann ist *seiner Frau Hilfe und Beistand.* Er ist so sehr seiner Frau verpflichtet, daß die eheliche Zugehörigkeit der Frau zum Mann beendet ist, sobald er seine Frau „vernachlässigt". Eine Sklavin, die als Ehefrau für einen Sohn gekauft wird, muß nach dem Recht behandelt werden, das für die Töchter gilt (vgl. Ex 21,9). „Nimmt sich ein Mann noch eine andere Frau, darf er sie in Nahrung, Kleidung und Beischlaf nicht benachteiligen. Wenn er ihr diese drei Dinge nicht gewährt, darf sie unentgeltlich, ohne Bezahlung, gehen" (Ex 21,10f.). Der junge Ehemann wird ein Jahr lang vom Waffendienst freigestellt, um „die Frau, die er geheiratet hat, zu erfreuen" (Dtn 24,5). Dasselbe gilt für Verlobte im Fall eines bevorstehenden Krieges (Dtn 20,7).

Die kinderlose Witwe darf nicht ihrer Einsamkeit überlassen bleiben. Das „Leviratsgesetz" sichert ihr das Recht auf einen Mann und auf Nachkommenschaft zu. Der Bruder des verstorbenen Ehegatten, oder ein Nahverwandter, hat die Pflicht, die Witwe zur Frau zu nehmen. – Sobald ein Mann mit einer noch unverheirateten Frau „ein Fleisch" geworden ist, trägt er lebenslang Verantwortung für sie und ist *verpflichtet,* sie zu heiraten: „Wenn jemand ein noch nicht verlobtes Mädchen verführt und bei ihr schläft, dann soll er das Brautgeld zahlen und sie zur Frau nehmen" (Ex 22,15). Wie sehr der Mann, der mit einer Frau „ein Fleisch" geworden ist, dieser Frau gegenüber menschlich verpflichtet ist – selbst dann noch, wenn er sie entläßt – wird aus dem Gesetz deutlich, das die Ehe mit einer Kriegsgefangenen regelt: Der Gefangenen, in die sich der Sieger verliebt, muß die Trauerzeit gewährt werden; durch die intime Beziehung wird sie unverletzlich, und der Mann ihr gegenüber verpflichtet. Auch im Fall einer Entlassung aus der Ehe darf sie nicht für eine Sklavenarbeit eingesetzt werden (vgl. Dtn 21,10–14).

Theoretisch konnte in Israel – wie bei den Nachbarvölkern – auch die schwer beleidigte Frau die Scheidung verlangen. Während es für den Mann sehr leicht war, seine Frau zu entlassen, erlaubte es das Gesetz der Frau nur in seltenen Ausnahmen, einen ungerechten Gatten zu verlassen. Die für den Mann leicht zu vollziehende Scheidung wurde aber mit der Zeit schwieriger. Die Worte des Propheten Maleachi über die Heiligkeit der Ehe zeigen die *sittliche Vertiefung* gegenüber der gesetzmäßigen Regelung an: „Der Herr war Zeuge zwischen dir und der Frau deiner Jugend, an der du treulos handelst, obwohl sie deine Gefährtin ist, die Frau, mit der du einen Bund geschlossen hast. Hat er nicht eine Einheit geschaffen, ein lebendiges Wesen? Was ist das Ziel dieser Einheit? Nachkommen von Gott. Nehmt euch also um eures Lebens willen in acht! Handle nicht treulos an der Frau deiner Jugend! Wenn einer seine Frau aus Abneigung verstößt, ... dann befleckt er sich mit einer Gewalttat, spricht der Herr der Heere“ (Mal 2, 14–16). Diese hohe sittliche Eheauffassung entspringt dem theologischen Denken der Propheten, die das Bundesverhältnis zwischen JHWH und Israel *im Bild der Ehe* dargestellt sehen.

Zurück zum ursprünglichen Plan Gottes

„Da kamen Pharisäer zu ihm und fragten: Darf ein Mann seine Frau aus der Ehe entlassen? Damit wollten sie ihm eine Falle stellen. Er antwortete ihnen: Was hat euch Mose vorgeschrieben? Sie sagten: Mose hat erlaubt, eine Scheidungsurkunde auszustellen und (die Frau) aus der Ehe zu entlassen. Jesus entgegnete ihnen: Nur weil ihr so hartherzig seid, hat er euch dieses Gebot gegeben. Am Anfang der Schöpfung aber hat Gott sie als Mann und Frau geschaffen. Darum wird der Mann Vater und Mutter verlassen, und die zwei werden ein Fleisch sein. Sie sind also nicht mehr zwei, sondern eins. Was aber Gott verbunden hat, das darf der Mensch nicht trennen“ (Mk 10, 2–9; siehe auch Mt 19, 3–9).

Das ist die einzige Stelle in den Evangelien, die ein *ausdrückliches Zeugnis* Jesu über das *Verhältnis von Mann und Frau* überliefert. Die Frage der Pharisäer war ein häufiges Diskussionsthema. Es herrschten Meinungsverschiedenheiten über die Gründe, die für eine Scheidung hinreichend sind, da die Tora nur ganz allgemein von etwas „Anstößigem“ spricht, aufgrund dessen einer Frau der Entlassungsbrief ausgestellt werden konnte (vgl. Dtn 24,1–4). Daß es im Frühjudentum auch eine grundsätzliche Ablehnung der Ehescheidung gab, beweist ein Wort des Rabbi Elieser (um 100 n. Chr.), das sich auf den Propheten Maleachi bezieht: „Über jeden, der sich von seiner ersten Frau scheidet, vergießt sogar der Altar Tränen" (b Sanhedrin 22 a).

Die Frage „darf ein Mann seine Frau aus der Ehe entlassen" (Mk 10,2) sollte Jesus zu einer Antwort provozieren, die ihn in Gegensatz zum Gesetz brachte, dem eine unumstößlich göttliche Autorität zukam. Durch die Gegenfrage: „Was hat euch Mose vorgeschrieben?" (V. 3) wollte Jesus zum Nachdenken über den *positiven Heilswillen* Gottes anregen. Den fragenden Männern sollten alle Bestimmungen in Erinnerung gerufen werden, die ihnen die Sorge für ihre Frauen zur Pflicht machten. Mit der Frage der *Legalität*, und mit der Diskussion über die *Entlassungsgründe*, kann man sich die Sicht auf den *maßgebenden Willen Gottes* verdecken. Jesus ist überzeugt, daß manche Gesetzesregelungen nur der *sündhaften Situation* der Menschen Rechnung tragen, deswegen sagt er: Eure *Hartherzigkeit* hat Mose veranlaßt, die Erlaubnis zur Ehescheidung zu geben (vgl. V. 5). Der Vorwurf der *Verhärtung der Herzen* begegnet im Alten Testament immer wieder (z. B. Dtn 10,16; Jer 4,4), er meint den *Mangel an Sensibilität* für Gottes Heilsabsichten, eine *Stumpfheit des menschlichen Herzens*, hervorgerufen durch fortgesetzten Ungehorsam. Der *gute* Wille Gottes hat Mann und Frau erschaffen, weil er wollte, daß sie *für-einander* da sind. Mit dem Hinweis auf den Anfang der Schöpfung (V. 6) verläßt Jesus keineswegs die Grundbasis der Argumentation; er *beruft* sich auf ein *Offenbarungswort* der Tora – auf ein Wort Gottes, dessen tiefe Aussage nicht mehr gehört wurde. Aus dem dort ausgesprochenen *Einssein* von Mann und Frau leitet er die Unauflöslichkeit dieser Verbindung ab: „Was aber Gott verbunden hat, das darf der Mensch nicht trennen" (V. 9).

Von Markus wird diese Auslegung Jesu aufgegriffen und zur Regelung für die Gemeinde gemacht: „Wer seine Frau aus der Ehe entläßt und eine andere heiratet, begeht ihr gegenüber Ehebruch. Auch eine Frau begeht Ehebruch, wenn sie ihren Mann aus der Ehe entläßt und einen anderen heiratet“ (Mk 10,11f.). Damit werden der durch die damalige Praxis benachteiligten Frau die *gleichen* Rechte und Pflichten zugesprochen wie dem Mann. Das heute besonders hart empfundene Scheidungsverbot Jesu ist auf dem Hintergrund der damaligen Gesellschaft als *Gleichstellung* der Frau zu werten. Diese Gleichheit von Mann und Frau, die Gott von Anfang an gewollt hat, soll in der Kirche, die auf die Vollendung des Gottesreiches vorbereitet, *wieder hergestellt* werden. In der Christusgemeinschaft haben Herrschaftsansprüche der Geschlechter oder gesellschaftlicher Gruppen keinen Platz mehr: „Es gibt nicht mehr Juden und Griechen, nicht Sklaven und Freie, nicht Mann und Frau; denn ihr alle seid ‚einer‘ in Christus Jesus“ (Gal 3,28). Zur Botschaft Jesu vom Reich Gottes gehört die Verwirklichung des *ursprünglichen* Willens Gottes und daher auch die *Gleichwertigkeit* von Mann und Frau, wie sie in der Gottebenbildlichkeit des Menschen gründet (vgl. Gen 1,27).

Noch deutlicher als seine Worte zeigt Jesu Umgang mit Frauen, daß die Abwertung der Frau der Frohbotschaft vom Reich *widerspricht*. Denken wir an die *feinfühlende Begegnung* mit der Ehebrecherin, deren Ankläger durch die Bedingung, die sie nicht erfüllen konnten, zurückgewiesen werden: „Wer von euch ohne Sünde ist, werfe als erster einen Stein auf sie“ (Joh 8,7) – an die halbheidnische Samariterin, mit der Jesus zur großen Verwunderung der Jünger am Jakobsbrunnen ins Gespräch kommt und sich *ihr offenbart*, damit sie – die Sünderin – von ihm Zeugnis gibt (Joh 4,1–42) – oder an das *Glaubensgespräch* mit Maria und Marta (Lk 10,38–42). Frauen sind die *ersten Boten* seiner Auferstehung. Maria von Magdala erhält den Auftrag, den Heimgang Jesu zum Vater seinen Brüdern mitzuteilen (vgl. Joh 20,17; Mt 28,9f.).

In der Parallelüberlieferung der „Ehescheidungsfrage“ wird ein Jesuswort überliefert, das eine Scheidung im Fall der ehelichen Untreue zugesteht: „Ich sage euch: Wer seine Frau entläßt, obwohl kein Fall von Unzucht vorliegt, und eine andere heiratet, der begeht Ehebruch“ (Mt 19,9; vgl. 5,32).

In den kulturell unterschiedlich geprägten frühchristlichen Gemeinden wurden gewisse schwerwiegende Umstände anerkannt, in denen eine Ehescheidung möglich war. Die „Unzuchtklausel" bei Matthäus ist ein Beispiel dafür. Eine *Wiederverheiratung* der Christen, von denen sich der heidnische Partner getrennt hat, *erlaubt* Paulus und begründet seine Weisung damit, daß die Christen zu einem *Leben in Freiheit und Frieden* berufen sind. Ausdrücklich bemerkt er dazu, daß er diese Entscheidung *allein* verantwortet und sich nicht auf ein Herrenwort berufen kann (1 Kor 7,12–16).

Viele Fragen, die sich uns heute angesichts vieler gescheiterter Ehen stellen, treten nicht ins Blickfeld des Neuen Testaments. Hätten nicht andere Einsichten, etwa Erkenntnisse der Psychologie und der Soziologie, wie wir sie auch erst seit kurzem haben, Paulus veranlaßt, in manchen Fällen einem Christen zu sagen: Zu einem Leben in Freiheit und Frieden hat dich Gott berufen. Gewiß würde er auch heute nicht das „Gesetz" *über den* Menschen stellen und, darin dem Geist Jesu folgend, in jenen Fällen, in denen das Bild der Liebe Gottes in einem Ehebund gestorben ist, die Freiheit zu einer Wiederverheiratung *zugestehen.*

Die Tatsache, daß ein Bündnis, das unter der Zusage der Liebe Gottes steht, zerbricht und stirbt, so daß es nicht mehr zum Leben erweckt werden kann, muß uns immer traurig machen. Es macht offenbar, daß wir hinter der *Berufung,* die Güte Gottes zu verwirklichen, *zurückgeblieben* sind. In der Nachfolge Jesu dürfen Christen auch heute nicht einfach die Frage stellen „ist Ehescheidung erlaubt – und ist sie ein rascher Ausweg aus meiner Krise?" – *zuallererst* muß die Frage gestellt werden: „Wie kann ich meinem Partner Hilfe und Beistand sein – und wie können wir in unserem gemeinsamen Leben Gottes Güte und Sorge bezeugen?"

Ein tiefes Geheimnis

Als Lesung zur Trauungsliturgie wurde vor der Liturgiereform der Text Eph 5,21–33 genommen. Er steht in einem größeren Zusammenhang, der in der Einheitsübersetzung mit der Überschrift „Über die christliche Familienordnung" (5,21 – 6,9) versehen ist. Wir begegnen hier einer patriarchalischen Gesellschafts- und Familienordnung, die aber erstaunlich *relativiert* ist. So wird als Einleitung der Grundtenor christlichen Gemeinschaftslebens angegeben: „Einer ordne sich dem anderen unter in der gemeinsamen Ehrfurcht vor Christus“ (5,21) – und der Schlußvers stellt fest, daß wir alle, Mann und Frau, Vater und Mutter, Kinder und Sklaven einen *gemeinsamen Herrn* im Himmel haben, bei dem es *kein Ansehen der Person* gibt“ (6,9).

Paulus *vergleicht* die Ehe mit dem Bund, den Christus mit seiner Kirche geschlossen hat; deswegen fordert er die Männer auf, ihre Frauen mit *derselben* Liebe zu lieben, mit der Christus sich für seine Kirche hingegeben hat; und die Frauen sollen sich in allem den Männern *unterwerfen,* wie die Kirche sich Christus unterordnet (vgl. Eph 5,24f.). Der Mann als „Haupt der Frau“ (5,22f.) spiegelt das damals geltende *rechtliche Verhältnis* von Mann und Frau in der Ehe wider. Es ist *zeitbedingt* und darf nicht als Glaubensaussage angesehen werden, als wäre eine partnerschaftliche Ehe, in der beide gleichberechtigt sind, der Offenbarung widersprechend. Paulus lehrt ja auch, daß es in Christus *keine Unterschiede* mehr geben darf, die eine Über- und Unterordnung mit sich bringen (vgl. Gal 13,8; Eph 6,9).

Der Apostel nennt die Ehe eine Wirklichkeit, die nur im Christusglauben zu erfassen ist: „... die zwei werden ein Fleisch sein. Dies ist ein tiefes Geheimnis; ich beziehe es auf Christus und die Kirche“ (Eph 5,31f.). Aus der Grundwirklichkeit allen biblischen Denkens, des *Bundes Gottes mit den Menschen,* wird die Beziehung der Ehegatten verstanden. Der Ehebund als Liebesbund zweier Menschen nimmt *besonders Anteil* am Erlösungsbund Christi mit der Kirche. Wo zwei Christen eine Lebensgemeinschaft miteinander eingehen, dürfen sie sich in der Bundesliebe Gottes, in seinem Ja zu den Menschen, geborgen wissen. Wird nicht so der Mann durch die Liebe der Frau und die Frau durch die Liebe des Mannes etwas davon erfahren können, was das heißt, *Gott liebt uns?* Das unbedingte, uneingeschränkte Ja zu diesem einmaligen, unverwechselbaren Menschen ist dem *Ja Gottes zum Menschen* vergleichbar.

Der Bund Gottes mit den Menschen, das Geben und Empfangen zwischen Christus und der Kirche – wird durch zwei Christen in ihrem Ehebund gelebt und verwirklicht. Damit ist auch klar, wie sehr die *Ehe in Christus* zur Lebensaufgabe wird, um deren Erfüllung zu ringen ist. Wenn deshalb vom *Sakrament* der

Ehe die Rede ist, wird vor allem die *Berufung* zu bedenken sein, das *Urbild* der Ehe, den Bund Gottes mit den Menschen, *nachzuvollziehen* und in Partnerschaft und Familie das „Füreinander sein" zu leben. Die Ehe ist eine *besondere Form* – aber nicht die einzige – am Liebesgeheimnis Gottes Anteil zu haben. Alle Liebe und Güte unter den Menschen nimmt daran teil, alles Geben und Empfangen – und zwar um so mehr, je selbstloser es ist.

Der Mensch – von Gott beschenkt und gefordert

Was ist der Mensch, daß du an ihn denkst,
des Menschen Kind, daß du dich seiner annimmst?
(Ps 8, 5)

Alle Menschen sind fähig, Gott zu loben

Israel war aufgrund seiner Berufung und Erwählung davon überzeugt, daß es, wie immer man sich das vorgestellt hat, ein *Werkzeug* in der Hand Gottes und ein *Segensmittler* für die Völker sei – ein Volk, das die Aufgabe hat, andere Völker zu Gott zu führen. Das klingt in der Segensverheißung an Abraham bereits an: „Durch dich sollen alle Geschlechter der Erde Segen erlangen" (Gen 12, 3). Die Völker werden für fähig gehalten, Gott zu *erkennen* und ihn zu *loben,* wozu sie in den Psalmen immer wieder aufgefordert werden: „Lobet den Herrn, alle Völker, preist ihn, alle Nationen! Denn mächtig waltet über uns seine Huld, die Treue des Herrn währt in Ewigkeit. Halleluja!" (Ps 117). In der gesamten Bibel wird die Völkerwelt durchwegs aus der Sicht des *Wirkens Gottes an Israel* und später vom *Christusereignis* her gesehen.

Die Frage „Was ist der Mensch" wird oft gestellt, sie ist dem Alten Testament kein fremdes Thema. Diese betrachtende Reflexion des Menschen ist die Frage eines einzelnen, der sich selbst gegenübertritt und eine allgemeingültige Aussage machen will, worauf die Distanz der dritten Person hinweist. In *staunender Betroffenheit* wird diese Frage gestellt, im Wissen um die *Vergänglichkeit* des Menschen; sie ist verbunden mit einem Bekenntnis zu der *einzigartigen Beziehung,* die Gott zum Menschen geknüpft hat und die aus dem biblischen Menschenbild nicht wegzudenken ist: „Was ist der Mensch, daß du seiner gedenkst?" (Ps 8, 5; vgl. 144, 3 f.; Ijob 7, 17 f.).

Gott hat sich ein Wesen geschaffen, das ihn erkennen kann und zu ihm „Du" sagen darf. Er ist ein Gott, der *des Menschen* gedenkt! Paulus, der rabbinisch geschulte Theologe, bekennt sich zu dieser biblischen Einsicht: „Denn was man von Gott erkennen kann, ist ihnen offenbar; Gott hat es ihnen offenbart. Seit Erschaffung der Welt wird seine unsichtbare Wirklichkeit an den Werken der Schöpfung mit der Vernunft wahrgenommen, seine ewige Macht und Gottheit" (Röm 1,19f.). Im Zusammenhang der Schuldaufdeckung bei allen Menschen wird diese Aussage gemacht. Paulus sieht die Schuld der Heiden gerade darin, daß sie trotz der Offenbarung Gottes in der Schöpfung ihn nicht geehrt und ihm nicht gedankt haben (Röm 1,21). Die *positive* Aussage ist aber nicht zu überhören: Gott hat sich *allen Menschen offenbart,* er „gedenkt" des Menschen; d.h., der Mensch seinerseits ist *fähig,* seinen Schöpfer zu entdecken und zu ihm Du zu sagen. Die Jona-Erzählung berichtet von der Bußbereitschaft der Menschen in Ninive. Hier wird nicht nur Gottes Liebe *zu allen Menschen* offenbar, sondern auch eine positive Einstellung zur *Religiosität der Völker* grundgelegt. Herausragend ist die Person des Melchisedek, der nicht zur Familie Abrahams gehörte und „Priester des Höchsten Gottes" genannt wird (Gen 14,18). Der Hebräerbrief nennt ihn sogar „Abbild des Sohnes Gottes" (vgl. Hebr 7,1–3). Vor dem Altar des „Unbekannten Gottes" predigt Paulus den Athenern, daß Gott alle Menschen berufen hat: „Sie sollten Gott suchen, ob sie ihn ertasten und finden könnten; denn keinem von uns ist er fern. Denn in ihm leben wir, bewegen wir uns und sind wir, wie auch einige von euren Dichtern gesagt haben: Wir sind von seiner Art" (Apg 17,27f.).

Ein eindrucksvolles Zeugnis für die Fähigkeit des Menschen, seine Verwirklichung im Guten, d.h. in der liebenden Hinwendung zu den Mitmenschen zu finden, gibt die Rede Jesu über das Weltgericht (Mt 25,31–46). Gerichtet werden alle Menschen, solche, die Christus kennen und an ihn glauben, und andere, die ihn erstaunt fragen: „Wann haben wir dich fremd und obdachlos gesehen und dich aufgenommen, oder nackt und dir Kleidung gegeben?" (Mt 25,38). Der Theologe Karl Rahner spricht von den „anonymen Christen", die in den Gläubigen aller Religionen zu finden sind, Menschen, deren Leben der Güte Gottes entsprochen hat.

Hier wird einer fundamentalistischen Bibelauslegung die Absage erteilt, die den Menschen, der nicht Christ ist, oder nicht einer bestimmten Kirche angehört, auf der Seite des Bösen sieht und ihm die Fähigkeit zur Gotteserkenntnis und zum Guten abspricht. Die *Erlösungsbedürftigkeit* des Menschen darf nicht zu einer grundsätzlich *negativen Sicht* des Menschen führen, etwa in dem Sinn eines Predigtslogans „jeder Mensch ist ein Krimineller, unsere einzige Sicherheit ist Christus".

Gerade die biblische Offenbarung – das Zeugnis von Gott, der *des Menschen gedenkt* – legt uns nahe, in gewissen *Gemeinsamkeiten*, die wir heute in den Großreligionen finden, das *Werk der göttlichen Offenbarung* zu sehen. Wenn wir an die *Menschwerdung* Gottes in Christus glauben, dann müßten wir Christus auch *dort entdecken* können, wo er *noch nicht erkannt* wurde, und ihn in allem echt religiösen Erleben *gegenwärtig* sehen. Die Achtung vor anderen Religionen wird dann nicht nur ein Ausdruck bürgerlicher Toleranz sein, sondern ihre Motivierung in der *Ehrfurcht vor Gottes Wegen* finden, und in dem vom Schöpfer den Menschen eingepflanzten Streben, *ihn zu suchen.* Die Fähigkeit zum Guten, die der Mensch aufgrund seiner Gottebenbildlichkeit besitzt und trotz seiner Verirrungen *nicht verloren* hat, wurde vom Kirchenlehrer Thomas von Aquin sehr optimistisch mit der Feststellung bekräftigt, daß die Seele des Menschen *von Natur aus* christlich sei *(anima naturaliter christiana).*

„Die katholische Kirche lehnt nichts von alledem ab, was in diesen Religionen wahr und heilig ist. Mit aufrichtigem Ernst betrachtet sie jene Handlungs- und Lebensweisen, jene Vorschriften und Lehren, die zwar in manchem von dem abweichen, was sie selber für wahr hält und lehrt, doch nicht selten einen Strahl jener Wahrheit erkennen lassen, die alle Menschen erleuchtet" (Zweites Vaticanum: ‚Nostra aetate').

Gesetze und Gnade – Gabe und Aufgabe

Gesetz und Gnade gehören zu den *Grundthemen* der Bibel; sie sprechen *zugleich* über Gott und den Menschen. Hier wird deutlich, wie *untrennbar* die Frage nach dem Wesen des Menschen mit dem Gottesbild verbunden ist. Der Mensch ist so – *weil* Gott ihn so anspricht! Gott hat nicht erst im Neuen Bund seine Gnade den Menschen geschenkt, als ob das biblische Israel *nur vom Gesetz* her verständlich wäre. Gnade spielt in der Geschichte Gottes mit Israel eine *nicht wegzudenkende* Rolle; ja das Heilswirken Gottes von der Schöpfung an gibt Zeugnis von dieser *göttlichen Dimension.* Anderseits besteht das Gesetz als *sittliche Forderung* in der Kirche weiter. Gerade Paulus, der große Polemiker gegen das jüdische Religionsgesetz, prangert den „Menschen der Gesetzlosigkeit" an und spricht vom „Gesetz Christi". Gesetz und Gnade stellen den Menschen in ein *Spannungsverhältnis* hinein: Dem „Gesetz" entspricht unser *menschliches Tun,* die Treue zu Gottes Weisungen und unsere Lebensgestaltung im Gehorsam gegen Gott. Die „Gnade" umfaßt alle *Initiativen Gottes* zu unserem Heil. Die Einladung zur Gotteskindschaft und zum Dialog mit ihm ist seiner Liebe entsprungen, die vom Menschen *eine Entscheidung* verlangt. Wir ahnen, daß beide Bereiche ineinanderfließen und *nicht* zu trennen sind.

Im Bund Gottes mit Israel wird das Verhältnis von Gnade und Gesetz, von Geschenk und Leistung zur Sprache gebracht und ein *Grundmodell* ersichtlich, das auch für den Neuen Bund, für die Kirche, seine Geltung nicht verloren hat.

Durch sein *geschichtsmächtiges* Handeln bindet JHWH das Volk an sich und macht es zu „seinem Volk". Die *zuvorkommende* Gnade, die aus der Geschichte des Volkes spricht, führt zur Gotteserkenntnis und zur Liebe, die sich im *Gesetzesgehorsam* erweisen soll. So viele Einzelverpflichtungen dieser Gotteswille auch haben mag (vgl. Dtn 12–26), sie sind nur die *Entfaltung des einen Hauptgebotes,* das in verschiedener Weise formuliert wird: Es gilt, JHWH zu *lieben* (6,5; 7,9), an ihm zu *hängen* (10,20), seiner zu *gedenken* (8,18), an ihn zu *glauben* (9,23), ihn zu *fürchten* und zu *verehren* (6,13; 10,12). Das Ziel, das Gott mit seinem Heilshandeln – und die Kundmachung seines Willens gehört auch dazu – verfolgt, ist, Israel zu einem *Gesprächspartner* zu machen.

In der *Antwort* auf das Entgegenkommen Gottes, die im Gehorsam ihren Ausdruck findet, liegt die *Sittlichkeit* des Bundes begründet. Israel ist zwar frei, ja oder nein zu den Angeboten und Liebeserweisen Gottes zu sagen, doch kann es nicht zwischen *Gehorsam* und *Autonomie* wählen: „Hiermit lege ich dir heute das Leben und das Glück, den Tod und das Unglück vor. Wenn du auf die Gebote JHWHs, deines Gottes, hörst dann wirst du leben ... Wenn du aber dein Herz abwendest und nicht hörst ... so kündige ich euch heute an: Ihr werdet unfehlbar zugrunde gehen" (Dtn 30,15–18). Es liegt also in der sittlichen Entscheidung Israels, die Fülle seines Heils, das Gott ihm schon in der Vorgeschichte geschenkt hat und weiter anbietet, zu verwirklichen. Die weitere *Realisierung* des Heils ist dem Volk als *Aufgabe* übertragen.

Jesus, der die Menschen mit der Vergebung Gottes beschenkt und ihnen angesichts der nahen Gottesherrschaft das Evangelium verkündet, *fordert* die Angesprochenen zur Umkehr auf. Das neue Heilsangebot stellt vor eine *radikale Entscheidung:* Der Mensch kann alles *gewinnen* oder alles *verlieren*, in seiner Freiheit kann er sich dem Angebot Gottes auch verschließen und sein Leben endgültig verfehlen: „Er sagte ihnen: Bemüht euch mit allen Kräften, durch die enge Tür zu gelangen; denn viele, sage ich euch, werden versuchen hineinzukommen, aber es wird ihnen nicht gelingen" (Lk 13,24). In den Weisungen der Bergpredigt, dem „neuen Gesetz" (Mt 5–8), wird die geforderte Umkehr konkretisiert. Im Gleichnis von den Talenten (Mt 25,14–30) erscheint die vom Menschen erwartete „Leistung" abgestuft nach dem, was einer empfangen hat.

Doch ist nicht zu übersehen, daß die Vergebung *ohne Vorleistung* geschenkt wird. Gott ist der Vater, der den „verlorenen Sohn", auch wenn er nur seine Reue als „Eigenleistung" aufzuweisen hat, in einer Güte aufnimmt, die dem älteren Bruder, der in Treue gedient hat, zum Ärgernis wird. Güte wird nach menschlichen Maßstäben oft im Gegensatz zur Gerechtigkeit gesehen. Im Gleichnis von den *Arbeitern im Weinberg* (Mt 20,1–16) protestieren diejenigen bei der Lohnauszahlung, die den ganzen Tag gearbeitet und ebenso nur einen Denar für ihre Arbeit erhalten haben, wie die Arbeiter der letzten und einzigen Arbeitsstunde. Im Sinn dieser unberechenbaren Güte Gottes verspricht Jesus dem Mitgekreuzigten: „Heute noch wirst du mit mir im Paradies sein" (Lk 23,43). Die „Leistungen des Verbrechers" sind *bloß* Vertrauen und Reue. Das *Prinzip der Gnade* steht am Anfang: Der Mensch ist eingeladen, die Vergebung anzunehmen und sich dem Heilsangebot Gottes zu öffnen. Alles Tun des Menschen, auch seine Mitarbeit am Heil, wird von der *Zuwendung* Gottes begleitet. In der Verkündigung Jesu wird genauso wie im Alten Testament die *Spannung* zwischen Gesetz und Gnade, Gabe und Aufgabe, Geschenk und Leistung *spürbar.* Das Ineinander und logisch nicht Begreifbare dieser Dimensionen charakterisiert auch den Bund, den Gott durch Christus mit uns Menschen geschlossen hat. Dem *Bild vom Menschen* werden damit *wesentliche Züge* verliehen:

1. Vor aller Leistung darf sich der Mensch *einem liebenden Gott gegenüber* sehen, der ihn an sich ziehen will, deswegen steht immer das Handeln Gottes im Vordergrund. Niemand braucht wegen seiner „leeren Hände“ zu resignieren, denn er darf jederzeit neu beginnen – niemand hat das Recht auf seine Leistungen zu pochen, denn auch sie sind ein Werk Gottes.
2. Der Mensch ist in die *Entscheidung* gestellt, das Angebot Gottes anzunehmen oder abzulehnen, zwischen Leben und Tod zu *wählen* – sein Leben zu verwirklichen, zu mindern oder zu verlieren.
3. Die Antwort des Menschen auf die Einladung Gottes vollzieht sich im *Glauben* und im *sittlichen Handeln,* wobei das menschliche Tun von Gottes Liebe begleitet und getragen wird.
4. Da die Zuwendung Gottes den Menschen zu einer Antwort herausfordert, kann er nicht zum passiven Heilsempfänger werden. Deswegen wird das „Heute“ in der Heiligen Schrift so betont: „Ach würdet ihr doch heute auf seine Stimme hören! Verhärtet eure Herzen nicht!“ (Ps 95,7).
5. Gott hat sich in den *einmaligen* geschichtlichen Ereignissen der *Befreiung aus Ägypten* und im *Jesus-Ereignis* geoffenbart. Sein Wort trifft uns heute in unserer einmaligen und unwiederholbaren Lebensgeschichte und fordert von uns eine Entscheidung: „Unsere Tage zu zählen, lehre uns! Dann gewinnen wir ein weises Herz“ (Ps 90,12). Unser Leben hat einen *Entscheidungscharakter,* weil uns nur *ein Leben* geschenkt ist, das im Tod beendet wird (vgl. Ps 90,5–10; Hebr 9,27).

6. Der *Seelenwanderungsglaube,* wie er sich etwa im Buddhismus findet, nach dem die Seele im Verlauf vieler Wiedergeburten bis zur „Leid-Erlösung“ aufsteigt, und diese Erlösung aus eigener Kraft und Einsicht erreicht, ist dem biblischen Menschenbild *völlig fremd.* Neutestamentlicher Glaube ist überzeugt, daß der Mensch *sich selbst nicht vollenden kann,* Gott ihm aber diese Vollendung *schenkt.* Nicht die Selbsterlösung ist uns aufgetragen, sondern die *Offenheit* dem liebenden Gott gegenüber und der *Nachvollzug seiner Vaterliebe,* damit wir in diesem einmaligen Leben Gefäße werden, die das Geschenk der Vollendung aufnehmen können.

Das Böse kommt aus dem Herzen des Menschen

Die Sünde ist die *erste Tat,* die in der Bibel vom Menschen erzählt wird. Der Sündenfall des ersten Menschenpaares (Gen 3) ist eine *Beispielserzählung,* die den Menschen so zeigt, wie ihn die Bibel auch sonst darstellt, als *sündigen* und deshalb des *göttlichen Heils bedürftigen* Menschen. Dieser dunkle Beginn will den Menschen sicher *nicht bloß* als Sünder darstellen; er ist und bleibt weiter verpflichtet, die Gemeinschaft mit Gott zu suchen und das Gute zu tun, sonst hätten Gebote und Strafverfügungen Gottes wohl keinen Sinn. In erzählender Weise wird hier veranschaulicht, was *in jeder Sünde* geschieht. Der menschliche Wille wendet sich gegen den göttlichen Willen und lehnt eine letzte Instanz über sich ab. Das ist mit dem „Gott gleich sein wollen“ gemeint (vgl. Gen 3,5). Die Erzählung vom Sündenfall endet mit der Vertreibung der Menschen aus dem Paradies. Das *verlorene Paradies* ist einerseits ein Bild für das *Scheitern* des Menschen, dessen Leben nur einen guten Verlauf nehmen kann, wenn er sich in die Ordnungen des Schöpfers einfügt, andererseits ist es ein *Hoffnungsbild* für die Heilszukunft, nach der sich der Mensch in seiner vielfältigen Unfreiheit und Schwäche sehnt (vgl. Jes 11,6–8; Hos 2,20–25).

Mit dem Geschöpf Mensch, das in die *persönliche Verantwortung* gerufen ist und das in Freiheit entscheiden kann, hat Gott aus Liebe ein *Risiko* auf sich genommen – denn nur ein *freier Mensch* kann Gott in *Liebe* antworten. Die Schuld des Menschen wird durch die Verführung nicht gemindert. In der Bildsprache der Erzählung ist die Schlange ein *Bild für die Versuchung*, die sich *im Herzen des Menschen* abspielt. In der Schlange das *personifizierte Böse* zu sehen, liegt dem Text ferne.

Die Sünde des Menschen ist immer Sünde gegen Gott, auch wenn sich die Verfehlung unmittelbar gegen einen Menschen richtet. So klagt David nach seiner Verfehlung mit Batseba: „Gegen dich allein habe ich gesündigt, ich habe getan, was dir mißfällt" (Ps 51,6). Rigoros haben die Propheten am Prinzip *persönlicher Verantwortung und Schuld* festgehalten: „Nur wer sündigt, soll sterben. Ein Sohn soll nicht die Schuld seines Vaters tragen und ein Vater nicht die Schuld seines Sohnes. Die Gerechtigkeit kommt nur dem Gerechten zugute, und die Schuld lastet nur auf dem Schuldigen" (Ez 18,20). Die Sünde ist eine *vom Menschen allein* verschuldete und zu verantwortende Verletzung der Ordnung, die Gott dem Menschen als Wegweiser gegeben hat. Ein *Urheber* oder *Verursacher* des Bösen tritt nicht in den Horizont des Alten Testaments.

Im Ijob-Buch gehört die Gestalt Satans zum Himmlischen Hofstaat (1,6), er spielt die Rolle des *Anklägers*, der jedes unrechte Tun des Menschen aufspüren und vor Gottes Gericht tragen soll. Gott bedient sich des Satans, um über einen Menschen eine der unbegreiflichsten Prüfungen zu verhängen, von denen die Bibel zu berichten weiß. – Das vom Menschen als unverständlich empfundene Walten Gottes, wie das Wüten der Pest, wird in der älteren Überlieferung von Davids Volkserzählung dem *Zorn* JHWHs zugeschrieben (2 Sam 24), während in dem jüngeren Bericht „Satan gegen Israel auftrat" (1 Chr 21). Satan gehört hier in den *mythologischen* Vorstellungsbereich.

Satan, als persönliche Macht, wird im Neuen Testament öfters genannt, doch *relativieren* sich die Aussagen. So werden der Verrat des Judas und die Verleugnung des Petrus in der Lukaspassion auf Satan zurückgeführt (Lk 22,1–4.31–34), während Matthäus die Bosheit und Schwäche der Menschen dafür verantwortlich macht (Mt 26,1–5.14f.31). – In dem Staat, der den Christen feind ist, sieht die Offenbarung des Johannes Satan selbst verkörpert (z. B. Offb 12). – Einerseits sind die *Götzen* der Heiden für Paulus *gar nicht existent* (1 Kor 8,4f.), andererseits nennt er sie *Dämonen* (1 Kor 10,18–20). – Im Verständnis des

Frühjudentums ist die ganze Schöpfungsordnung durch Engel begründet und garantiert. Diese „Elementarmächte" (Beweger der Gestirne) sind *kosmische Kräfte,* die der Christ nicht zu respektieren und zu verehren braucht (vgl. Gal 4, 8–10). „Denn ich bin gewiß: Weder Tod noch Leben, weder Engel noch Mächte, weder Gegenwärtiges noch Zukünftiges, weder Gewalten der Höhe oder Tiefe noch irgendeine andere Kreatur können uns scheiden von der Liebe Gottes, die in Christus Jesus ist, unserem Herrn" (Röm 8, 38 f.).

Jesus deckt die Wirklichkeit und Macht des Bösen in seiner Verkündigung auf, trotzdem stellt er *keine unmittelbare Verbindung* zwischen dem Bösen im Leben des Menschen und dem Satan her. Als ihm Petrus wegen der Ankündigung des Leidens Vorwürfe macht und ihn davon abbringen wollte, wies er Petrus scharf zurecht: „Weg mit dir, Satan, geh mir aus den Augen! Denn du hast nicht das im Sinn, was Gott will, sondern was die Menschen wollen" (Mk 8, 33). Satan ist hier im *profanen Sinn* des hebräischen Wortes einfach der *Feind* und *Widersacher.* Jene Krankenheilungen, die als *Bannung der Dämonen* geschildert werden, befreien von *leib-seelischen* Lebensminderungen, aber nicht von moralischer Schuld. Die Sündenvergebung wird niemals als Exorzismus geschildert (vgl. Mk 2, 1–12). Jesus klagt über die „Verhärtung der Herzen" (Mk 3, 1–6); das Böse sieht er dem Herzen des Menschen entspringen: „... Was aus dem Menschen herauskommt, das macht ihn unrein. Denn von innen, aus dem Herzen der Menschen, kommen die bösen Gedanken, Unzucht, Diebstahl, Mord, Ehebruch ... All dieses Böse kommt von innen und macht den Menschen unrein" (Mk 7, 20–23).

Das Geschenk der Freiheit ist für den Menschen zugleich eine *Gefährdung.* Der Mensch kann die Maßstäbe verlieren und sich selbst zum Maß aller Dinge machen. Im Vaterunser läßt uns Jesus beten: „Führe uns nicht in Versuchung." Sinngemäß bitten wir um folgendes: Vater, bewirke in deiner Barmherzigkeit, daß wir immer so viel von deinem Licht bekommen, um den *guten Weg* zu gehen; gib uns in schweren Entscheidungen Kraft, das *Richtige zu wählen* und nicht nach unserem Egoismus zu handeln; laß uns in den Widerwärtigkeiten des Lebens den Glauben und die Liebe *nicht verlieren.* In biblischer Sprechweise „führt"

Gott immer den Menschen, deswegen kann der Beter diese menschliche Bitte aussprechen, Gott möge ihn *nicht auf einen gefahrvollen und schwierigen Weg führen.* Die Bibel nennt die schwierigen Abschnitte auf dem Lebensweg „Prüfungen", weil wir durch sie reifen und uns bewähren können, und weil uns durch sie oft eine tiefere Gotteserkenntnis geschenkt wird. Versuchungen sind nicht immer *Faszinationen,* die das *Böse* ausübt, sondern auch *Leiden,* die uns seelisch *verbittern,* aber auch *vertiefen* können.

Das Böse als *personifizierte Macht,* als Satan, am Werk zu sehen, wenn unmenschliche politische Systeme Menschen knechten, wenn Macht mißbraucht wird und Grundrechte mit Füßen getreten werden, führt gerade dazu, daß nach der Entstehung und den Ursprüngen dieser Konzentration von Unrecht nicht mehr viel gefragt, und die *Mitverantwortung* vieler einfach *übersehen* wird. Wenn manchmal in Predigten zu hören ist, daß Hitlers Regime und der Holocaust ohne Satan nicht erklärbar, ja ein Beweis für seine Existenz wären, dann wird die *Verantwortung der Menschen* nicht mehr ganz ernst genommen, und die konsequente *Aufdeckung der Schuldzusammenhänge* und die Einsicht, wie es dazu kam, *verhindert.* „In einer wirklich bedenkenswerten Weise ‚persönlich' ist das Böse allerdings immer: Wo wir erfahrungsmäßig das Böse erleben, haftet es stets einem Menschen an. Immer nimmt es Gestalt an durch den Willen und das Handeln eines Menschen" (A. Weiser).

Sünde und Schuld

Wie Gott lieben – eine Berufung,
hinter der wir oft zurückbleiben

Fehlverhalten oder Sünde?

Das Böse, das Menschen einander antun und das unendliches Leid verursacht, wird in der Perspektive der Offenbarung nie isoliert gesehen, sondern immer als Folge der bewußten Abkehr des Menschen vom liebenden Anruf Gottes verstanden. – Deshalb erhebt Gott den Vorwurf: „Sie kehren mir den Rücken zu und nicht das Gesicht" (Jer 2,27). Diese Abkehr ist nicht bloß die Verweigerung, JHWH kultisch zu verehren – trotz „richtiger Gottesdienste" kann der Mensch den Bund brechen, wenn er jenen die Liebe und Gerechtigkeit verweigert, die wie er „Bild Gottes" sind. Die Sünde ist die Weigerung des Menschen, die Güte Gottes nachzuvollziehen; sie ist bewußt Untreue, die in schwerwiegenden Taten zum Ausdruck kommt. Wenn Jesus seine Zeitgenossen „ein ehebrecherisches Geschlecht" nennt, dann will er die Sünde schlechthin anprangern, die „Untreue" durch die sich der Mensch dem liebenden Anruf Gottes verschließt. Dieses personale Verständnis der Sünde wird im Neuen Bund bestätigt und vertieft. Die Sünde – als Untreue verstanden – betrifft die Beziehung der Menschen untereinander bis in die soziale und gesellschaftliche Wirklichkeit hinein und verdunkelt die Berufung des Gottesvolkes. Sünde und Schuld sind ernste Wirklichkeiten auch für die Menschen, die sich um ein Leben nach dem Evangelium bemühen. Die Kirche bekennt, daß sie eine Gemeinschaft der Sünder ist, die der Erneuerung und Wegweisung durch den Geist Christi bedarf. Im Blick auf die größere Liebe und Treue ist der Christ zu ständiger Umkehr aufgerufen, um den Kurs seines Glaubensweges bewußter auf Gott auszurichten.

Eine Glaubenserfahrung Israels

Der Bericht vom Sündenfall am Anfang der Menschheitsgeschichte bietet hohe Theologie, die in reine Erzählung umgesetzt ist und deswegen dem abstrakten Denken einfach und archaisch erscheint. Obwohl der Erzähler aus der frühen Königszeit mythologische Elemente (z. B. Gottesgarten, Lebensbaum, Schlange) seiner Geschichtstheologie dienstbar macht, lehnt er ganz bewußt eine *mythische Deutung des Bösen* ab, die dieses im *Sein des Menschen selbst* begründet sieht. Der biblische Autor läßt den Menschen nicht aus schuldinfiziertem Götterblut, wie das im babylonischen Schöpfungsgedicht „Enuma Elisch" erzählt wird, sondern einfach aus der Ackererde geformt werden. Das ist eine Art Gegenthese zum Mythos: *Das Böse entspringt der menschlichen Freiheit und wird als Ungehorsam gedeutet.* Indem die ersten Menschen *„Gott gleich sein"* wollten, erheben sie den Anspruch, unabhängig von ihrem Schöpfer, der sie „nach seinem *Bild*" erschaffen hat, über ihr eigenes Geschick nach Gutdünken selbst zu verfügen.

Die Sündenfallgeschichte findet ihre Aufhellung in der Bundestheologie Israels. Von einer späteren religiösen Erfahrung her, die erst innerhalb des Gottesbundes Israels gegeben war, wird über den Ursprung des Bösen nachgedacht. Erst dem Bundesdenken ist es zu verdanken, daß alles Dunkle der menschlichen Existenz als *Folge der Sünde,* und die Sünde *als Tat menschlicher Freiheit* gesehen wird. Ein Vergleich der *Bundes- und Geschichtstheologie* mit der *Abfolge der Sündenfallgeschichte* bietet sich an:

Bundestheologie

- JHWH hat Israel *„geschaffen"* und erwählt außerhalb des Landes Kanaan, nämlich in Ägypten oder in der Wüste.
- Gott hat Israel gnädig in das Land, das von Milch und Honig fließt, hineingeführt und es darin wohnen lassen.
- Er hat Israel die Gebote als seine Bundesbedingungen auferlegt.
- Wenn Israel die Gebote hält, wird es ihm gut gehen in dem verheißenen Lande – und es wird *„leben"*.
- Durch Ungehorsam wird es den Fluch über sich bringen und *„sterben"*.

Sündenfall

- In Gen 2–3 wird der Mensch im wüsten Land, außerhalb des Gartens Eden geschaffen.
- Gott versetzt den Menschen in den wunderbaren Garten.
- JHWH gibt ihm *ein Gebot,* dessen Beobachtung die Bedingung dafür ist –
- daß er im Garten *„lebt"* (im Garten steht ja der „Baum des Lebens").
- Doch der Mensch übertritt das Gebot und muß infolgedessen *„sterben"*, d. h., er kommt *unter den Fluch* und muß den Garten verlassen.

Die Sündenfallgeschichte und die folgenden Kapitel, die vom ersten Brudermord und der zunehmenden Verderbnis der Menschheit bis hin zur Sintflut berichten, sind die dunkle Folie für das *segnende Handeln Gottes,* das durch Abraham und seine Nachkommen den Geschlechtern der Erde zukommen soll, um *die Menschheit zu erneuern* und *die Unheilsgeschichte zur Heilsgeschichte zu wenden* (Gen 12,1–3).

Gottes „verwundbare" Liebe

So wie der einzelne Mensch geht auch das Volk Gottes den Weg der Selbstvernichtung, sobald es von den Wegen abweicht, die Gott ihm durch seine Bundesgesetze vorgezeichnet hat. Von der *Treue* oder *Untreue* des Volkes gegen die *Führung und Weisung Gottes* wird die Geschichte Israels von den Propheten gedeutet und beurteilt (vgl. Dtn 8,3). Wer sich anmaßt, sich unabhängig von Gott auf sich selbst zu stellen, tut dies meist auf Kosten der anderen, vor allem der Kleinen und Schwachen. „Fluch und Betrug, Mord, Diebstahl und Ehebruch machen sich breit. Bluttat reiht sich an Bluttat. Darum soll das Land verdorren, jeder, der darin wohnt, soll verwelken" (Hos 4,2f.).

Israel ist dazu berufen, aus der persönlichen Erfahrung mit Gottes Heilswillen, die Brüderlichkeit in der Gemeinschaft des JHWH-Volkes zu lernen. Es geht um den *Nachvollzug* der Liebe Gottes! *Wie die Sünde* – die Verweigerung von Liebe und Gerechtigkeit dem Mitmenschen gegenüber – *Gott selbst treffen kann,* darüber werden keine besonderen Erklärungen abgegeben. So selbstverständlich wie das Unrecht, das einem Menschen angetan wird, auch seinen Partner und Freund trifft, so trifft es auch Gott, der die Menschen liebt. Als David den Hetiter Urija in den Tod schickte und ihm seine Frau wegnahm, dachte er wohl nur einem Menschen schweres Unrecht angetan zu haben. Der Prophet Natan belehrt ihn im Namen Gottes, daß er JHWH selbst mißachtet habe (vgl. 2 Sam 12,9f.). Gott schützt die Rechte jeder menschlichen Person; der stumme Schrei des unschuldig vergossenen Blutes wird von ihm gehört.

Die Sünde reißt einen Abgrund auf zwischen Gott und seinem Volk, ja sie trifft Gott in seinem Ratschluß der Liebe: „Mein Volk aber hat seinen Ruhm gegen unnütze Götzen vertauscht ... Mich hat es verlassen, den Quell des lebendigen Wassers, um sich Zisternen zu graben, ... die das Wasser nicht halten" (Jer 2,11ff.). Gottes *Klage* über sein untreues Volk und seine *„Eifersucht"* machen deutlich, wie sehr sich Gott in seiner Liebe *„verwundbar"* gemacht hat. Die Sünde wird als Verletzung einer persönlichen, von Gott geknüpften Beziehung betrachtet, als Weigerung des Menschen, sich von Gott lieben zu lassen.

Gericht und Erbarmen Gottes

„Als Israel jung war, gewann ich ihn lieb, ich rief meinen Sohn aus Ägypten. Je mehr ich sie rief, desto mehr liefen sie von mir weg. Sie opferten den Baalen und brachten den Götterbildern Rauchopfer dar... Sie haben nicht erkannt, daß ich sie heilen wollte. Mit menschlichen Fesseln zog ich sie an mich, mit den Ketten der Liebe. Ich war für sie wie die Eltern, die den Säugling an ihre Wangen heben. Ich neigte mich ihm zu und gab ihm zu essen... Wie könnte ich dich preisgeben, Efraim, wie dich aufgeben, Israel? ... Mein Herz wendet sich gegen mich, mein Mitleid lodert auf. Ich will meinen glühenden Zorn nicht vollstrecken und Efraim nicht noch einmal vernichten. Denn ich bin Gott, nicht ein Mensch, der Heilige in deiner Mitte ..." (Hos 11,1–9).

Dieses Zeugnis von der unbesiegbaren Liebe Gottes zu seinem Volk kann auch durch das Neue Testament nicht mehr überboten werden. Gerade Jesus bezeugt diese Liebe Gottes und seinen Heilswillen auch den schuldig gewordenen Menschen gegenüber. Die oft geäußerte Meinung, im Alten Testament würde vor allem *der gerechte und strafende Gott* zu Wort kommen, während im Neuen Testament *der Gott der Liebe* bezeugt wird, ist schlechthin falsch. Hosea spricht von der Liebe Gottes und verwendet zu ihrer Beschreibung das Bild von Vater und Sohn.

Die *Vaterliebe Gottes* hat Israel aus dem sicheren Verderben gerettet und aus Ägypten herausgeführt. Wie einem Kind hat er seinem Volk das Gehen beigebracht und es getragen, wenn es müde war. Immer wieder hat JHWH seinen Sohn gerufen und ihn an sich ziehen wollen. Sein Ruf verhallte ohne Antwort, seine Sorge blieb unbedankt. Israel lief seinem Vater davon und gab sich dem Kult der Götzen hin. Die naturverbundenen und die Sinne ansprechenden Opferfeste der Fremd-Götter wurden zum Fallstrick für Israel. Die Bande der Liebe JHWHs haben nicht ausgereicht, Israel hat sich ihrer entledigt. Gegenliebe kann *nicht erzwungen* werden – auch Gott kann das nicht, weil er die *Freiheit seiner Geschöpfe* respektiert. Die *Liebesinitiativen,* die der Prophet so anschaulich beschreibt, sind der *Hintergrund,* auf dem die *Größe von Israels Schuld* ganz deutlich wird. In Langmut hat Gott diese Untreue hingenommen und auch weiterhin für sein Volk gesorgt. Doch das hereinbrechende Verderben war unausweichlich. Israel verliert früher oder später den Boden unter seinen Füßen, wenn es seinen Vater, dem es Leben und Segen verdankt, verläßt. Doch nicht das wegen der Schuld Israels hereinbrechende Gericht ist das *letzte Wort Gottes,* sondern *seine Liebe* und *sein Mitleid. Diese Liebe,* die Israel ins Leben gerufen hat, ist letztlich auch der *Grund für den Zorn Gottes,* der seine Liebe verschmäht sieht – und ebenso der *Grund für sein Erbarmen,* seinen Sohn aus dem selbstgewählten Unglück zu retten. Die Rettungstat des Anfangs – der Exodus – wäre sonst ein mißglücktes Werk Gottes gewesen, ein Weg, der sich verliert und sein Ziel nicht erreicht. Gottes Liebeswille – sein Volk in die Freiheit zu führen – bleibt *unverrückbar* und wird auch durch seinen Zorn und das verhängte Gericht nicht aufgehoben. Er gibt Efraim nicht preis, weil er *heilig* ist und eben *ganz anders* handelt als Menschen, die ihren Launen unterworfen sind und sich auf bloße Gerechtigkeit berufen. Gott läßt die Menschen *den Weg der Umkehr* neu entdecken, wenn auch durch das Gericht hindurch. Er erweckt sein Volk zu *neuem Leben* und führt es auf den *Weg der Nachfolge.*

Jesus schenkt Heilung und Vergebung

Im Zentrum des Neuen Testaments steht nicht die Sünde, sondern die *Vernichtung der Sünde.* Das aber übersteigt menschliches Vermögen. Nur von Gott her, dem absolut Guten und Liebenden, ist die Vernichtung der Sünde denkbar, die Wiederherstellung von unbeschädigtem Leben. Wie aber soll dies geschehen? Für den erlösenden Gott ist die Sünde nicht ein Anlaß zum Strafen, sondern zum Heilen. Die Strafe liegt schon in der Sünde selbst, weil sie immer ein Anschlag auf die eigene Lebenserfüllung ist.

Jesus zeigt uns einen Gott, der vergibt und jedem einen Neuanfang schenken will. Indem Jesus den Sündern seine *gutmachende Gemeinschaft* schenkt, ist er *Arzt* und *Heilmittel* zugleich. Mit dem Zöllner Zachäus *„kommuniziert"* er heilend-sündenvergebend (Lk 19, 1–10). Gerade diesen, von den Frommen Abgelehnten und Verachteten, hat sich Jesus ausgesucht, um bei ihm einzukehren: „Denn der Menschensohn ist gekommen, um zu suchen und zu retten, was verloren ist." Als die Pharisäer ihn wegen seiner Tischgemeinschaft mit den Sündern tadeln, nennt er die Sünder Kranke: „Nicht die Gesunden brauchen den Arzt, sondern die Kranken. Ich bin gekommen, um die Sünder zu rufen, nicht die Gerechten" (Mk 2, 17). Er hat die Ankläger einer Ehebrecherin zurückgewiesen, indem er sie vor ihr eigenes Gewissen stellte, er hat mit der Ausgestoßenen geredet und sie so zu einem Neuanfang ermutigt (Joh 8, 1–11).

Gerade die Katechese der synoptischen Evangelien zeigt Jesus inmitten der Sünder, der Armen und Kranken, also der Menschen, die ihre *menschlichen Freiheitsräume* verloren haben. Zur frohen Botschaft vom liebenden Vater, der uns die Sünden nachläßt, gehört aber auch unabdingbar die Forderung der Umkehr. Gleich den Propheten und gleich Johannes dem Täufer (Mk 1, 4) predigt Jesus die *Bekehrung,* eine *Änderung des Herzens,* die den Menschen bereit macht, die *göttliche Zuwendung anzunehmen* und sich von Gott führen zu lassen: „Das Reich Gottes ist nahe. Kehrt um, und glaubt an das Evangelium!" (Mk 1, 15).

Genauso wie es die Propheten getan haben, deckt Jesus die Sünde auf, wo immer sich diese findet, gerade bei jenen, die sich für gerecht halten, weil sie den Vorschriften des Gesetzes genügen. Die Sünde beginnt schon im Herzen des Menschen (Mk 7,17–23). In der Botschaft Jesu ist das Böse *eine Folge des verhärteten menschlichen Herzens,* es liegt in der *freien Entscheidung* des Menschen begründet.

In dem Gleichnis *vom verlorenen Sohn,* den der Vater mit offenen Armen aufnimmt und ihn wieder in sein Erbe einsetzt (Lk 15,11–32), wird in einer besonderen Dichte das *Wesen der Sünde,* die *notwendige Umkehr* und die *Sünder-Liebe Gottes* anschaulich. Was den Vater „betrübt", ist das Fortgehen seines Sohnes, dieses *Nicht-mehr-Sohn-sein-Wollen,* die Tatsache, daß er es seinem Vater unmöglich gemacht hat, ihn wirksam zu lieben. Die Parabel zielt nicht in erster Linie auf den Akt des Ungehorsams, den nur der ältere Bruder nennt, um ihn seinem eigenen Gehorsam gegenüberzustellen. Er hat seinen Vater „beleidigt", indem er ihn *seiner Anwesenheit als Sohn* beraubt hat. Die Wiedergutmachung der Beleidigung wäre also ohne Rückkehr und ohne Bereitschaft, wieder ganz Sohn sein zu wollen, undenkbar. Deshalb wird in der Parabel die *Freude des Vaters* unterstrichen. Der Vater scheint vergebungsbereit zu warten. Doch kann seine Vergebung erst bei der Rückkehr des Sohnes wirksam werden.

Wenn wir voll Vertrauen mit unserer Schuld vor Gott kommen, dürfen wir *seine Vergebung erfahren* und seiner Zuwendung gewiß sein. Als Jünger Jesu dürfen wir die Bitte aussprechen: *Vergib mir meine Schuld – mach das gut, was ich selbst nicht mehr gutmachen kann. Schaffe dort Heil, wo durch mich Unheil entstanden ist.*

Wem vergeben wurde, der sollte auch vergeben können. Im Gleichnis vom *unbarmherzigen Gläubiger* sind wir aufgefordert, die erfahrene Barmherzigkeit Gottes durch unsere Versöhnungsbereitschaft weiterzugeben: „Hättest nicht auch du mit jenem, der gemeinsam mit dir in meinem Dienst steht, Erbarmen haben müssen, so wie ich mit dir Erbarmen hatte?" (Mt 18,33). Andererseits wird die Aussöhnung mit unserem Bruder als Bedingung verlangt, um in der rechten Gesinnung Gottesdienst zu feiern, in dem wir mit der Versöhnung Gottes beschenkt werden: „Wenn du deine Opfergabe zum Altar bringst und dir dabei einfällt, daß dein Bruder etwas gegen dich hat, so laß deine Gabe dort vor dem Altar liegen; geh und versöhne dich zuerst mit deinem Bruder, dann komm und opfere deine Gabe" (Mt 5, 23 f.).

Mit dem, was wir Menschen sind, heilen wir einander, oder wir vergiften einander. Er aber, der Sohn Gottes, ist der ganz und gar Gute (Joh 8, 46). So können andere durch ihn ganz gut, ganz gerecht werden. Das Bild vom leidenden Gottesknecht – der geheimnisvollen Gestalt –, der „die vielen gerecht macht und ihre Schuld auf sich lädt" (Jes 53, 11), findet in Jesus seine Erfüllung. Alle Opfer Israels und der Menschheit weit hinter sich lassend, trägt das „Lamm Gottes" die Sünden der Welt und nimmt sie hinweg (Joh 1, 29).

Erbsünde oder Sündenverflochtenheit?

Obwohl die Bibel die freie Entscheidung des Menschen und seine persönliche Verantwortung in aller Deutlichkeit betont, weiß sie auch um die *soziale Ausstrahlung des Bösen,* so daß man von der „Sünde Israels" und von der „Sünde der Welt" (Joh 1, 29) sprechen konnte. Es geht hier um eine Atmosphäre, in die der Mensch hineingeboren wird, in der er lebt, und zu der er durch sein persönliches Versagen mit beiträgt.

Paulus hat der Lehre von der „Erbsünde", die einen unproportional großen Einfluß auf das theologische Denken im Laufe der Jahrhunderte ausgeübt hat, die Grundlage gegeben. Die deutsche Übersetzung von „peccatum originale" mit „Erbsünde" ist unglücklich gewählt und müßte genauer mit „ursprunghafte Sünde" wiedergegeben werden. Die Stelle Röm 5, 12–21, wurde zum „klassischen Text" der kirchlichen Erbsündenlehre: „Durch einen einzigen Menschen kam die Sünde in die Welt und durch die Sünde der Tod, und auf diese Weise gelangte der Tod zu allen Menschen, weil alle sündigten ... Ist durch die Übertretung des einen der Tod zur Herrschaft gekommen, durch diesen einen, so werden erst recht alle, denen die Gnade und die Gabe der Gerechtigkeit reichlich zuteil wurde, leben und herrschen durch den einen, Jesus Christus. Wie es also durch die Übertretung eines einzigen für alle Menschen zur Verurteilung kam, so wird es auch durch die gerechte Tat eines einzigen für alle Menschen zur Gerechtsprechung kommen, die Leben gibt. Wie durch den Ungehorsam des einen Menschen die vielen zu Sündern wurden, so werden auch durch den Gehorsam des einen die vielen zu Gerechten gemacht werden" (Röm 5,12.17–19).

Die Gegenüberstellung von Adam und Christus macht beide zu Stammvätern zweier Menschheitsgruppen; damit soll der Heilsplan Gottes deutlich gemacht werden. Paulus geht in seiner Verkündigung von der Heilstat Christi aus. Auf dem *Hintergrund der Unheilsgeschichte,* die mit Adam begann, zeigt er das neue Heil in Christus in seiner sieghaften Mächtigkeit gegenüber dem Unheil. Adam ist *Typus des Kommenden.* Die Überlegenheit der Erlösung durch Christus verbietet es, Heil und Unheil in ihrer Wirksamkeit einander entsprechend zu betrachten: Wenn schon das Versagen Adams so eine Wirkung nach sich zog, um wieviel mehr wird der Gehorsam Christi wirksam werden. Paulus *rühmt die Gnade* in einer theologischen Geschichtsbetrachtung, erst in zweiter Linie redet er über die Unheilsituation. Er steht hier in der Perspektive des Alten Testaments, die uns in der biblischen Urgeschichte begegnet: Die Verstrickung des einzelnen in die sündige Menschheit hat nicht das letzte Wort. Der Unheilsituation steht die *Verheißung des Heils für alle Völker* gegenüber, denn in Abraham sollen alle Geschlechter der Erde Segen erlangen (vgl. Gen 12,3). So muß dieser Paulustext im *Horizont der frohen Botschaft von der Vergebung der Schuld* gelesen werden.

Die theologische Geschichtsbetrachtung ist durch den Gegensatz „Unheilsbereich Adam" – „Heilsbereich Christus" bestimmt. Von Jesus Christus her begreift Paulus die den Menschen bestimmenden Realitäten von Sünde und Tod. Die Sünde ist so alt wie die Menschheit; der Bericht vom „Sündenfall" ist deutlich herauszuhören. Eva verschwindet völlig hinter Adam, der genealogisch allein von Bedeutung ist und auch der „Gegentyp" für Christus sein konnte. Der Tod *als Folge der Sünde* ist aus dem Textzusammenhang nicht ausschließlich als biologisches Sterben zu deuten, sondern *meint die Verlorenheit – den Verlust des wahren Lebens,* zu dem der Mensch ursprünglich berufen war. Schließlich hat Christus durch sein Erlösungswerk den physischen Tod auch nicht aufgehoben. – Alle Menschen ratifizieren persönlich durch ihr eigenes sündiges Tun und Unterlassen die Tat Adams; so tritt jeder Mensch aktiv in diesen Strom von Sündern und Sünde ein. Sünde ist hier immer auch *an eine personale Entscheidung* des Einzelmenschen gebunden.

Weder über das „Wie“ der Sünde des Anfangs, noch über die *Beziehung der Sünde Adams zu den Sünden seiner Nachkommen* werden hier Aussagen gemacht. Manche Spekulationen, die man in der Theologiegeschichte aufgrund dieses Textes anstellte, wie etwa die absolute Heilsnotwendigkeit der Taufe, um ein Kind von der „Erbschuld“ zu befreien, damit es Anteil habe am ewigen Heil, kann man heute nicht mehr nachvollziehen.

Um das Mißverständnis auszuräumen, daß die Sünde wie eine schlechte Anlage ererbt oder durch die Zeugung weitergegeben werde, spricht man heute oft von „Sündenverflochtenheit“. Der einzelne ist dieser „Sündenverflochtenheit“ nicht nur durch das schlechte Beispiel ausgeliefert, er wird auch geprägt durch verkehrte Grundorientierungen der Gesellschaft, die ihn an der Verwirklichung der Gottes- und Nächstenliebe hindern.

Wenn jeder Mensch ein Sünder ist, dann kann sich keiner über den anderen erheben, vor Gott sind dann alle Menschen gleich in ihrer Grundsituation und ihrer Bedürftigkeit des Heils. Diese *Solidarität in der Sünde* kann nicht zur Gemeinschaft führen. Die *Solidarität Christi mit uns,* der als gehorsamer Knecht in die Menschheitsfamilie eingetreten ist, führt uns zur Gemeinschaft in der Kirche zusammen, *denn er hat die Macht der Sünde und des Todes gebrochen,* und er ist mächtig, uns vor Gott zu Gerechten zu machen (vgl. Röm 5, 19).

Die Arbeit

Last und Selbstverwirklichung des Menschen

Arbeit wird vorausgesetzt

In der Bibel begegnen uns die Menschen, wie sie den verschiedenen Kulturstufen entsprechend ihre Umwelt *verändern* und als Hirten, Bauern und Handwerker, aber auch als *planende* Bauherrn und Künstler tätig sind. Daß zum Menschen die Arbeit gehört, um sein Leben zu erhalten und zu gestalten, erscheint so *selbstverständlich,* daß in den Gesetzessammlungen der Tora nicht ausdrücklich darüber gesprochen wird. Auch in den Evangelien findet die Arbeit keine ausdrückliche Bewertung; sie wird *einfach vorausgesetzt.* Die Berufung des Menschen zur Arbeit und zur Gestaltung seiner Umwelt ist in den Erzählungen über die Erschaffung des Menschen ganz selbstverständlich enthalten. Wir sprechen heute von einem *Gesetz der menschlichen Natur,* das den Menschen zur Selbsterhaltung und damit zur Arbeit *verpflichtet.* Auch die Bibel weiß darum, nur spricht sie davon in Form der theologischen Erzählung. Der Mensch von heute verbindet mit der Arbeit vor allem die Organisation und die Spezialisierung, so daß er den Blick für die viel einfachere Arbeit des biblischen Menschen verlieren kann.

Die Bibel kann uns auf Sachfragen unserer heutigen Arbeitswelt *keine direkte Antwort* geben, doch enthält sie großartige Bilder von Gott und seinem „Spitzengeschöpf“ Mensch, die zur Deutung der Arbeit ihren *bleibenden Sinn* bewahrt haben. Es geht um die Wirklichkeit des Menschen, der berufen ist, den Willen Gottes zu tun, eine Wirklichkeit, die nicht zu trennen ist von *Wert und Mühsal* der Arbeit sowie von ihrer *Bedürftigkeit* nach Erlösung.

Die Berufung nach dem Vorbild Gottes zu herrschen

Die ersten elf Kapitel der Genesis erzählen von der Schöpfung und den Anfängen der Menschheit. Im ersten, zeitlich jüngeren Schöpfungsbericht (Priesterschrift), der in der Zeit nach dem Exil verfaßt wurde, lesen wir über die Erschaffung des Menschen: „Dann sprach Gott: Laßt uns Menschen machen als unser Abbild, uns ähnlich" (Gen 1,26). Diese „Selbstberatung" Gottes hat einen feierlichen Klang und deutet auf die *Einmaligkeit* und *Größe* des Geschöpfes Mensch hin. Der Ausdruck „als unser Abbild uns ähnlich" läßt an die Vorstellung denken, daß Gott einen „Entwurf des Menschen" in seinem „Herzen" trägt, bevor er die Erschaffung verwirklicht. Diese „Gottesebenbildlichkeit" findet im abschließenden Schöpfungsauftrag ihre *Deutung*: „Gott segnete sie, und Gott sprach zu ihnen: Seid fruchtbar, und vermehrt euch, bevölkert die Erde, und unterwerft sie euch, und herrscht über die Fische des Meeres, über die Vögel des Himmels und über alle Tiere, die sich auf dem Land regen" (Gen 1,28). Der Mensch wird berufen, nach dem *Vor-Bild* Gottes über die Kreatur und Umwelt zu *„herrschen"*, im Sinne eines *guten Hirten* oder eines verantwortungsbewußten Sachverwalters. In diesem Auftrag Gottes an die Menschen ist *die Arbeit* beschlossen. Auf dem religionsgeschichtlichen Hintergrund des Alten Orients wird dieser Auftrag noch aussagekräftiger: Dieses friedliche Herrschen über Lebendiges – dem sich der Mensch durch den gemeinsamen Schöpfer verbunden weiß – ist als ein Bearbeiten, Führen, Schützen und Weiden zu verstehen. Der Auftrag steht im *Gegensatz* zum Mythos, nach dem die Menschen zum *Frondienst* der Götter und zu einer ganz *kultbezogenen* Lebensweise berufen sind. In der Sicht des biblischen Autors wird Gott gerade darin verehrt, daß der Mensch sein *„Bild-Gottes-Sein"* in der Ausgestaltung der Schöpfung *lebt und erlebt* und im Auftrag Gottes mit dem Geschaffenen umgeht.

Der Schöpfungsauftrag „seid fruchtbar und vermehrt euch, bevölkert die Erde, und *unterwerft* sie euch", wird vom *Segen Gottes* über den Menschen, über Mann und Frau gleicherweise, *begleitet.* Im Textzusammenhang ist der Auftrag zur „Unterwerfung" *nicht gewalttätig* zu verstehen, *sondern friedlich*, ähnlich der Inbesitznahme eines Landstückes. Dieser Inbesitznahme sagt Gott seinen Segen, d. h. sein *mächtiges Wohlwollen* zu, deswegen soll menschliches Tun von diesem Wohlwollen Gottes *normiert* werden. Auch die Tatsache, daß dem Menschen zunächst nur pflanzliche Nahrung zugeteilt wird (Gen 1, 29 f.) und erst nach der Sintflut die Tötung von Tieren zur Ernährung erlaubt ist (Gen 9, 4–6), sind ein Hinweis darauf, daß „Herrschen" im Sinn von „Hüten" gemeint ist.

Die Arbeit Gottes fortsetzen

Der zweite Schöpfungsbericht, der in der frühen Königszeit entstand (sein Autor wird Jahwist genannt), schildert die schöpferische Tätigkeit Gottes im Bild eines Töpfers: „Da formte Gott, der Herr, den Menschen aus Erde vom Ackerboden und blies in seine Nase den Lebensatem. So wurde der Mensch zu einem lebendigen Wesen" (Gen 2, 7). Die geradezu ins Auge springenden Aussagen dieses Textes sind die *Zugehörigkeit des Menschen zur Schöpfung,* die schon vor ihm da war, wie *seine besondere Nähe zu Gott.* Gott gestaltet, bildet und formt den Menschen. Die Bibel scheut sich nicht, von einem „arbeitenden" Gott zu sprechen, der nicht nur sein bedeutendstes Geschöpf *eigenhändig* und *persönlich* bildet, sondern auch den Himmel „mit seinen Fingern gebildet" und Mond und Sterne befestigt hat (Ps 8, 4). Die *gestaltende Arbeit* des Menschen, vor allem die kunsthandwerklichen Schöpfungen des antiken Menschen, werden zum Vergleich für das *schöpferische* Tun Gottes herangezogen. Darin liegt eine ganz *positive* Einstellung zur Arbeit des Menschen, die zum Wesen Mensch, wie Gott ihn nach seinem Bild haben will, gehört. Nach dem jahwistischen Autor setzt Gott, der Herr, den Menschen in den Garten Eden, damit er ihn bebaue und behüte (Gen 2, 15). Hier scheint Gott selbst für den Menschen schon ein Stück *Kulturarbeit* getan zu haben, das der Mensch seinem Willen entsprechend *weiterführen soll.*

Der Auftrag zur Arbeit entspricht der *Selbstverwirklichung* des Menschen und ist *Nachvollzug des Bildes Gottes,* der in sechs Tagen die Welt schafft und am siebten Tage ruht (Gen 2, 3). Arbeitend und gestaltend nimmt der Mensch *teil* am Wirken Gottes und *setzt es fort.*

Künstler sind Berufene

Der Vorstellungsbereich der biblischen Schriftsteller ist nicht nur auf die Arbeitswelt der Hirten- und Bauernkultur eingegrenzt. Der Mensch in seiner Gottebenbildlichkeit ist auch berufen, in seinem *Kunstschaffen* etwas vom *Glanz Gottes* sichtbar zu machen. Künstler und Kunsthandwerker im Dienste der Gestaltung des Heiligtums sind *von Gott Berufene,* die ihre menschliche Begabung dem *Geist Gottes* verdanken, damit sie zum Lobpreis von Gottes Herrlichkeit und zur Freude des Volkes schaffen. „Der Herr sprach zu Mose: Siehe, ich habe Bezalel, den Sohn Uris, den Enkel Hurs, vom Stamme Juda, beim Namen gerufen und ihn mit dem Geist Gottes erfüllt, mit Weisheit, mit Verstand und mit Kenntnis für jegliche Arbeit: Pläne zu entwerfen und sie in Gold, Silber und Kupfer auszuführen und durch Schneiden und Fassen von Steinen und durch Schnitzen von Holz allerlei Werke herzustellen. Ich habe ihm Oholiab, den Sohn Ahisamachs, vom Stamm Dan, beigegeben und allen Kunstverständigen Weisheit verliehen, damit sie alles ausführen, was ich dir aufgetragen habe" (Ex 31, 1–6). Ähnlich wie Gott nach „seinem Bild" den Menschen schuf, soll das Heiligtum nach dem von Mose geschauten *göttlichen Entwurf* gestaltet werden, es soll ja zum besonderen *Zeichen* der Gegenwart Gottes werden: „Macht mir ein Heiligtum! Dann werde ich in ihrer Mitte wohnen. Genau nach dem Muster der Wohnstätte und aller ihrer Gegenstände, das ich dir zeige, sollt ihr es herstellen" (Ex 25, 8 f.). Wir sprechen von einer *künstlerischen Inspiration,* die Bibel führt diese Inspiration in den *schöpferischen Reichtum* Gottes hinein, aus dem der Mensch empfängt.

Von der Last der Arbeit

Weil die Arbeit so grundlegend zur menschlichen Natur gehört, wird sie von der Sünde zutiefst in Mitleidenschaft gezogen. Die Umwelt steht dem Menschen oft *lebensbedrohend* gegenüber. Mühselig wird der Natur das *Lebensnotwendige abgerungen.* Das ist eine Erfahrung, die mit dem *schuldhaften* Zurückbleiben hinter dem Auftrag Gottes *zusammen erlebt* wird und in dem „Fluchwort" zur Sprache kommt: „So ist verflucht der Ackerboden deinetwegen, unter Mühsal wirst du von ihm essen alle Tage deines Lebens. Dornen und Disteln läßt er dir wachsen... Im Schweiße deines Angesichts sollst du dein Brot essen, bis du zurückkehrst zum Ackerboden, von ihm bist du ja genommen" (Gen 3,17–19). Es wird hier *nicht* die Arbeit verflucht, sie wird auch *nicht als Folge der Sünde* betrachtet. Wie das Gebären der Frau unter Schmerzen geschieht und den *Sieg des Lebens über den Tod* darstellt (Gen 3,16), so ist die tägliche Plage des arbeitenden Menschen in der Widerstand leistenden Umwelt der *unter Schmerzen vollzogene Schöpfungsauftrag Gottes* zur Erhaltung des Lebens. Der des Menschen wegen verfluchte Erdboden ist im Zusammenhang der Unheilsgeschichte zu deuten. So wird in der Geschichte von der Ermordung Abels der Ackerboden zum *Ankläger;* das Land weigert sich, den Brudermörder zu ernähren. Die Bibel will uns veranschaulichen, wie die einmal *gestörte* Harmonie zwischen Gott und Mensch *weite Kreise* zieht, wie sie das Verhältnis von Mensch zu Mensch vergiftet und endlich auch den Menschen die Fähigkeit nimmt, die Natur *sinnvoll zu beherrschen.*

Die Sünde *vergiftet* auch das Kulturschaffen der Menschen. In der Erzählung vom Turmbau zu Babel beschließen die Menschen: „Auf, bauen wir uns eine Stadt und einen Turm mit einer Spitze bis zum Himmel, und machen wir uns damit einen Namen, dann werden wir uns nicht über die ganze Erde zerstreuen" (Gen 11,4).

Hier wird nicht die *schöpferische Initiative* der Menschen abgelehnt, sondern *das Ziel,* mit dem Menschen das tun, nämlich *ihre Selbstherrlichkeit.* In den menschlichen Leistungen liegt immer auch die Versuchung zur Emanzipation von Gott. Die Zerstörung der Gemeinschaft ist dann nicht mehr weit, so folgt in der Erzählung vom Turmbau die „Verwirrung der Sprache", d.h. ein „Nicht-mehr-verstehen-Können".

Israel hat die Welt der Arbeit, in der Knechtschaft Ägyptens, in ihrer *unmenschlichsten Form* kennengelernt, als Zwangsarbeit, unter erbarmungsloser Überwachung, zugunsten einer feindlichen Herrschaft, die ein Volk systematisch aufreiben wollte (Ex 1,8–14; 5,6–18). Der Bund Gottes mit Israel ist von einigen grundsätzlichen Weisungen bestimmt, die die Arbeit vor Entartungen *bewahren* sollen. Die Ausbeutung der Arbeiter und die

Vorenthaltung des verdienten Lohnes wird besonders angeprangert (Lev 19,13; Dtn 24,14f.). Amos schleudert sein *Wehe* den Herrschenden entgegen, die durch drückende Steuerlasten das arme Landvolk versklaven (Am 5,11). Nur einem Israel, das dem Gottesbund die Treue hält, wird die Zusage gemacht: „*Gott wird das Werk deiner Hände segnen*" (Dtn 14,29; Ps 128,2).

So läßt die Arbeit sowohl an den *göttlichen Auftrag* denken als auch an den *Bereich der Sündenfolge*, die den Menschen schwer belasten und niederdrücken kann. Aus dem Behüter im Auftrag Gottes ist der *selbstherrliche* Herrscher geworden, der Mensch und Tier ausbeutet und sich selbst und der Natur zum Feind wird.

Die Sabbatruhe

Der Sabbat als regelmäßig wiederkehrender Ruhetag, an dem man, von Gott befohlen, die Last der Arbeit ablegen darf, um sich zu erholen, ist eine *herausragende Bestimmung*, die Israels Kultur zutiefst geprägt hat.

Das Sabbatgebot in Ex 20,8–11 nimmt seine Motivierung aus dem Schöpfungsbericht: „... denn in sechs Tagen hat der Herr Himmel, Erde und Meer gemacht und alles was dazugehört; am siebten Tage ruhte er. Darum hat der Herr den Sabbattag gesegnet und ihn für heilig erklärt" (Gen 2,2f.).

Wenn der nach dem Bild Gottes geschaffene Mensch den Sabbat beobachtet, dann *fügt* er sich in eine *heilige Ordnung* ein, die im Wesen Gottes selbst begründet ist. Im Rhythmus von Arbeit und Ruhe bildet der Mensch nicht nur den göttlichen Rhythmus ab, er führt ihn weiter, er tritt dadurch *mit Gott in Beziehung*, ja er zieht Gott und seinen Rhythmus in diese Welt hinein. Erholung und Arbeit sind nicht wie sonst in der Antike von einer Klassenzugehörigkeit abhängig. In der älteren Formulierung der Gebote (Dtn 5,12–15) soll der wöchentliche Ruhetag nicht nur allen Israeliten zugute kommen, sondern auch für die Sklaven und Mägde, für die Fremden und auch für die Lasttiere Geltung haben. Motiv für dieses *solidarische* Verhalten gegenüber den Unterprivilegierten soll Israels *eigene Erfahrung* von der Knechtschaft in Ägypten sein: „... damit dein Knecht und deine Magd ruhen können wie du. Denk daran, daß du selbst im

Ägypterlande Sklave warst ...“ (Dtn 5,14 f.). In seinem Verhalten gegenüber Knechten und Mägden soll Israel das Bild *seines befreienden Gottes* nachvollziehen. Hier begegnet uns eine *erste Sozialgesetzgebung* und ein *erstes Tierschutzgesetz*, denn das Vieh, das den Menschen zu Diensten ist, soll ebenfalls an dieser Ruhe teilnehmen.

Jesus will mit seiner Polemik gegen eine gesetzliche Fehldeutung den Sabbat auf seinen *Ursinn* zurückführen. Seine Krankenheilungen, auch am Sabbat, sind ein Nachvollzug des *befreienden* Wirkens Gottes, das Menschen aus der Knechtschaft befreit und aufatmen läßt (Mk 3,4). Deswegen wehrt sich Jesus gegen den Vorwurf, den Sabbat zu entheiligen und bekennt sich dazu, daß „der Sabbat für den Menschen da ist, nicht der Mensch für den Sabbat“ (Mk 2,27). Dort, wo Gutes getan, und Leben gerettet wird, entspricht das auch dem Sabbatgebot, das die Menschen aus dem Zwang *in die größere Freiheit* führen will.

Die Arbeit im Evangelium

Viele Glaubensaussagen und Erfahrungen des alten Israel werden von den neutestamentlichen Schriftstellern als selbstverständlich vorausgesetzt. So wird im Neuen Testament *nicht eigens* von der Schöpfung gesprochen, man kennt sie bereits als Offenbarung von Gottes Güte und Herrlichkeit. Dasselbe gilt von der Arbeit, über die so gut wie *gar nichts* in den Evangelien gesagt wird. Manche Aussagen Jesu scheinen den Gottesauftrag „macht euch die Erde untertan“ sogar ins Abseits zu stellen. Hat nicht Jesus die Apostel aus ihrem Berufsleben herausgeholt und selbst, als Wanderprediger, keine gesicherte Existenz gehabt? Soll man nicht die Vögel des Himmels vor Augen haben, „die weder säen noch ernten“ (Mt 6,26), und die Lilien des Feldes, „die weder arbeiten noch spinnen“ (Mt 6,28). Um die vergängliche Speise soll man sich nicht mühen, sondern um die Speise, die für das ewige Leben bleibt (Joh 6,27). Hat Jesus nicht die notwendige, planende Vorsorge, die einen Teil des Arbeitslebens ausmacht, abgelehnt: „Macht euch also keine Sorgen und fragt nicht: Was sollen wir essen? Was sollen wir trinken? Was sollen wir anziehen? ... Euer himmlischer Vater weiß, daß ihr das alles braucht“ (Mt 6,31 f.).

Der Schlüsseltext zum Verständnis dieser „Sorglosigkeit" darf nicht übersehen werden: Es geht um den Stellenwert, den wir all unserem Tun geben. Wer in der täglichen Sorge und in der Betriebsamkeit des Alltags untergeht, daß er darüber auf das Reich Gottes *vergißt*, der hat *alles verloren*, selbst wenn er die ganze Welt gewonnen hätte (Lk 9,25). Vor der Dringlichkeit, sich für das Evangelium vom Reich Gottes zu entscheiden, muß alles übrige zurücktreten: „Euch aber muß es zuerst um sein Reich und seine Gerechtigkeit gehen; dann wird euch alles andere dazugegeben" (Mt 6,33). Jesus nimmt der Arbeit hier nicht den Wert, er will ihr den *eigentlichen Wert*, den sie für den Menschen hat, *zurückgeben*. Die Werke der Barmherzigkeit, nach denen unser Leben einmal beurteilt wird, hängen sicher zu einem großen Teil von unserer Arbeit und unserem Fleiß ab. Das Jesuswort „macht euch Freunde mit dem ungerechten Mammon" meint die Güter, die jemand erworben hat und mit denen er viel Gutes tun kann. Arbeit und Planung sind hier mitgemeint.

Jesus hat vor seiner öffentlichen Wirksamkeit die Mühe und Plage eines *Dorfhandwerkers* kennengelernt. Nach Mk 6,3 war *er selbst* Zimmermann. Seine Gleichnisse, die aus der Arbeitswelt genommen sind (Hirte, Weingärtner, Arzt, Sämann), verraten nicht die geringste Spur einer Mißachtung der Handarbeit, sie zeigen einen Menschen, der mit dem *gewöhnlichen Alltag* und seinen *täglichen Mühen* vertraut ist.

Paulus, der für das Evangelium rastlos unterwegs ist, will nicht darauf verzichten, seinen Lebensunterhalt selbst zu verdienen (Apg 20,34). Er hat, wie es bei den rabbinischen Gelehrten damals üblich war und als Ideal angesehen wurde, seine Lehrtätigkeit mit einer Berufsausübung verbunden. In Korinth schloß er sich dem Ehepaar Aquila und Priszilla an, die wie er vom Beruf Zeltmacher waren, um mit ihnen zu arbeiten (Apg 18,3).

Im zweiten Brief an die Thessalonicher werden Christen streng zurechtgewiesen, die aufgrund schwärmerischer Endzeiterwartungen ihre geordnete Arbeit aufgegeben haben. „Denn als wir bei euch waren, haben wir euch die Regel eingeprägt: Wer nicht arbeiten will, soll auch nicht essen. Wir hörten aber, daß einige von euch ein unordentliches Leben führen und alles mögliche treiben, nur nicht arbeiten. Wir ermahnen sie und gebieten ihnen im Namen Jesu Christi, des Herrn, in Ruhe ihrer Arbeit nachzugehen und ihr selbstverdientes Brot zu essen" (2 Thess 3,10–12). Den Werken im täglichen Leben hat Paulus eine große Bedeutung eingeräumt; das ist mitzubedenken, um seine Absage an die „Werke des Gesetzes", die vor Gott nicht gut und gerecht machen können, nicht einseitig zu verstehen.

Über die Freude

Glücklich das Volk, das den Jubelruf kennt
(Ps 89,16)

Auf die Freude als *Grundstimmung des Lebens* kommt es an, nur die trägt. Wenn wir unser Leben in Gottes Hand und Liebe wissen, dann kann diese Freude aufbrechen und im gewöhnlichen Alltag erlebt werden. Freude an einem Geschenk, an einer Begegnung, und an Kinderaugen, Freude an der Schöpfung, an einem Sonnenaufgang und an einem gelungenen Arbeitstag, Freude an dem geliebten Partner, am kulturellen Erlebnis, und warum nicht auch an einem Glas Wein.

Warum sollte die Freude nicht manchmal grenzenlos und ausgelassen sein? Als *einzige Grenze* gilt hier, daß wir die Freude *nicht auf Kosten anderer* suchen dürfen, denn echte Freude kann nicht auf dem Leid anderer bauen. Aggressionen und Barrikaden, die wir gegen andere aufgerichtet haben, werden leichter abgebaut, denn das Lachen ist ein Ventil der Seele. Der englische Schriftsteller und Konvertit Graham Greene fällt mir in diesem Zusammenhang ein. Für ihn war die Lebensfreude, die er in den romanischen Ländern mit katholisch geprägter Kultur antraf, ausschlaggebend, selbst Katholik zu werden. Wenn die Freude zu einer Grundstimmung des Lebens geworden ist, ist sie die *beste Empfehlung* unseres Christseins. Sie sollte aber dann auch im grauen Alltag aufblitzen, vielleicht manchmal als Humor, und sie darf zu keiner erzwungenen Opfergeste werden.

Israel freut sich seines Schöpfers

Die Palette der Freude, die uns in den heiligen Schriften Israels begegnet, ist von einer bunten Vielfalt. Man gewinnt den Eindruck, daß der biblische Mensch – vielleicht der Mensch der Antike überhaupt – intensiver gelebt hat und seine Gefühle zwangloser zum Ausdruck brachte als wir das heute vermögen.

Der gläubige Israelit *freut* sich seines Gottes, weil er ihn *in der Schöpfung* am Werk sieht, und zwar jetzt und heute, und ihn im Naturgeschehen unmittelbar erlebt. Eine noch unmittelbarere Beziehung, die immer wieder frohen Jubel auslöst, hat Israel zum *Herrn der Geschichte:* Er hat Israel *als sein Volk* erschaffen. Deswegen will der Gläubige singen, solange er lebt, und seinem Gott spielen, solange dieser ihm das Leben schenkt (Ps 104,33). Ein frohes Bekenntnis schlägt uns in den Psalmen immer wieder entgegen: „Ich will mich freuen am Herrn" (Ps 104,33). Der Jubel über die „Werke seiner Hände", über JHWHs mächtige Taten in der Geschichte (Ps 92,5) wird hinausgerufen, er lädt ein und wirkt ansteckend: „Kommt, laßt uns jubeln vor dem Herrn und zujauchzen dem Fels unseres Heiles" (Ps 95,1). Der immer wiederkehrende Aufruf „Du sollst fröhlich sein – freut euch" entspringt dem Wunsch des Gläubigen, *Gott selbst nachzuahmen,* der ein Gott des Lebens ist und sich deswegen *seiner Werke* freut (Ps 104,31).

Der Mensch, der allein seine Gottbeziehung in Dank und Freude artikulieren kann, verleiht aller Kreatur seinen Mund und sein Herz und lädt sie zum Gotteslob ein. Der Sonnengesang des Franz von Assisi hat tiefe biblische Wurzeln. Das „Kommen Gottes" wird das bisher erfahrene Heil *überbieten* und alle Schöpfungswerke zutiefst betreffen, deswegen lädt sie Israel im Bewußtsein einer großen Ökumene *zum Gotteslob* ein: „Der Himmel freue sich, die Erde frohlocke, es brause das Meer und alles, was es erfüllt. Es jauchze die Flur und was auf ihr wächst. Jubeln sollen alle Bäume des Waldes vor dem Herrn, wenn er kommt, wenn er kommt, um die Erde zu richten..." (Ps 96,11–13). Das Kommen Gottes zum Gericht hat nicht nur eine düstere und angstvolle Seite, die von der späteren Theologie so stark betont wurde. Gottes „Gerichtstag" ist für den gläubigen Menschen nicht in erster Linie ein *Tag des Zornes und der Rache, der die Welt in Asche kehrt,* sondern der Tag, an dem Gott durch seinen Christus dem treuen Diener seine Einladung zuruft: „Komm, nimm teil an der Freude deines Herrn!" (Mt 25,21)

Auf besondere Weise erlebt der Israelit die *Nähe Gottes* im *Tempel auf dem Zion* und in der *Stadt seines Gottes,* in Jerusalem. Dort dankt man Gott für das Leben und läßt sich im Segen das

Leben neu zusprechen. Im Heiligtum findet der Gläubige *Leben* und deshalb *Freude.* Gott ist der Geber jeder guten Gabe! Um diese Freude lebendig zu erhalten, entsprechen die Gläubigen dem Gebot, zu den drei Wallfahrtsfesten (Pascha, Wochenfest und Laubhüttenfest) nach Jerusalem hinaufzuziehen: „Ich freute mich, als man mir sagte: ‚Zum Haus des Herrn wollen wir pilgern.' Schon stehen wir in deinen Toren, Jerusalem ..." (Ps 122,1f.). Wie sehr die „Freude am Herrn" Israels Stärke ist (Neh 8,10), kommt in diesen Psalmworten zum Ausdruck, in denen *Gott – Leben* und *Freude* in einer *untrennbaren Einheit* erscheinen: „Gott, wie köstlich ist deine Huld! Die Menschen bergen sich im Schatten deiner Flügel, sie laben sich am Reichtum deines Hauses; du tränkst sie mit dem Strom deiner Wonnen. Denn bei dir ist die Quelle des Lebens, in deinem Licht schauen wir das Licht" (Ps 36,8–10).

Freude muß mitgeteilt werden

„Du sollst an deinem Fest fröhlich sein!" Dieser Aufforderung schließt sich die Aufzählung aller an, die zur Festfeier *vor Gottes Angesicht* geladen sind: die Kinder, aber auch die Sklaven und Sklavinnen, die Leviten, die keinen Landbesitz haben durften, die Fremden, die nicht zum Volk Israel gehören, die sozial schwache und abhängige Gesellschaftsschicht der Witwen und Waisen. Die Freude als Gottesgabe soll an die Notleidenden und Bedrückten weitergegeben werden, d.h., man nahm sie in die feiernde Familiengemeinschaft auf. Die Freude und eben auch die irdischen Segens-Güter müssen *mit-geteilt* werden. Diese Verpflichtung wird Israel immer bewußt gemacht, indem es an seine eigene Erfahrung als Fremdling und Sklave in Ägypten erinnert wird (vgl. Dtn 10,19).

JHWH freut sich an seinem Volk

Die Freude ist *ein Ganzes,* von Gott den Menschen als *Geschenk* zugedacht. Die Kategorisierung in irdische und jenseitige, weltliche und geistliche Freuden kommt nicht in den Denkhorizont der Bibel. Gerade die *Freuden des menschlichen Lebens* werden zum Inhalt göttlicher Verheißungen. Ein *erfülltes Leben* ist zugleich ein *Leben in Gemeinschaft mit Gott* und im Bund mit

JHWH, den er mit Israel erneuert: „In den Städten Judas und auf den Straßen Jerusalems, die verödet sind ... hört man wieder Jubelruf und Freudenruf, den Ruf des Bräutigams und der Braut; sie rufen und singen: Dankt dem Herrn der Heere; denn der Herr ist gütig, denn seine Huld währt ewig!" (Jer 33, 10 f.).

Dieser Gott, der sich an seinen Werken freut, hat besondere Freude über sein umkehrwilliges und wiederbegnadetes Israel. Die Freude, die zwei Liebende aneinander haben, wird zum Bild und Gleichnis für die *liebende Zuwendung* JHWHs: „Denn der Herr hat an dir seine Freude, und dein Land wird mit ihm vermählt. Wie der junge Mann sich mit der Jungfrau vermählt, so vermählt sich mit dir dein Erbauer. Wie der Bräutigam sich freut über die Braut, so freut sich dein Gott über dich" (Jes 62, 4–6).

Die Hochzeit, das fröhlichste der Feste, das im Kreis einer großen Zahl von Gästen gefeiert wurde, ist in der Bibel zum *Sinnbild der Freude* geworden, die Gott uns schenken will und die uns jetzt nur als Angeld zuteil wird. Denken wir an die Gleichnisse Jesu von den *zehn Jungfrauen* (Mt 25, 1–12), vom *Hochzeitsmahl* (Mt 22, 1–4) oder an die *Hochzeit zu Kana* (Joh 2, 1–12), die als *Vor-Zeichen* für das Kommende zu verstehen ist.

Ein Ja zur Freude trotz leidvoller Lebenserfahrungen

Im Buch Kohelet, das äußerst realistisch, ja pessimistisch dem Menschen seine Vergänglichkeit vor Augen hält – alles ist Windhauch! –, ist auffallend häufig von der Freude die Rede. Der Prediger einer Lebensweisheit ist *zu nüchtern,* angesichts einer so *brüchig erlebten* Welt zu jubeln. Er spricht von den bescheidenen Freuden, die dem Menschen zuteil werden und die er *bewußt* als Geschenk Gottes *genießen* soll (Koh 3, 13). Nicht im Gewinnstreben und nicht bloß im Planen und Arbeiten liegt der Sinn des Lebens, sondern vor allem in den Früchten, die der Mensch daraus ernten darf. Die Freude einer guten Partnerschaft (Koh 9, 9), die Muße und Erholung bei einem gut gedeckten Tisch, Einsicht und Maß sollen den Menschen bei seiner Arbeit begleiten während der Lebenstage, die Gott ihm unter der Sonne geschenkt hat (Koh 8, 15). Diese eher nüchternen Anleitungen, die Freude *zu suchen* und *zu genießen,* sind sicher aus leidvollen Lebenserfahrungen erwachsen. Gerade deswegen wiegt dieses

Zeugnis der Schrift besonders, denn es will uns sagen, daß wir angesichts der Welt, wie sie ist, *nicht resignieren* dürfen, und die Flucht in Idealvorstellungen auch nichts nützt. Inmitten dieser Welt sollen wir an den Quellen der Freude, die Gott uns immer wieder erschließt, *nicht vorbeileben.* Eine frohe Lebensbejahung trägt uns über schwierige Lebensabschnitte hinweg und macht fähig, den Mitmenschen in Liebe zu begegnen.

Befohlene Freude?

Man könnte den Eindruck gewinnen, daß in den alttestamentlichen Texten die Freude auch jenen empfohlen wird, denen nicht gerade danach ist. Das ist übrigens auch ein Problem des Psalmenbetens; hier wird uns der Nachvollzug unterschiedlichster Grundstimmungen und Emotionen zugemutet. „Aber kann man Freude befehlen? Jemandem, der schwerkrank oder traurig ist, dem ein lieber Mensch gestorben ist, mag es vielleicht sarkastisch vorkommen, wenn man ihm zuruft: ‚Freue dich doch! Sei ein bißchen fröhlich!' Spricht da nicht ein Blinder vom Licht? Aber dieser Einwand bleibt im Vordergründigen stehen. Denn die Erfahrung lehrt, daß bei Angstpsychosen und anderen seelischen Leiden ein Mensch dadurch, daß er sein äußeres Verhalten ändert, eine Veränderung der Basis erreichen kann, nach dem Grundsatz: Schicke dein Verhalten voraus, und das, was da sein sollte, die innere Wurzel, wird nachwachsen (Albert Görres). Mit seinen unermüdlichen Appellen zur Freude entspricht somit das Alte Testament einem Gesetz der Psychologie. Überdies weiß das alte Israel, daß der Mensch ohne Freude das Leben nicht bewältigen kann. Nur eine frohe Bejahung des Lebens befähigt den Menschen zu eigener Umkehr wie auch zur Veränderung seiner Umwelt. Nur ein Mensch der Freude ist auch ein Mensch der Liebe“ (Herbert Haag).

Hat Gott Humor?

Um die liebende Nähe Gottes zu den Menschen zur Sprache bringen zu können, muß die Bibel *menschlich* von Gott reden. So lesen wir immer wieder, daß Gott liebt, straft, zornig ist, ja sogar, daß ihn das verhängte Unheil über Menschen reut, daß er sich erbarmt, sich über die Menschen freut, sie sieht und hört.

Wenn nun Humor das *Lächeln der Liebe* ist, eine *feinfühlende Kritik* ohne abstoßenden Moralismus, warum sollte dann gerade der Humor dem biblischen Gottesbild widersprechen? Es ist empfehlenswert, die Geschichte vom Propheten Jona unter diesem Gesichtspunkt zu lesen. Der aufmüpfige Gottesdiener kann seinen Herrn nicht mehr verstehen. Wozu den verworfenen und lasterhaften Menschen in Ninive nochmals eine Chance zur Umkehr einräumen, da sie für ein vernichtendes Strafgericht reif geworden sind? Wozu die langen Umstände, wenn doch einmal eine säuberliche Trennung zwischen den Guten und den Bösen überfällig ist? Jona flieht vor diesem Auftrag Gottes, doch Gott holt ihn selbst aus dem Meer und dem Bauch des Fisches heraus. Er muß den Niniviten Umkehr und Buße predigen und ist schlußendlich maßlos verärgert über seinen eigenen durchschlagenden Erfolg. Ninive tut Buße, und Gott hebt die Strafverfügung auf. Doch der völlig frustrierte und über die „ungerechte" Milde seines Herrn erboste Jona wird weiter von seinem Herrn und Gott umsorgt. Eine rasch emporgewachsene Rizinusstaude, die ihm Schatten spendet, macht ihm Freude, doch auch nicht lange, denn Gott bestimmt einen Wurm, der stach das schöne Gewächs, so daß es wieder verdorrte. Und als die Sonne aufging, kam ein glühender Ostwind, wieder von Gott bestimmt, der dem Jona auf den Kopf stach. Dieser ist verzweifelt und wünscht sich nur mehr den Tod. „Gott aber fragte Jona: Ist es recht von dir, wegen des Rizinusstrauches zornig zu sein? Er antwortete: Ja, es ist recht, daß ich zornig bin und mir den Tod wünsche. Darauf sagte der Herr: Dir ist es leid um den Rizinusstrauch, für den du nicht gearbeitet und den du nicht großgezogen hast. Über Nacht war er da, über Nacht ist er eingegangen. Mir aber sollte es nicht leid sein um Ninive, die große Stadt, in der mehr als hundertzwanzigtausend Menschen leben, die nicht einmal rechts und links unterscheiden können – und außerdem so viel Vieh" (Jona 4,9–11). Gott versucht hier, *humorvoll lächelnd* seinen engstirnigen Diener von seiner umfassenden Liebe zu allen Menschen zu überzeugen. Wenn wir unseren Mitmenschen etwas zu sagen haben, sollten wir es öfters mit dem *Lächeln der Liebe*, mit Humor tun.

Die Frohe Botschaft

Der Aufruf zur Freude beim Propheten Zefanja gehört zu den schönsten Jubelworten der Bibel: „Juble, Tochter Zion! Jauchze, Israel! Freu dich, und frohlocke von ganzem Herzen, Tochter Jerusalem! Der Herr hat das Urteil gegen dich aufgehoben und deine Feinde zur Umkehr gezwungen. Der König Israels, der Herr, ist in deiner Mitte; du hast kein Unheil mehr zu fürchten" (Zef 3,14f.). Der historische Hintergrund dieses Jubelrufes Israels auf seinen rettenden Gott gründet in der Bedrängnis der Assyrer-Zeit. Die Abwendung der Gefahr war der unmittelbare Anlaß zur Freude. Die große Wende bahnt sich durch eine Initiative Gottes an, denn JHWH wird seine „Jugendliebe" Israel erneuern. Gott selbst bereitet das Fest vor. Er ist *inmitten seines Volkes,* und das ist der Grund zur Hoffnung und Freude. Das demütige und arme Volk, der Rest Israels, der auf den Herrn vertraut, ist erfüllt von diesem Jubel. In dieser Armut und im Gehorsam gegen JHWH lebt die Magd des Herrn, Maria aus Nazaret. Sie nimmt im Magnifikat diesen Jubelruf wieder auf: „Meine Seele preist die Größe des Herrn, und mein Geist jubelt über Gott, meinen Retter" (Lk 1,46f.). Gott in der Mitte seines Volkes! In der Menschwerdung Gottes findet diese Verheißung ihre unüberbietbare Erfüllung. Der *Emmanuel* hat sein Volk heimgesucht. In der Verkündigung an Maria wird eindeutig das Zefanjalied aufgegriffen: „Freue dich – der Herr ist mit dir – fürchte dich nicht" (vgl. Lk 1,28–30).

In Jesus ist das Reich Gottes bereits gegenwärtig (Mk 1,15), er ist der *Bräutigam,* dessen Stimme den Täufer Johannes mit tiefer Freude erfüllt (Joh 3,29) und dessen messianisches Wirken, das mit einer *freudigen Hochzeit* verglichen wird, der Grund ist, warum die Jünger nicht fasten dürfen (Lk 5,34). Die Jünger besitzen die Freude zu wissen, daß ihre Namen *im Himmel* aufgezeichnet sind (Lk 10,20), denn sie gehören zu jenen Armen, denen das Reich Gottes verheißen ist (Lk 6,20).

Freude in der Prüfung

Das Leben der ersten Christengemeinden war von schlichter Freude getragen (Apg 2,46). Selbst aus dem Gefängnis richtet der Apostel Paulus an die Gemeinde von Philippi einen Aufruf zur Freude: „Brüder! Freut euch im Herrn zu jeder Zeit! Noch einmal sage ich: Freut euch! Eure Güte werde allen Menschen bekannt. Der Herr ist nahe“ (Phil 4,4f.). Die „Freude im Herrn“ ist ein *wesentliches Kennzeichen* der Gemeinde Christi, die um die Nähe ihres Herrn weiß. Diese Glaubensgewißheit vermag uns frohe Gelassenheit auch in Not und Verfolgung zu geben. Das missionarische Wirken hat dem Apostel Paulus viele Leiden gebracht, die er in der Nachfolge seines Meisters bewußt annimmt und im Blick auf den Tod Christi als *stellvertretenden Dienst* für die Kirche versteht. So kann er sich *der Leiden freuen,* die er für seine Gläubigen und für die Kirche erduldet (Kol 1,24). Diese „apostolischen Leiden“ werden zur Freude für die Mitarbeiter Gottes, weil sie ihr Zeugnis bekräftigen: „Uns wird Leid zugefügt, und doch sind wir jederzeit fröhlich; wir sind arm und machen doch viele reich; wir haben nichts und haben doch alles“ (2 Kor 6,10).

Das Lied der Erlösten wird nicht mehr verstummen

Die Kirche hat sich den Jubelruf des Zefanjaliedes und der Psalmen zu eigen gemacht und bekennt: *Der Herr ist unser Retter, das Leben mit diesem Gott der Auferstehung ist schöner und glücklicher als das Leben ohne Gott.* Wir dürfen aber unsere Hoffnung nicht bloß auf ein „besseres Jenseits“ richten. Die Hoffnungen der Bibel auf Frieden, Freude und Lebenserfüllung, hier *in dieser Welt schon,* behalten ihren Wert, sie laufen wie in einem Fluchtpunkt *in der Auferstehung Christi* zusammen. Erst wenn wir diese irdischen Hoffnungen ernst nehmen, die Hoffnung auf mehr Liebe und Güte, auf Frieden und die Eindämmung der dämonischen Kräfte, und wenn wir mit aller Kraft an deren Erfüllung arbeiten, dann legen wir ein glaubhaftes Zeugnis ab von jener *vollkommenen Freude,* die Gott uns einst schenken wird. Das Lied der Erlösten hat Zukunft, denn „Gott wird alle Tränen von ihren Augen trocknen: Der Tod wird nicht mehr sein, keine Trauer, keine Klage, keine Mühsal. Denn was früher war, ist vergangen“ (Offb 21,4).

Leid und Leidbewältigung

Führt die Leid-Erfahrung zu einer tieferen Gotteserfahrung?

Die Menschheitsfrage

Die Frage nach Ursprung und Sinn des Leidens ist sicher so alt wie die Menschheit. Der biblische Mensch hat diese Frage im Kontext seines Glaubens an den Bundes- und Schöpfergott mit aller Lautstärke und Deutlichkeit gestellt. Der *fragende Mensch* ist so in seelische Tiefen und in das *Geheimnis Gottes* selbst eingedrungen. Wir Menschen heute fragen ähnlich wie der Mensch der Bibel gestern. Wir befinden uns in einem *lebenslangen Lernprozeß*, und es scheint, daß jeder Mensch in der Situation des Kreuzes mit seinen Fragen, Klagen und Ringen den Weg des biblischen Menschen durchlaufen muß. Es wäre demnach nicht besonders nützlich mit einem Hochziel der Leidbewältigung dieses Thema zu beginnen. – So hat sich der Apostel Paulus aus tiefer, gelebter Christusverbundenheit – zumindest manchmal – über alle Widerwärtigkeiten erheben können, und darüber geschrieben: „Jetzt freue ich mich in den Leiden, die ich für euch ertrage ..." (Kol 1,24). – „Deswegen bejahe ich meine Ohnmacht, alle Mißhandlungen und Nöte, Verfolgungen und Ängste, die ich für Christus ertrage, denn wenn ich schwach bin, dann bin ich stark" (2 Kor 12,10). Wir wollen versuchen den Weg zu diesem Hochziel nachzugehen.

Mut zur Klage

Der Christ ist *kein Stoiker*, der dem menschlichen Leiden Jubellieder singt. Die Bibel nimmt das Leiden ernst, verharmlost es nicht, legt dafür ein tiefes Mitgefühl an den Tag und fordert zum Mitgefühl als ethischer Grundhaltung auf. *Durchwegs werden im Leiden und im Tod Übel gesehen, die nicht sein sollten.* In dieser realistischen Sicht wird die Welt nicht zu einer *Scheinwelt* degradiert und in Konsequenz aus dem Leiden kein „*Scheinleiden*“ gemacht. Es wird keine Unempfindlichkeit empfohlen, man will auch nicht aus dieser Welt herausfliehen. Die Schöpfung ist von einem guten Gott erschaffen. „Gott sah, was er geschaffen hatte, und es war sehr gut“, so lesen wir am Ende des Schöpfungsgedichtes.

In der Heiligen Schrift ist der stöhnende Aufschrei des leidgeplagten Menschen laut zu hören. Eine eigene literarische Gattung, die des *Klageliedes,* bringt das zum Ausdruck. Die unterdrückten Hebräer in Ägypten riefen zu ihrem Gott (Ex 2,23 f.) – die Söhne Israels schrien zu JHWH (Ex 10,14; Ri 3,9). Die Psalmen sind erfüllt von solchen angstvollen Rufen. Die Bitt- und Klagepsalmen nehmen mehr als ein Drittel der Psalmen ein. Aber auch in anderen biblischen Büchern, bei Jeremia und besonders im Buch Ijob findet sich diese Form der Klage, die aus persönlichem Leid, aber auch in Trauer über das nationale Unglück entstanden ist (vgl. Ps 68; 87; 22).

Der biblische Mensch wendet sich auch im Leiden von Gott nicht ab, eher steigert sich seine Klage zur *Anklage,* wie es Ijob tut, der den Tag seiner Geburt verflucht (Ijob 3). In den Klageliedern geht es vielfach dem Beter um das Gefühl, Gott verloren zu haben. Die brennende Frage lautet: *Habe ich mit dem Segen, den Gütern des Lebens, auch meinen Gott verloren – hat sich Gott von mir abgewendet?*

Der *Mut zur Klage* vor Gott und den Mitmenschen ist wie ein Ventil der Seele, das verhindert, daß der Mensch sich mit seinem Leiden ein- und abschließt und so Gott und die Mitmenschen langsam verliert. Jesu Sterbegebet ist das Klagelied, dessen ersten Vers aus Ps 22 uns die Passionsgeschichte überliefert hat: „Mein Gott, mein Gott warum hast du mich verlassen?“ (Mt 27,46). Gerade der Verfasser des Hebräerbriefes, der die göttliche Würde Jesu und seine hohepriesterliche Mittlerschaft so betont, schreibt ganz menschlich von Jesus: „Als er auf Erden lebte, hat er mit lautem Schreien und unter Tränen Gebete und Bitten vor dem gebracht, der ihn aus dem Tod retten konnte, und er ist erhört und aus seiner Angst befreit worden. Obwohl er der Sohn war, hat er durch Leiden den Gehorsam gelernt ... (Hebr 5,7 f.). Die Klage des biblischen Menschen setzt sich fort in den Tränen Christi. Die Klage vor Gott ist eine Form des Gebetes, die ein *letztes Vertrauen* und eine *Suche nach letzter Geborgenheit* ausdrückt. Die Klage ist also keine des Christen unwürdige Gebetsform. Gott will vor allem, daß wir in allen Lebenssituationen seine heilende Gegenwart suchen, gleich wie wir uns vor ihm aussprechen.

Das Übel: Sünde, Krankheit und Tod

In biblischer Sicht werden durchwegs *drei lebensbedrohliche Mächte* in engster Verbindung miteinander gesehen: *Sünde, Krankheit und Tod,* m. a. W. das moralische Versagen, psychisches und physisches Leiden bis hin zum Tod. Wenn man das Leid als *Lebensminderung* und *Bedrohung* versteht, dann können wir wohl einen *geheimnisvollen Zusammenhang* zugeben. Der Mensch, der aus der Ordnung Gottes herausfällt und gegen Gott sündigt, der mindert sein Leben und oft das seiner Mitmenschen. Gerade der heute tiefere Einblick in psycho-somatische Zusammenhänge weiß um eine Kettenreaktion im Bereich der „Lebensminderungen", die vom geistigen Verhalten/Fehlverhalten ausgelöst wird. – Der biblische Mensch hat den *Leid-Schuld-Zusammenhang* oft ganz genau zu erkennen geglaubt. Man neigte dazu, hinter jedem Unglück ein Verschulden zu suchen (vgl. Gen 12, 17; Jos 7, 6–13). Diese Vorstellung führte zu groben Vereinfachungen und wurde durch die Tatsachen widerlegt. Das *Leiden des Gerechten* wurde zum *Problem,* mit dem sich das Buch Ijob als Hauptthema beschäftigt. Die Freunde Ijobs, die am Ende doch nicht Recht bekommen, vertreten diesen althergebrachten Volksglauben, daß auch im Falle ihres guten Freundes Ijob, dessen Sünden die vielfältigen Leiden verursacht haben: „Beugt etwa Gott das Recht, oder beugt der Allmächtige die Gerechtigkeit? ... wenn du rein bist und recht handelst, dann wird er über dich wachen" (vgl. Ijob 8, 3 ff.). Mit anderen Worten: *du bist selbst schuld an deinem Unglück,* denn Gott ist gerecht, er kann nur das Gute belohnen und das Böse bestrafen.

Dieses *vereinfachte Gottesbild* wird schon im Alten Testament hinterfragt und korrigiert. Wir müssen aber zugeben, daß heute noch viele Menschen diesem *vordergründigen Vergeltungsdenken* zuneigen. Ist uns Gott nicht etwas schuldig, wenn wir uns bemühen, gut zu leben? Haben wir dieses oder jenes Leid verdient?

Im Buche Ijob wird das Leiden als *Prüfung* und *Vertiefung* des Menschen angesehen und der *allzu einfache Kausalzusammenhang* von Sünde und Leiden als Strafverfügung *zerschlagen.* Gott erwartet die Bereitschaft des Menschen, ihm in angenehmen und schweren Zeiten treu zu sein: „Nackt kam ich hervor aus dem Schoß meiner Mutter, nackt kehre ich dahin zurück. Der Herr hat gegeben, der Herr hat genommen – gelobt sei der Name des Herrn“ (Ijob 1,21).

Ist Adam an allem schuld?

Die Erzählung von der Sünde des ersten Menschenpaares legt sicher auch einen Zusammenhang von *Schuld – Leid und Tod* nahe. Sie will folgende Aussage machen: Gott hat die Schöpfung *gut* erschaffen. Durch den Mißbrauch des freien Willens stellt sich der Mensch gegen die Ordnung Gottes und verschuldet so seine *Unheilssituation.* Außerhalb der *Lebensordnung Gottes* kann der Mensch nur sein *Leben vermindern* und den *Tod finden.* – Diese große theologische Perspektive werden wir bejahen können. Die gestörte Schöpfung soll aber wieder in Gottes Ordnung zurückkehren, denn Gott hat sie aus seiner Liebeszuwendung nicht entlassen. Gerade die Bitten des „Vaterunser“ wollen die gestörte Ordnung wieder herstellen und das Unheil beseitigen: „Dein Wille geschehe ... dein Reich komme“, besonders aber die letzte Bitte „erlöse uns von dem Bösen“. Im biblischen Sinn sind hier *alle Lebensminderungen* gemeint, nicht nur das *moralische Übel,* sondern auch *Krankheit, Leiden und Tod.* Dem hebräischen Denken entsprechend könnte diese letzte Bitte so umschrieben werden: *reiße uns heraus (als Pionier) aus allen Bedrohungen des Lebens und gib uns ein Leben, das nicht bedroht ist.*

Jesus begegnet dem menschlichen Leid

Jesus ist von tiefem Erbarmen ergriffen, wenn er den leidenden Mitmenschen begegnet. Ihn erbarmt das Volk (Mt 9,36; 14,14; 15,32). Er weint am Grab seines Freundes Lazarus. Die Krankenheilungen Jesu sind aber nicht nur von diesem Erbarmen her zu verstehen, sie wollen Zeichen dafür sein, daß die messianische Zeit angebrochen ist, daß Gott daran geht, alles Lebensbedrohende (Krankheit, Sünde und Tod) zu beseitigen. *Die Heilungswunder sind Vorspiel des endgültigen Sieges Gottes über den Tod.*

In den *Seligpreisungen* zeigt Jesus die göttlichen Möglichkeiten der Umkehrung der gegenwärtigen Armut, Bedrängnis und Verfolgung (Mt 5,3–12; Lk 6,20–26). Ja, er fordert zur Freude und zum Jubel auf, denn dieses Leiden macht bereit zur Annahme des Reiches Gottes. Jesus nennt die Leiden im Sinn der damals üblichen apokalyptischen Ausdrucksweise „*Geburtswehen*". Leiden, die den Geburtswehen gleichen, sind aber höchst sinnvoll, sie bereiten und ermöglichen die *Ankunft des Gottesreiches.*

Leiden für andere

Das Leiden kann den Wert der *Fürbitte* und der *Erlösung* haben und von Gott überraschend zum Guten gewendet werden. Der ägyptische Josef legt vor seinen Brüdern das Zeugnis ab, daß sein *Leidensweg* von Gott zum *Befreiungsweg* für seine Brüder umgekehrt wurde: „Ihr habt Böses gegen mich im Sinn gehabt, Gott aber hatte dabei Gutes im Sinn, um das zu erreichen, was heute geschieht: viel Volk am Leben zu erhalten" (Gen 50,20). Josef ist ein *Typus für Christus,* in dem *Leiden zum Heil* wird.

Von der geheimnisvollen Erlösergestalt, dem *Knecht* JHWHs (Jes 53), wird berichtet, daß ihm dem Unschuldigen Leid, Schmach und Tod aufgeladen wurde. Für die *vielen,* die jenes verdient hätten, ist er vor Gott eingetreten und hat sein Leben als *Sühne* hingegeben. Die religiöse Dimension der Sühne ist für den heutigen Menschen schwer zugänglich geworden. Soviel sei gesagt, daß Leiden nicht an und für sich wertvoll ist, es kann aber als *Leiden im Dienste anderer fruchtbar gemacht werden.* Aufgaben, zu denen man treu steht, können zu *erlittenen Aufgaben* werden! So ist Jesus, unser Herr, seinem Weg und seiner Aufgabe auch im Leiden treu geblieben. Die Passion zeigt uns in welcher Konsequenz Christus geliebt hat. Diesem Leiden, das ihm andere bereitet haben, ist er aus Liebe und Treue nicht ausgewichen.

Jesus ist sich der Unabwendbarkeit seines Leidens bewußt, das aus der Konfrontation seiner Treue zum Vater mit der Sünde und dem Unverständnis der Menschen erwächst. Es sind Leiden, die wie Geburtswehen notwendig sind, ja heilbringend werden. Die Passion zeigt uns auch einen *im Gebet ringenden Jesus,* der sich die *Ergebung in den Willen des Vaters* erkämpfen muß: „Nicht mein Wille geschehe, sondern der deine" (Mk 14,36). Jesu „Ja" am Ölberg erweist, wieviel ihm *sein Vater* bedeutet, und wie sehr er *der Sohn* ist. Zugleich läßt Jesu Ringen angesichts der Passion erahnen, daß es auch für ihn nicht selbstverständlich war, in der Dunkelheit der Anfechtung den rechten Weg zu finden. Auch in unseren Krisen dürfen wir auf einen ringenden Jesus schauen – auch hier wird er uns zutiefst verstehen. Die Passion vereinigt alles nur mögliche menschliche Leid in sich, vom Verrat angefangen bis zur Gottverlassenheit am Kreuz (Mt 27,46). Doch ist sie der entscheidende Beweis für die Liebe Christi zu seinem Vater und zu seinen Freunden: „Es gibt keine größere Liebe, als wenn einer sein Leben für seine Freunde hingibt" (Joh 15,13). Die Erlösung liegt in der Liebe und nicht im Leiden selbst. Der Vater hat Jesu Leben als *stellvertretende Liebe* angenommen.

Der Hebräerbrief sieht die Mittlerschaft Jesu gerade in *seiner Solidarität* mit uns: „Denn da er selbst in Versuchung geführt wurde und gelitten hat, kann er denen helfen, die in Versuchung geführt werden" (Hebr 2,18). Jesus ist in seinem Leiden mit allen Menschen so solidarisch geworden, daß unsere ewige Gemeinschaft mit ihm davon abhängt, wie wir mit den Armen und Leidenden solidarisch geworden sind: „Was ihr für einen meiner geringsten Brüder getan habt, das habt ihr mir getan" (Mt 25,40).

Die Nachfolge der Jünger

Jesu Forderung, *täglich sein Kreuz auf sich nehmen* (Lk 9,23), erhält im Lichte seines Todes und seiner Auferstehung ihr ganzes Gewicht. Wenn seine Mutter vom Leid nicht verschont wurde (Lk 2,35), wenn der Meister Verfolgung und Tod auf sich genommen hat, „um so in seine Herrlichkeit einzugehen" (Lk 24,26), dann müssen ihm die Jünger auf demselben Weg nachfolgen. „Der Sklave ist nicht größer als sein Herr. Wenn sie mich verfolgt haben, werden sie auch euch verfolgen" (Joh 15,20). Die Zeit bis zur Wiederkunft des Herrn ist eine Zeit der Drangsale, eine Zeit der Erprobung der Treue. Es sind die „Geburtswehen der neuen Welt", die kommen wird. In der Christusmystik des Paulus, aber auch in den anderen neutestamentlichen Briefen und vor allem in der Offenbarung des Johannes wird dem Christusgläubigen ein *Hochziel der Leid-Bewältigung* gesteckt. Es sind Hochziele, zu denen wir *unterwegs* sind, denn es gibt verschiedene *Phasen der Auseinandersetzung mit dem Leid.* Es wäre verfehlt und kein Trost, würde ein Gesunder einen ringenden Schwerkranken einfach auffordern, „mit Christus zu leiden" und die Gegenwart des Herrn im Leiden zu erspüren. Nur sehr vorsichtig, bescheiden und in Ehrfurcht vor dem Weg jedes einzelnen kann man jemanden in seinem Leid begleiten.

Der Hebräerbrief, der uns das Leben Christi *als Vorbild* hinstellt, schreibt: „... Denkt an den, der von den Sündern solchen Widerstand gegen sich erduldet hat; dann werdet ihr nicht ermatten und den Mut nicht verlieren" (Hebr 12,3). Manchmal vermag das mit dem Blick auf Christus getragene Leiden sogar schon jetzt zur Freude zu führen. Es ist jene Freude, die die Apostel in Jerusalem zum ersten Mal erfahren durften: „Sie aber gingen weg vom Hohen Rat und freuten sich, daß sie gewürdigt worden waren, für seinen Namen Schmach zu erleiden" (Apg 5,41).

Das Leiden der Gläubigen – der Kirche – wird zum *fortgesetzten Christusleiden* in dieser Welt. Es ist Teilhabe am Leiden Christi und, wie Paulus schreibt, sogar „Ergänzung" des Erlöserleidens Jesu. Das ist so zu verstehen: Der Erlösung durch Christus kann man nur teilhaft werden, wenn man die von ihm gelehrte und gelebte Liebe zu verwirklichen sucht, das bedeutet aber auch, *das Kreuz täglich auf sich zu nehmen.* Daher freut sich der Apostel Paulus der Leiden, die er erduldet, *weil er dadurch in seinem irdischen Leben ergänzen kann, was an den Leiden Christi noch fehlt – für den Leib Christi, die Kirche* (vgl. Kol 1,24).

Vertrauen auf den Sieg Gottes

Das Christentum – in dessen Mitte das Kreuz Jesu steht – will *Leiden und Tod nicht verherrlichen.* Das Kreuz soll uns zuerst aufrütteln und mahnen, daß wir *niemandem ein Kreuz bereiten,* es will uns zeigen, daß es oft in unserer Möglichkeit liegt, *Kreuze zu schleifen, zu verhindern* oder zumindest *zu lindern.* Das hat Jesus selbst als seine Lebensaufgabe angesehen. Es gibt aber auch *unausweichliche Kreuze.* In der Annahme dieser unausweichlichen Kreuze, so wie Jesus es tat, besteht die Möglichkeit, *sich dem unbegreiflichen Gott zu nähern.* Insgeheim haben wir doch alle diese Erwartung: Wenn ich gläubig und anständig bin, muß Gott mich beschützen. Diese Rechnung geht aber nicht auf, da wir über Gott nicht verfügen können. Wenn Gott selbst Jesus nicht erhört hat, zumindest nicht das Gebet um Abwendung der Passion, haben wir dann einen Anspruch darauf? Doch Gott gibt immer eine Antwort. Er hat auch Jesus geantwortet. Die *göttliche Antwort* war die *Auferweckung Jesu am dritten Tag.* Trotzdem dürfen wir um ein sinnerfülltes Leben beten, um Gesundheit und irdischen Segen – aber wir können Gott nicht vereinnahmen.

Was mich so tief fasziniert, daß Jesus *kein Übermensch* war, kein Held, der begeistert in einen Kampf zog, aber auch *kein Lebensüberdrüssiger,* da er das Leiden nicht gesucht hat. Jesus ist *zutiefst menschlich,* im Umgang mit Leidgeplagten, am Grab seines Freundes Lazarus und in seinem eigenem Leiden. In seiner Ölbergstunde nimmt er sich selbst beim Wort, das er uns im „Vaterunser" gelehrt hat: „Nicht mein Wille geschehe, sondern der deine."

Noch etwas lernen wir aus der Passion Jesu für unser Gottesbild. Der Gott der Offenbarung hat sich aus Liebe hineinverstrickt in unsere menschliche Geschichte, in unser Schicksal, in unser Leid. Er ist nicht nur ein *mitleidiger Gott,* sondern auch ein *Mit-Leidender.* So sehr hat sich Gott an die Menschheit gebunden, daß er selbst geschmäht wird, wenn der Mensch, sein Ebenbild, geschmäht wird. So groß sind wir – so klein hat sich Gott gemacht! Das ist der Grund, warum wir auf den *Sieg Gottes* über Sünde, Elend und Tod *vertrauen.*

III.

Christus
Gott selbst ist mit uns auf dem Weg

Jesus von Nazaret – Messias und Herr

Gott hat ihm den Namen verliehen,
der größer ist als alle Namen
(Phil 2, 9)

Die Frage nach dem „historischen Jesus"

„Wer ist dieser?" Diese Frage, die sich häufig in den Evangelien findet, wurde nicht erst von den Christen nach Ostern gestellt, sondern schon von den ersten Augen- und Ohrenzeugen, die Jesus und seine machtvolle Verkündigung kennenlernten. Sein tiefstes *Persongeheimnis* bleibt *vor Ostern* auch seinem engsten Jüngerkreis noch *weitgehend verborgen.* Doch sein machtvolles Auftreten und Lehren verweisen direkt darauf, daß er in einer *einzigartigen Nähe* zu Gott stehen mußte. Die Rückfrage nach dem „historischen Jesus", d.h. nach seinem *Wirken vor Ostern* soll immer wieder gestellt werden, denn das *Menschsein Jesu* muß von uns *ganz ernst* genommen werden. Als Mensch ist er unser Bruder und Erlöser geworden. Gerade der Hebräerbrief, der ganz deutlich die göttliche Mittlerschaft Christi verkündet, weiß um sein *menschlich-geschöpfliches* Verhalten (vgl. Hebr 5,7f.).

„Gott kommt" – in diesem Satz ist der *Kern der Botschaft Jesu* enthalten. Die Rede vom „Reich Gottes" hat immer schon *Gott selbst* gemeint. Dieses persönliche Moment gewinnt durch die Verkündigung Jesu eine neue Dimension: Das Wirken Gottes ist *untrennbar* mit seiner Person verbunden. Jesus verkörpert Gottes liebende, vergebende Zuwendung zu allen Verlorenen, zu den als Sünder Gebranntmarkten, denen die Hoffnung, das Heil zu erlangen, abgesprochen wurde. Die Zusicherung des Erbarmens Gottes gibt den Menschen Kraft, ein neues Leben zu beginnen. Die Vergebung, die Gott schenkt, fordert zur Nachahmung heraus; sie zielt ab auf unsere Vergebungsbereitschaft.

Die Gleichnisse vom Reich Gottes zeigen in vielfältigen Bildern, *wie Gott ist* und was uns durch seine Nähe geschenkt wird. Es fällt auf, daß die meisten Gleichnisse aus dem alltäglichen Leben genommen sind, weil sich dieses Kommen Gottes eben jetzt schon ereignet und in diesem Leben erfahrbar werden soll. Wiederholt vergleicht Jesus die Gottesherrschaft mit der Saat, die bis zur Ernte wachsen muß. Diese Saat wird von Unkraut überwuchert – Gottes Wirken ist *nicht spektakulär* und nicht sofort erkennbar. Dennoch ist dieses Kommen Gottes von einer *unaufhaltsamen Macht,* die wie von selbst alles „durchsäuert". Die Gottesherrschaft ist wie eine kostbare Perle und wie ein verborgener Schatz im Acker, für die Kaufmann und Bauer alles hingeben, um sie zu erwerben. Gott lädt zu einem Festmahl, zu einem Hochzeitsmahl ein. Seine Nähe bedeutet *vollendete Gemeinschaft* der Menschen untereinander und mit Gott – *Fülle des Lebens.*

Jesus steht zur Tora in einem viel freieren Verhältnis, als es den Schriftgelehrten der verschiedenen Religionsparteien geläufig war. Seine Zuhörer staunen oder werden provoziert, denn er lehrt wie einer, der Vollmacht hat, und nicht wie die Schriftgelehrten. Aus der tiefen, persönlichen Erfahrung, daß Gottes Herrschaft nahe ist, legt Jesus die Gebots-Weisungen Gottes neu aus. Es geht ihm darum, die *ursprünglichen Absichten Gottes* – die oft durch Tradition und Auslegung verdeckt wurden – ins Bewußtsein zu rufen. Deswegen sieht Jesus den letzten Sinn aller Weisungen Gottes in der Erfüllung des „ersten und wichtigsten Gebotes" – der Gottes- und Nächstenliebe (vgl. Mk 12,28 ff.). In Jesu Verhalten und Verkünden liegt ein einmaliger und nicht nur damals anstößiger Anspruch: „Selig ist, wer an mir keinen Anstoß nimmt" (Mt 11,6). Auch seine unbedingten Nachfolgeworte sind von diesem Anspruch her zu verstehen.

In Joh 11,45–47 wird von einer Sitzung des Hohen Rates berichtet. Man habe sich dabei über die Wunder Jesu und seinen ständig wachsenden Einfluß geärgert und darin eine Gefahr für Volk und Land gesehen. Die Jesus-Bewegung, so mutmaßte man, könnte den Römern als Alibi zu militärischen Aktionen dienen. Der Hauptverantwortliche für die Kreuzigung Jesu war der römische Statthalter Pontius Pilatus. Seine Motive waren machtpolitischer, nicht religiöser Art. Die Vorwürfe der Gesetzesmißachtung oder der Gotteslästerung waren für die Hinrichtung durch die römische Behörde nicht entscheidend. In den Passionsberichten der Evangelien wird eine gemilderte Pilatusgestalt gezeichnet, um den Gegensatz zwischen Römern und Christen nicht unnötig zu verschärfen. Die historische Wahrheit über diesen Mann, seine Grausamkeit, Habgier und Judenfeindschaft war im Römischen Reich bekannt. So brachten *römischer Machtimperialismus* und *um ihre Macht bangende religiöse Obrigkeiten* Jesus von Nazaret ans Kreuz.

Ganz sicher kam es beim letzten Aufenthalt Jesu in Jerusalem anläßlich des Paschafestes zu Konfrontationen mit der Tempelbehörde. So mußte Jesus realistisch mit der Möglichkeit eines gewaltsamen Todes rechnen. Diese Todesgewißheit mit dem Ausblick auf die Errettung durch den Vater hat sich beim letzten Abendmahl verdichtet (vgl. Mk 14,25). So konnte Jesus in den Deuteworten über Brot und Wein „das ist mein Leib ... das ist mein Blut, das Blut des Bundes, das für viele vergossen wird" (Mk 14,23f.) sein Leben Gott *anbieten* und fürbittend für die Menschen *hingeben*, in der festen Zuversicht, daß Gott dieses Angebot annehmen und bestätigen werde. Das *Wie* der Verwirklichung der Gottesherrschaft, für die er bereit war zu sterben, legte er in Gottes Hand.

Am Anfang des Glaubens steht die Ostererfahrung

Die Ostererfahrung ermöglichte den ersten Christen, immer tiefer in das Persongeheimnis Jesu Christi einzudringen. Die Evangelien selbst wollen das „Unverständnis" der Jünger ihrem Meister Jesus gegenüber herausstellen: „Doch sie verstanden nicht, was er ihnen damit sagen wollte." Die ersten Zeugen nach Ostern konnten an Jesu *machtvolle Verkündigung* der Gottesherrschaft, an *Worte* und *Taten Jesu*, sowie an sein *einmaliges Nahverhältnis* zum Vater anknüpfen und so allmählich das *Geheimnis Jesu* tiefer erfassen. Die *Titel*, die im Neuen Testament Jesus von Nazaret gegeben werden, lassen den Weg der frühen Kirche zum Glauben an ihn erkennen. Der Weg des Glaubens, als ein *Weg der Christuserfahrung*, ist der Kirche zu allen Zeiten aufgegeben, auch uns heute. Es ist ein Glaubensweg unter Führung des Heiligen Geistes. „Der Beistand aber, der Heilige Geist, den der Vater in meinem Namen senden wird, der wird euch alles lehren und euch an alles erinnern, was ich euch gesagt habe“ (Joh 14,26).

Jesus ist der Messias – Er ist der Christus

Das Alte Testament kennt mehrere „Heilbringergestalten“. Die Erwartung eines *davidischen Idealkönigs* war zur Zeit Jesu besonders lebendig, da man von ihm die Befreiung vom Römerjoch und eine tiefgehende religiöse Erneuerung erhoffte. Auf die Frage Jesu an seine Jünger „für wen halten die Leute den Menschensohn“? hören wir die Antwort: „Die einen für Johannes den Täufer, andere für Elija, wieder andere für Jeremia oder sonst einen Propheten“ (Mt 16,13f.). Demnach gab es auch die Erwartung der Wiederkunft eines der Propheten. Es gab aber auch die Vorstellung von einem „leidenden Gottesknecht“, der durch seine Hingabe in den Tod Sühne für das Volk wirkt (vgl. Jes 53); und es gab die Auffassung eines vom Himmel her zum Weltgericht gesandten „Menschensohns“, der im Auftrag Gottes kommen wird (vgl. Dan 7,1–28).

Jesus selbst hat sich wahrscheinlich nie Messias genannt. Er selbst nennt sich „Menschensohn“, und weicht damit der stark politisch gefärbten Messiasvorstellung aus. Die Messiaserwartungen des Judentums zur Zeit Jesu waren *politischer Art,* nicht weil die Juden einfach falsche und unbiblische Hoffnungen gehabt hätten, sondern weil es biblische Hoffnungen gab, die sich auf einen *Ideal-König* bezogen. So können auch die Apostel den auferstandenen Herrn noch fragen: „Wann stellst du das Reich für Israel wieder her?“ (Apg 1,6). Auf die Frage des Hohepriesters „bist du der Messias, der Sohn Gottes“, antwortet Jesus nach dem Bericht des Matthäus (ausweichend oder verneinend?): „Du hast es gesagt. Doch ich erkläre euch: Von nun an werdet ihr den Menschensohn zur Rechten der Macht sitzen und auf den Wolken des Himmels kommen sehen“ (Mt 26,64). Jesus korrigiert hier die Messiasvorstellung, indem er sich mit dem „Menschensohn“, dem endzeitlichen Herrn und Richter, identifiziert.

Trotzdem wird Jesus in den Schriften des Neuen Testaments „Sohn Davids“ und „Messias“ genannt. Er wird als die *Erfüllung der messianischen Hoffnungen* des Alten Testaments verkündigt.

Ist diese Art der Darstellung legitim? Man kann sagen, daß Jesu *Tod und Auferstehung*, sein *einmaliges Sohn-Verhältnis* zum Vater, das unpolitische Verständnis der Erlösung als Vergebung der Sünden die Messiashoffnungen des Alten Testaments *sprengen.* Gott erfüllt die Hoffnungen auf Heil, aber *anders,* als viele es für möglich hielten. Die messianischen Texte der Bibel sind auch eher große *Heilsperspektiven* als Detailbeschreibungen eines kommenden Heilbringers. Von Christus her werden diese Heilsperspektiven erst deutlich und konkret.

Den Haupttext, der zu den Erwartungen eines idealen Davididen geführt hat, finden wir in der Verheißung des Propheten Natan an David (2 Sam 7,14–16). Dem davidischen Königshaus wird eine *innige Beziehung zum Bundesgott* zugesagt und eine *ewige Zukunft* verheißen. Auch die brutale Vernichtung der davidischen Dynastie – sie ist mit dem Babylonischen Exil zu Ende gegangen – hat Gott nicht Lügen gestraft, denn der ideale König und Hirte, so künden einige Propheten (z.B. Hag 2,20–23; Mi 5), soll diese Herrschaft weiterführen. In der Verkündigung an Maria (Lk 1,31ff.) wird diese Hoffnung in Jesus erfüllt gesehen: „Du wirst ein Kind empfangen, einen Sohn wirst du gebären; dem sollst du den Namen Jesus geben. Er wird groß sein und Sohn des Höchsten genannt werden. Gott, der Herr, wird ihm den Thron seines Vaters David geben. Er wird über das Haus Jakob in Ewigkeit herrschen, und seine Herrschaft wird kein Ende haben." Die beiden Königspsalmen (Ps 2 und 110), die die Einsetzung des Idealkönigs durch Gott auf dem Zion besingen und seine umfassende Herrschaft beschreiben, werden im Neuen Testament oft zitiert, um Jesu *Erlöserwirken* und *Herrschaft* zu beschreiben (vgl. Apg 13,33; Hebr 1,3–5; Eph 1,21; Offb 1,5). Das Mysterium des Gekreuzigten und Auferstandenen wird in den *Bildern des erhofften Heilskönigs* ausgedrückt. Vor allem jene ersten Christen, die in der hebräischen Tradition verwurzelt waren, haben Jesus als die *Sinnspitze der Geschichte Israels* verstanden. Als *treuer Sohn* ist er die *vollkommene Verwirklichung Israels,* indem er den Weg Israels von Ägypten her nachgeht (Mt 2,13–15), indem er wie sein Volk in der Wüste erprobt wird, jedoch im Gegensatz zu Israel als gehorsamer Knecht die Versuchung besteht (Mt 4,1–11). Er erfüllt auch das Heilsbild des

„leidenden Gottesknechtes“ mit einem letztgültigen Sinn durch sein Leiden aus Liebe und im Gehorsam. Die Heilshoffnung der unschuldig Verfolgten, der Märtyrer vor ihm, die auf JHWHs Lebensverheißung hofften, erfüllt er in seiner Auferstehung (vgl. Ps 22). Wenn die Urkirche nach Ostern *Jesus als den Messias – den Christus* – verkündet, so kommt darin die zentrale Erfahrung der ersten Christen zum Ausdruck: Er ist *der, auf den sie gewartet haben;* er hat tatsächlich ihre Hoffnungen überbietend erfüllt – freilich anders, als sie vermutet hatten.

Der Sohn Gottes

Zur Zeit Jesu wurde die Bezeichnung „Sohn Gottes“ in einem sehr weiten Sinn gebraucht, da *jeder Gerechte* „Sohn Gottes“ genannt werden konnte. Im Alten Testament wird das Volk Israel als Sohn Gottes bezeichnet, weil es durch die Befreiung aus Ägypten von JHWH ins Leben gerufen worden war. „Als Israel jung war, gewann ich ihn lieb, ich rief meinen Sohn aus Ägypten“ (Hos 11,1). In besonderer Weise gilt der *König* als Sohn Gottes, dessen „Zeugung“ durch Gott bei seiner Thronbesteigung besungen wird (vgl. Ps 2,7; Ps 110,1–3). Doch ist er nicht Sohn Gottes durch physische Abstammung von Gott – so verstanden sich die Könige der Antike –, sondern aufgrund des besonderen Amtes, das ihm von Gott übertragen wurde. Die massive Kritik der Bibel zeigt, wie oft die berufenen Hirten des Gottesvolkes ihrer Berufung und Erwählung auch untreu wurden.

Diesen geläufigen Titel griffen die Christen nach Ostern auf und gaben ihm einen *ganz neuen Inhalt* vom Christusgeschehen her. In einer sehr alten Glaubensformel wird die Auferweckung Jesu als Einsetzung zum Sohn Gottes bezeichnet: „... das Evangelium von seinem Sohn, der dem Geist der Heiligkeit nach eingesetzt ist als Sohn Gottes in Macht seit der Auferstehung von den Toten“ (Röm 1,3 f.). Doch weiß Paulus, daß Jesus nicht erst durch die Auferweckung zum Sohn Gottes geworden ist, wie etwa die alttestamentliche Gemeinde die Thronbesteigung des Königs gefeiert hat. Schon in seinem *irdischen Leben* war er *Sohn Gottes,* doch konnte dieses Sohnsein erst in der Auferstehung zur vollen Auswirkung kommen. Paulus versteht seine Begegnung mit dem Auferstandenen als Offenbarung des Sohnes Gottes (Gal 1,15), des Sohnes, der ihn geliebt und sich für ihn hingegeben hat (Gal 2,20).

Der Evangelist Markus verkündet Jesus als den Sohn Gottes, der sich in machtvollen Taten offenbart (Mk 1,1), und doch unverstanden und noch unerkannt bleibt. Der Vater selbst bestätigt Jesus als Sohn bei der Taufe im Jordan: „Und eine Stimme aus dem Himmel sprach: Du bist mein geliebter Sohn, an dir habe ich Gefallen gefunden" (Mk 1,11).

Eine weitere inhaltliche Vertiefung des Titels „Sohn Gottes" finden wir vor allem im Johannesevangelium. Die staunende Erfahrung mit dem Auferstandenen läßt die ersten Christen allmählich begreifen, daß sein Geheimnis so *absolut einzigartig* ist, daß es nur in Gott selbst gründen kann: Jesus ist der einzige, ewige Sohn des Vaters. „Und das Wort ist Fleisch geworden und hat unter uns gewohnt, und wir haben seine Herrlichkeit gesehen, die Herrlichkeit des einzigen Sohnes vom Vater, voll Gnade und Wahrheit ... Niemand hat Gott je gesehen. Der Einzige, der Gott ist und am Herzen des Vaters ruht, er hat Kunde gebracht" (Joh 1,14.18).

Der „Herr"

Im Bereich der griechischen Welt wurden zur Zeit des Neuen Testaments mit dem Titel Herr (Kyrios) vor allem die Götter angesprochen und auch irdische Herrscher, die göttliche Ehre für sich beanspruchten. Für den biblischen Menschen ist *JHWH allein* der Herr Israels. Den Gottesnamen JHWH, den man aus Ehrfurcht nicht auszusprechen wagte, hatte man in der griechischen Bibelübersetzung, die im 2. Jahrhundert v. Chr. von hellenistischen Juden angefertigt wurde, mit „Kyrios" wiedergegeben. So können wir ermessen, was die ersten Christen damit bekennen wollten, wenn sie Jesus *ihren* „Herrn" nannten. Es war ein Bekenntnis zur Gottessohnschaft Jesu – ein Bekenntnis, das die Christen bald in Widerspruch zum römischen Kaiser bringen mußte, der den Kyriostitel, und damit göttliche Verehrung für sich beanspruchte. Ein Gebetsruf der ersten Kirche ist uns überliefert: „Marána tha!" (1 Kor 16,22). Der Ruf stammt aus der aramäischen Muttersprache Jesu und bedeutet: „Komm, Herr

Jesus!“ So ruft die Kirche inmitten großer Drangsale am Ende des letzten Buches des Neuen Testaments in der Hoffnung und im Blick auf einen *neuen Himmel* und eine *neue Erde* (Offb 22,20).

Wie die Gemeinde Israels das *Herrsein* JHWHs an bestimmten Wendepunkten der Geschichte besonders erfahren hat und ihre Existenz diesem einzigen Herrn verdankt, so weiß sich die Kirche als Geschenk ihres Herrn, des Auferstandenen. In ihm begegnet sie dem liebenden *Herrsein* JHWHs. Jesu *Herrsein* ist aber von anderer Art als das der Großen dieser Welt. Er bediente sich keiner Macht, um sich und seine Botschaft durchzusetzen. Daran wird die Kirche sich immer wieder orientieren müssen: „... Die Könige herrschen über ihre Völker, und die Mächtigen lassen sich Wohltäter nennen. Bei euch aber soll es nicht so sein, sondern der Größte unter euch soll werden wie der Kleinste, und der Führende soll werden wie der Dienende ... Ich aber bin unter euch wie der, der bedient“ (Lk 22,25–27). Der Sohn Gottes, Christus der Herr, ist als „guter Hirt“ zu den Menschen gekommen, „damit sie das Leben haben und es in Fülle haben“ (Joh 10,10).

Jesus Christus – Herr der Schöpfung

„Er war Gott gleich, hielt aber nicht daran fest, wie Gott zu sein, sondern er entäußerte sich und wurde wie ein Sklave und den Menschen gleich. Sein Leben war das eines Menschen; er erniedrigte sich und war gehorsam bis zum Tod, bis zum Tod am Kreuz. Darum hat ihn Gott über alle erhöht und ihm den Namen verliehen, der größer ist als alle Namen, damit alle im Himmel, auf der Erde und unter der Erde ihre Knie beugen vor dem Namen Jesu und jeder Mund bekennt: ‚Jesus Christus ist der Herr‘ – zur Ehre Gottes, des Vaters“ (Phil 2,6–11).

Nicht nur die Kirche, sondern die *ganze Schöpfung* steht unter der Herrschaft des auferstandenen und erhöhten Herrn. Die *absolute Machtstellung*, die Israel JHWH zuerkennt, indem sie ihn preist als „Herrn des Himmels und der Erde, vor dem sich jedes Knie beugen wird“ (vgl. Jes 45,18. 23), wurde dem Auferstandenen vom Vater übertragen. In diesem Hymnus, den Paulus wahrscheinlich schon übernommen hat, wird der Weg Christi von seinem vorzeitlichen Sein über seine Menschwerdung und seinen Tod bis zur Erhöhung und Einsetzung zum Herrscher des Alls besungen. Die ganze Schöpfung – alle der Anbetung fähigen Wesen – soll zur *Anerkennung des erhöhten Herrn* geführt werden und dadurch den Vater *verherrlichen.* Dieses Ziel des Christusgeschehen wird von der Kirche bereits vorweggenommen und anfanghaft verwirklicht.

Jesus verkündet das Reich Gottes

Der Weg ist uns gewiesen –
das Ziel noch nicht erreicht

Die Rede vom „Reich Gottes“ ist ein eindrucksvolles Beispiel dafür, wie sehr vertraute und oft benützte religiöse Begriffe ihre Konturen verlieren und ihr eigentlicher Inhalt nicht mehr gehört wird. So verschwimmt dieses *Zentralthema* der Predigt Jesu im Bewußtsein der Gläubigen vielfach mit der *Kirche* oder mit einer *allgemeinen Religiosität.* Das erstgeschriebene Evangelium nach Markus, mit dem die neue literarische Gattung des „Evangeliums“ ihren Anfang nimmt, macht die *Ankündigung des Reiches Gottes* zu seinem *Inhalt.* Das hebräische und griechische Wort (malkut – basileia) wird heute meist mit *Reich* wiedergegeben. Genauer wäre die Übersetzung mit *Königsherrschaft* oder *Königtum Gottes.* Die vor allem von Matthäus gebrauchte Formulierung „Reich der Himmel“ meint dasselbe, nur vermeidet sie, der jüdischen Frömmigkeit entsprechend, aus Ehrfurcht den Namen Gottes.

Die Ankündigung des Reiches Gottes ist von der Person Jesu nicht zu trennen. Sie ist die *Mitte* seiner Botschaft, er *lebt* sie, er macht sie *sichtbar,* er *stirbt* für sie. Wie herausragend und einmalig Jesus das Reich Gottes angesagt hat, beweist die Verwendung des Wortes selbst: In den synoptischen Evangelien finden wir es ungefähr hundertmal, während es in den übrigen Schriften des Neuen Testaments nur vereinzelt vorkommt. Mit dem Begriff Kirche verhält es sich gerade umgekehrt. Von der Kirche ist erst nach der Auferweckung Jesu die Rede. So *neu* und zum *Widerspruch* herausfordernd der Anspruch Jesu war, daß Gottes Reich *durch seine Person* endgültig angebrochen sei, so *altbekannt* und *vertraut* war den Menschen in Israel zur Zeit Jesu die *Hoffnung auf die Herrschaft Gottes,* die endlich Gerechtigkeit und Frieden für alle schaffen sollte.

Jesus gehörte zu Israel, dem Volk Gottes, aus seinen heiligen Schriften schöpfte er seine Hoffnungen, und in einem unterdrückten und innerlich zerrissenen Volk erfährt er seine Berufung zum Knecht Gottes. Die großen *Heilsverheißungen* der Bibel und die *Umwelt* geben Jesu ureigenster Botschaft vom Reich Gottes Farbe und Konturen.

Gott der Hirte und König Israels

Die Vorstellung von JHWHs *Königtum* begegnet uns zu Beginn der Geschichte Israels noch nicht. Israel ist die *Familie* JHWHs. Gott hat sich dieses Volk im Auszug aus Ägypten erschaffen und diese Familienbande geknüpft. Als Israel in Kanaan heimisch wurde, begann man, das Verhältnis JHWHs zu Israel im *Bild der Königsherrschaft* zu umschreiben.

Die Dynastie Davids, die in Jerusalem ihren Königssitz hatte, trug dazu bei, JHWH als den *eigentlichen* König zu verehren. Das politische Königtum, das sich erst gegen religiöse Widerstände und Vorbehalte durchsetzen mußte, wurde durch die Erwählung Davids legitimiert: „So spricht der Herr der Heere: Ich habe dich von der Weide und von der Herde weggeholt, damit du Fürst über mein Volk Israel wirst ..." (2 Sam 7,8). Diesen religiösen Auftrag der Könige klagen die Propheten immer wieder ein und zeigen in aller Deutlichkeit, wie der *politische Alltag* dem Königtum JHWHs über Israel *widerspricht.* Sie sehen den tieferen Grund für den Sturz der davidischen Dynastie im *Treubruch* der menschlichen Könige jenem König gegenüber, dem sie *allein* ihre Macht verdankten (z.B. Jer 10,21).

Die Vorstellung von Gottes Königtum macht tiefgreifende Wandlungen durch. Besonders nach dem Exil zog man Bilanz aus dem Scheitern des Königtums in Israel und Juda. Man setzt die ganze Hoffnung auf den „Hirten Israels", der allein die Folgen der Untreue, die Verbannung nach Babylon, *wenden* kann, wie diese Heilsverheißung bezeugt: „Denn so spricht Gott der Herr: Jetzt will ich meine Schafe selber suchen und mich selber um sie kümmern. Wie ein Hirt sich um die Tiere seiner Herde kümmert ..., die sich verirrt haben, so kümmere ich mich um meine Schafe und hole sie zurück von all den Orten, wohin sie sich am dunklen, düsteren Tag zerstreut haben. Ich führe sie aus den Völkern heraus, ich hole sie aus den Ländern zusammen und bringe sie in ihr Land" (Ez 34,11–13).

„Dein Gott ist König" (Jes 52,7), das ist die *Frohe Botschaft*, die Jerusalem verkündet wird. Eine starke Ahnung bricht auf, daß *alle Menschen* eingeladen sind, Gott auf dem Zion zu suchen und in der Anerkennung seines Königtums *ihr Heil* zu finden (z. B. Sach 8,22f.; Jes 56). „Dann wird der Herr König sein über die ganze Erde. An jenem Tag wird der Herr der einzige sein und sein Name der einzige" (Sach 14,9).

In einer Zeit blutiger Verfolgung der JHWH-Gemeinde unter Antiochus Epiphanes, am Anfang des 2. Jahrhunderts, wird die Verheißung der *nahenden Herrschaft Gottes* den treu und standhaft Gebliebenen als *Trost* zugesprochen. Auf den Trümmern der einander abwechselnden Großreiche, die symbolisch durch blutrünstige Tiere dargestellt werden, wird die vom Himmel kommende Herrschaft Gottes errichtet. Zur Beschreibung dieser nunmehr *menschlichen Herrschaft*, im Gegensatz zu den *unmenschlichen, tierischen Reichen*, dient das Symbol des auf den Wolken des Himmels kommenden „Menschensohnes" (Dan 7). Nach dem Gericht und dem Untergang der Unterdrückermächte wird diese Herrschaft dem „Menschensohn" und dem „Volk der Heiligen des Höchsten" auf ewig gegeben werden (Dan 7,14.27). Die neue Zukunft einer versöhnten Menschheit scheint nicht mehr den Ordnungen dieser Welt anzugehören. In diesem Reich der *Herrschaft* JHWHs, das nach den Geburtswehen ärgster Bedrängnisse *in Erscheinung tritt*, wird dem Rest der Treugebliebenen ein besonders herrlicher Lohn zuteil, und die zum ewigen Leben Auferweckten werden ihm angehören (Dan 12,2–4).

Das Judentum der Zeitenwende war von *vielgestaltigen* Erwartungen geprägt. Wenn man sich auch nicht einig war, ob *Gott selbst* oder *sein Gesalbter* aus dem Haus Davids die entscheidende Wende für Israel und für die ganze Welt herbeiführen wird, ob es sich um ein *irdisches* oder *transzendentes* Reich handelt, so hoffte man doch übereinstimmend, daß der Beginn der Königsherrschaft Gottes ein *weltwendendes Ereignis* sein werde. Die Kreise der Pharisäer suchten in einem vernünftigen Realismus diese gespannten Erwartungen zu dämpfen und sie auf eine verinnerlichte Frömmigkeit hinzulenken, indem sie ihre Anhänger lehrten, das „Joch der Königsherrschaft" auf sich zu nehmen, d.h. die Weisungen der Tora treu zu erfüllen, um so das alltägliche Leben zum *Ort der Herrschaft Gottes* zu machen.

Jesus verkündet das Reich Gottes

„Nachdem man Johannes ins Gefängnis geworfen hatte, ging Jesus wieder nach Galiläa; er verkündete das Evangelium Gottes und sprach: Die Zeit ist erfüllt, das Reich Gottes ist nahe. Kehrt um, und glaubt an das Evangelium" (Mk 1,14f.).

Der *zentrale* Begriff der Predigt Jesu ist das „Reich Gottes". In dieser *vorgegebenen* Hoffnung vereinen sich für Jesus und sein Volk alle Heilserwartungen und Hoffnungen auf ein *endgültiges, rettendes Handeln Gottes.* Herausfordernd und ungewöhnlich ist, daß Jesus den entscheidenden Zeitpunkt für gekommen hält: *Die Königsherrschaft ist nahe.* Die Bedeutung der *augenblicklichen* Zeit der Entscheidung wird immer wieder betont: „Die Herrschaft Gottes ist zu euch gekommen (Mt 12,28), sie „kommt mit Macht" (Mk 9,1). Diese Einladung hat für Jesu Zuhörer einen biblischen Klang, sie meint das *endzeitliche Heil* wie in der Botschaft des Jesaja: „Wie willkommen sind auf den Bergen die Schritte des Freudenboten, der Frieden ankündigt, der eine frohe Botschaft bringt und Rettung verheißt, der zu Zion sagt: Dein Gott ist König ... Brecht in Jubel aus, jauchzet alle zusammen, ihr Trümmer Jerusalems! Denn der Herr tröstet sein Volk, er erlöst Jerusalem (Jes 52,7–9).

Jesus beginnt seine Verkündigung gerade zu einem Zeitpunkt, da mit der Gefangennahme des Täufers eine neue hoffnungsvolle Aufbruchbewegung *gescheitert* ist. Menschlich war das nicht ermutigend! Für Jesus ist die Zeit *zugespitzter Not* nicht das Ende, sondern ein *neuer Anfang.* Gerade *jetzt* ist das Reich Gottes nahe.

In der Verkündigung Jesu erscheint die Gottesherrschaft als *souveräne* Tat Gottes, die man *nicht herbeizwingen* kann, in die man vom Vater *eingeladen* wird, um die man *beten* soll (Mt 6,10), auf die man sich *vorbereiten* kann wie die klugen Jungfrauen (Mt 25,1–13) und die wachsamen Knechte (Lk 12,35–37). Gott handelt *königlich* an den Menschen, deshalb kann man nur in der Haltung der Kinder sich von ihm beschenken lassen (Mk 10, 15).

Obwohl Menschen das Reich Gottes nicht schaffen können, kommt es dennoch *nicht ohne* die Mitwirkung von Menschen. Es kommt *durch Menschen,* die Jesus nachfolgen, die alles dafür einsetzen, daß Gott in seinem Wirken erkannt und anerkannt wird. Deswegen ist nur den Jüngern „das Geheimnis des Reiches Gottes gegeben" (Mk 4, 11). Nicht als ob die Botschaft Jesu ein zu hütendes Geheimnis wäre, das nur einem kleinen Zirkel geoffenbart werden soll. Es ist Geheimnis, weil man sich um seine Erschließung mühen muß. Die Jüngergemeinschaft ist dazu *erwählt,* die von Gott verfügte Verbindung zwischen dem Reich Gottes und der Person Jesu zu *erfahren.* Ihre Gemeinschaft mit Jesus ist *ihr Zugang* zum Reich Gottes. Nur wer Jesus nachfolgt lernt verstehen, was er sagt und dem *erschließt* sich das Geheimnis des Reiches Gottes.

In Jesu Wirken *verkörpert* sich das befreiende Walten Gottes an seinem Volk. Seine Machttaten weisen auf das Reich Gottes hin: „Wenn ich aber die Dämonen durch den Finger Gottes austreibe, dann ist doch das Reich Gottes schon zu euch gekommen" (Lk 11, 20). Seine Nähe brachte Heilung und das Vertrauen zu ihm, machte die Menschen frei. In Jesus fängt Gott an, seine *Segensherrschaft* zu verwirklichen. Den Jüngern des Johannes antwortet Jesus auf die Frage, ob er der „Kommende" sei, mit einem Verheißungswort aus dem Buche Jesaja: „Geht und berichtet Johannes, was ihr gesehen und gehört habt: Blinde sehen wieder, Lahme gehen, und Aussätzige werden rein, Taube hören, Tote stehen auf, und den Armen wird das Evangelium verkündet" (Lk 7, 22). Die tiefste Wurzel aller Lebensminderung und Entzweiung wird von ihm zerstört, denn „der Menschensohn hat die Vollmacht, hier auf Erden Sünden zu vergeben" (Mk 2, 20).

Jesus schließt keinen aus

Jesus will das *ganze Volk Israel* für die Gottesherrschaft gewinnen. Deshalb wendet er sich nicht nur an die Mitglieder der damaligen Religionsparteien (Pharisäer, Sadduzäer, Essener ...), sondern an das Volk in seiner Gesamtheit, auch an die *Ausgesto-*

ßenen, an die Zöllner, Sünder und Dirnen. Er *durchbricht* die Absonderung, die sich bestimmte Gruppen auferlegt hatten, um mit der Sünde nicht in Kontakt zu kommen und um nicht mit der Gemeinschaft der Gottlosen selbst verworfen zu werden. Viele Zeitgenossen, besonders die Gemeinde von Qumran, erwarten von der kommenden Gottesherrschaft das Gericht über die Sünder. Die Predigt Jesu geht *nicht vom Zorn Gottes* aus – er folgt hier nicht dem Täufer Johannes –, sondern von *seinem Heilsangebot*, das jetzt *allen unterschiedslos* gilt. Seine Botschaft von der Nähe des Reiches ist keine Drohbotschaft, sondern eine *gute Nachricht*, eine Freuden- und Friedensbotschaft, über die sich vor allem die Menschen am Rande der Gesellschaft freuen dürfen: Arme, Trauernde, verachtete Sünder. Jesus will die tief *verwundeten* Dimensionen des Gesellschaftlichen heilen und das JHWH-Volk zu einem *Füreinander* und *Miteinander* führen. Seine Mahlgemeinschaften mit Gesetzesbrechern waren eine Provokation. Doch gerade das Zeugnis für die „Sünderliebe" Gottes gehört zu seiner Botschaft: „Nicht die Gesunden brauchen den Arzt, sondern die Kranken, ... denn ich bin gekommen, um die Sünder zu rufen, nicht die Gerechten" (Mt 9, 12 f.).

Der Botschaft Jesu fehlen auch ernste Drohungen nicht; denn dem Menschen steht es immer frei, entscheidende Angebote Gottes zurückzuweisen: „Wie oft wollte ich deine Kinder um mich sammeln, so wie eine Henne ihre Kücken unter ihre Flügel nimmt; aber ihr habt nicht gewollt. Darum wird euer Haus von Gott verlassen" (Mt 23, 37 f.). Klage und Drohung fließen hier ineinander. Jesu Drohworte sind *nicht Selbstzweck*, sie wollen die *Notwendigkeit der Entscheidung* und den *Ernst der Stunde* unterstreichen. Die Einladung aber gilt allen, ohne Ausnahme, unter einer Bedingung: „Kehrt um und glaubt an das Evangelium" (Mk 1, 15).

Das Ziel Jesu: Sammlung und Erneuerung Israels

Israel ist Gottes erwähltes Volk. Doch blieb es immer wieder hinter seiner hohen Berufung zurück. Feindliche Gruppen standen zur Zeit Jesu einander in Selbstbehauptung gegenüber und vertieften immer mehr die Gräben im eigenen Volk. Manche geistlichen Führer erkannten wie Jesus in der Herrschaft des Bösen das *größere Übel* als das drückende Joch der Römer. Dieses Volk ist Adressat der Botschaft Jesu. Seine irdische Mission galt *nur* dem Bundesvolk Israel: „Ich bin nur zu den verlorenen Schafen des Hauses Israel gesandt" (Mt 15,24). Auch nach seinem Tod und seiner Auferstehung ist Israel wiederum der erste Empfänger des Evangeliums. Die Bitten des Vaterunser „geheiligt werde dein Name" und „dein Reich komme" werden nur auf dem Hintergrund der verheißenen *Sammlung* und *Wiederherstellung* Israels (Ez 20,41 ff.) ganz verständlich: Sammle und erneuere dein Volk, mache es wieder zum wahren Gottesvolk – um der Ehre deines Namens willen, denn in dieser Tat erweist du dich als heilig und herrlich!

Die *Berufung der Zwölf*, die später Apostel genannt werden, soll die Erneuerung des Zwölfstämmevolkes ankünden. Als Begleiter Jesu sind sie ein *prophetisches Zeichen* ohne Worte. Ganz Israel soll durch sie *repräsentiert* und in eine *Lebensgemeinschaft mit ihm* gerufen werden. Sie sind der *Anfang* des erneuerten Gottesvolkes, ausgesendet in seiner Vollmacht, die Dämonen auszutreiben (Mk 3,14 f.) und sein befreiendes Wirken zu vervielfachen. Bei der *endzeitlichen* Vollendung des Gottesvolkes soll ihnen eine herrscherlich-richterliche Aufgabe zukommen; sie werden auf zwölf Thronen sitzen und die zwölf Stämme Israels richten (Mt 19,28).

Dennoch sind die Grenzen offen

Auch wenn Jesus nur Israel sammeln wollte und das als seine messianische Aufgabe ansah, bereitet er durch sein Wirken den Weg der Kirche zu den Heiden vor. Er wirkt an Nicht-Israeliten Heilungswunder (Mt 15,21–28; 8,5–13). Die Sammlung des Gottesvolkes, in Israel begonnen, wird sich ausweiten: „Viele werden von Osten und Westen kommen und mit Abraham, Isaak und Jakob im Himmelreich zu Tisch sitzen" (Mt 8,11). Die Berufung der Heiden ist „gemäß der Schrift", d. h. dem Heilsplan Gottes entsprechend: Damit die Völker zur *großen Völkerwallfahrt* nach Jerusalem und zum einzigen Gott *aufbrechen* (vgl. Jes 2,2–5), sollen die Jünger des Herrn die „Stadt auf dem Berg" und das „Licht der Welt" sein (Mt 5,14). Der Tempel wird ein „Haus des Gebetes für alle Völker" heißen (Jes 56,7).

Im Ringen um sein Volk hat Jesus eine grundsätzliche Vorentscheidung getroffen. Zum *erneuerten* Israel gehört man *nicht durch blutsmäßige Herkunft*, sondern *durch Umkehr* und *freie Hinwendung*. Das eröffnete Perspektiven für die Zeit der Kirche nach Jesu Auferweckung. So nahm das Angebot Gottes seinen Weg über Israel hinaus zu den Heiden. Jesus hat das kleine Senfkorn in die Erde gelegt (vgl. Mk 4,31) und die Vollendung am Ende der Zeiten vorweggenommen.

Umkehr konkret

Jesus will Israel zu jener *Lebensqualität* führen, wie sie dem erwählten Volk entspricht. Seine Bergpredigt, die Gottes Weisung vom Sinai nicht aufheben, sondern in letzter Konsequenz erfüllen will, möchte die Menschen zu einem *radikalen Gehorsam* gegenüber dem *liebenden Heilswillen Gottes* führen. Obwohl die Welt im argen liegt und die Menschen Sünder sind, bleibt sie doch zugleich Gottes Schöpfung, und die Menschen bleiben Kinder des Vaters. Jesu Motivierung der Feindesliebe geht von der unbesiegbaren Güte des Vaters aus: „... damit ihr Söhne eures Vaters im Himmel werdet; denn er läßt seine Sonne aufgehen über Bösen und Guten, und er läßt regnen über Gerechte und Ungerechte" (Mt 5,45).

Wenn Gottes Wille geschieht, wird *sichtbar*, was mit dem „Reich Gottes" gemeint ist. Das Heil, das Gottes Reich uns bringen will, ist im Wirken Jesu schon sichtbar geworden: Armen hat er die Frohe Botschaft gebracht, Kranke geheilt und Sündern Vergebung geschenkt. Jesus lädt uns ein, in seiner Nachfolge das Glück der Gottesherrschaft sichtbar werden zu lassen. Die Bergpredigt beginnt mit einer Liste von Orientierungspunkten, die jene Menschen glücklich preist, die sich von ihnen leiten lassen: Menschen, die *keine Gewalt anwenden*, die *barmherzig sind* und den anderen *Güte erweisen*, die sich *für den Frieden einsetzen* und die auch dann *Gott treu bleiben*, wenn sie verfolgt werden (Mt 5,3–12). Die Zugehörigkeit zum Himmelreich wird ihnen *jetzt schon* zugesprochen (V.3.10) und Gottes Heil für die Zukunft verheißen (V.4–9). Die Seligpreisungen nennen die *notwendigen Voraussetzungen*, um vom verheißenen Heil Gottes gewiß *erreicht* zu werden. Sie sagen uns konkret, in welchen *Haltungen* die

Umkehr gelebt wird. Da Gott sich gegen die Menschen nicht mit Macht durchsetzen will, weil seine Macht Liebe heißt, will er, daß wir in den Haltungen der Seligpreisungen *seinen Willen nachvollziehen.* Nicht billige Vertröstungen werden uns gegeben, sondern Wege gezeigt, wie Gottes Reich hier schon *sichtbar* und *erlebbar* werden kann.

Die Zugehörigkeit zum Reich Gottes ist der *höchste Wert,* der alle anderen Güter relativiert. In Erwartung der Gottesherrschaft soll der Mensch sein Herz letztlich allein an Gott hängen, weder an irdische Güter (Mt 6, 19–21), noch an Recht und Ehre, selbst nicht an seine Eltern und seine Familie (Mt 10, 34–39). Um *all dies* geht es in der *Umkehr* (Mk 1, 15), die nur im vertrauensvollen Glauben an die Zusage Jesu, daß die Zeit erfüllt und die Gottesherrschaft nahe ist, gelebt werden kann. Wenn Glaube und Umkehr gefordert sind, so zeigt das auch an, daß die Nähe des Reiches Gottes noch Distanz und Verhülltheit einschließt.

Absage an menschliche Herrschaftsträume

Jesus hat unmißverständlich mit der Herrschaft Gottes eine *religiöse Herrschaft* gemeint und sich von jenen Erwartungen in seinem Volk distanziert, die eine *irdisch-nationale Erneuerung Israels* erhofften und auch bereit waren, dafür zu kämpfen. Immer wieder muß er die Mißverständnisse des Volkes, aber auch seiner Jünger zurückweisen. Das Streben der Jünger nach Vorrangstellungen im kommenden Gottesreich beantwortet er mit der Frage nach der Bereitschaft, den Kelch des Leidens mit ihm zu trinken (Mk 10, 35 ff.). Im Reich Gottes gelten nicht die üblichen irdischen Maßstäbe: „Der Größte unter euch soll werden wie der Kleinste, und der Führende soll werden wie der Dienende“ (Lk 22, 26).

Jesus malt das Gottesreich in seiner Vollendung nicht aus, wie es die zeitgenössische apokalyptische Literatur phantasiereich tut. In seinen Gleichnissen will er das *Wesen* und *gegenwärtige Wirken* dieses Reiches *bekräftigen* und *nicht ausmalen.* Bilder wie die des Gastmahles wollen die Gemeinschaft der Menschen mit Gott und der Menschen untereinander veranschaulichen. Auch die gängige Auffassung von einem plötzlichen, spektakulären

Hereinbrechen der Herrschaft Gottes in diese Welt wird von ihm nicht geteilt: „Das Reich Gottes kommt nicht so, daß man es an äußeren Zeichen erkennen könnte. Man kann auch nicht sagen: Seht, hier ist es! oder: Dort ist es! Denn: Das Reich Gottes ist schon mitten unter euch" (Lk 17,20).

Eine Herrschaft Gottes, die Bekehrung gerade von denen fordert, die meinten, ihrer nicht zu bedürfen, die als Frohbotschaft allen, auch den fernstehenden Sündern zugesprochen wurde und die politische Aktivitäten zu ihrer Herbeiführung entschieden ablehnte, die mußte auf *massive Ablehnung*, vor allem auf seiten der religiösen Führung stoßen. Das Ringen Jesu, sein Volk ins Heil der Gottesherrschaft zu bringen, ist dramatisch und tragisch zugleich. In seiner *bewußten Lebenshingabe* für sein Volk, im *menschlichen Scheitern*, sucht Jesus *neu* den Willen des Vaters zum Heil und zur Heilung seines Volkes zu erfüllen. In dieser Gewißheit und *in der Hoffnung auf das Reich Gottes* ist Jesus in die Passion gegangen, wie Lukas in der Abendmahlerzählung berichtet: „Ich habe mich sehr danach gesehnt, vor meinem Leiden dieses Paschamahl mit euch zu essen. Denn ich sage euch: Ich werde es nicht mehr essen, bis das Mahl seine Erfüllung findet im Reich Gottes ... von nun an werde ich nicht mehr von der Frucht des Weinstocks trinken, bis das Reich Gottes kommt" (Lk 22,16–18).

Kirche gibt es erst seit Ostern

Die Sammlung und Erneuerung Israels, in Vorbereitung auf das nahe Reich Gottes, hat zur *Scheidung der Geister* und „zum Fall und zur Auferstehung vieler in Israel" (Lk 2,34) geführt. Die Apostel und die umkehrbereiten Jünger und Anhänger Jesu sind aber *noch nicht* die Kirche, noch sind sie das „neue Gottesvolk", da sie Jesus aus dem alten Israel *nicht ausgesondert* hat. Für alle neutestamentlichen Zeugen gibt es die Kirche erst *seit Ostern*. Der erhöhte Herr, der in einer neuen Gegenwartsweise von seinen Jüngern erlebt wird, ist der tiefste Grund für die Gemeinde, die jetzt wächst. Die Grundlagen für diese Kirche wurden vor Ostern von Jesus geschaffen, deswegen sind die Evangelien an Lehre und Wirken Jesu zutiefst interessiert. Die Verkündigung Jesu ist ein *bleibendes Vermächtnis*, das bewahrt und weitergegeben werden muß. Die apostolische Predigt gibt aber nicht nur die Botschaft Jesu weiter, sie *verkündet Jesus selbst* als Messias und Herrn, den der Vater erweckt und erhöht hat, und der wiederkommen wird, um das Reich Gottes zu vollenden. In der *Anfangszeit dieser Verkündigung,* der sich die ehemaligen Jünger Jesu verpflichtet wissen, liegt die *Geburtsstunde* der Kirche.

Das Glaubensleben der ersten Christen war von einer ausgesprochenen *Naherwartung der Wiederkunft Jesu* geprägt. Hat Jesus sich *geirrt,* als er die Herrschaft Gottes für die *allernächste* Zukunft verkündete? Die so gestellte Frage geht oft von einer falschen Auffassung über Person und Sendung Jesu aus. Jesus als Sohn und Knecht Gottes hat seinen Auftrag und seinen Weg *nicht* von vornherein in allen Details *vorausgewußt.* Denken wir an die in den Evangelien erzählten Versuchungen Jesu zu Beginn seines öffentlichen Auftretens und am Ölberg. Sie zeigen uns einen Jesus, der um die Erkenntnis seines Weges und um den Willen seines Vaters gerungen hat. Auch ihm wurde immer nur das Licht zuteil, das für den *nächsten Schritt* seiner messianischen Aufgabe notwendig war. Auch er konnte sich wundern über den Unglauben der Menschen und enttäuscht sein über die Verhärtung der Herzen. Die bittere Erfahrung der Ablehnung seiner Botschaft durch führende Kreise in Israel hat ihn zu einer *neuen Erkenntnis* der Heilswege Gottes geführt: *Gott wird sein Volk aus allen Völkern sammeln; sein Heil kennt keine Grenzen.* Somit muß Jesus auch mit einer entsprechenden Zeit bis zur Vollendung des Gottesreiches gerechnet haben. Übrigens hat Jesus jede Zeitangabe für das Kommen des Reiches entschieden abgelehnt: „Doch jenen Tag und jene Stunde kennt niemand, auch nicht die Engel im Himmel, nicht einmal der Sohn, sondern nur der Vater" (Mk 13,32).

Die Erwartung des Gottesreiches verbindet Juden und Christen

„Juden und Christen sind vereint in der gemeinsamen Hoffnung auf die Vollendung des Gottesreiches, des Königtums Gottes, wenn Gott alles in allem sein wird, sein Wille in der ganzen Schöpfung und vor allem im Menschen verwirklicht wird. Gott will sein Volk zum Heil führen. Der Weg ist für alle die Umkehr, zu der auch die Propheten immer wieder aufgerufen haben. Diese Hoffnung verbindet sich mit der Sehnsucht nach einer gerechten Welt und nach einem umfassenden Frieden für die ganze Menschheit. – Nach christlicher Überzeugung ist mit Jesus von Nazareth die Zeit schon erfüllt, das Reich Gottes ragt in ‚diesen Äon' hinein. Nachfolge Jesu bedeutet, sich im Geiste Gottes für Gerechtigkeit und Frieden engagieren zu lassen" (Österreichisches Pastoralinstitut: „Die Christen und das Judentum").

Wunder

Machterweise Gottes – Offenbarung seiner Herrlichkeit – Zeichen

Weltbild und Wunder

In unsrer gewöhnlichen Umgangssprache kommt der Begriff „Wunder" häufig vor. Man spricht von Wundern der Bergwelt, des menschlichen Körpers, oder davon, daß jemand wie durch ein Wunder gerettet wurde. Die traditionelle Theologie will unter einem Wunder ein Ereignis verstehen, das *naturwissenschaftlich nicht erklärbar* und auf ein *besonderes Eingreifen Gottes* zurückzuführen ist. Dieser Wunderbegriff ist stark vom Weltbild der Neuzeit geprägt, das eine konstant wirksame Naturgesetzlichkeit kennt. In diesen naturgesetzlich geregelten Ablauf greift Gott gelegentlich ein, vergleichbar einem Techniker, der seine Konstruktion beherrscht.

Das Kriterium für ein Wunder in der Antike – und auch in der Bibel – lag nicht in der Außerordentlichkeit, sondern in der *Erfahrung des Göttlichen.* Das Leben und seine Erhaltung galten schon als unmittelbar von Gott gewirkt, doch in manchen Ereignissen hat man das Wirken Gottes besonders intensiv erlebt, wie etwa in der Genesung von einer Krankheit, der glücklichen Heimkehr von einer gefährlichen Reise oder im Sieg des Guten über das Unrecht. Die Frage nach einer natürlichen (naturgesetzlichen) Erklärbarkeit wurde nicht gestellt, da der Glaube an einem allumfassenden Wirken Gottes festhielt.

In der Schöpfung und in der Geschichte „erweist" sich Gott

Die Schöpfung gilt als *Machterweis* Gottes und wird in der Liturgie Israels *als Wunder* besungen. Gott ist der Ordner und Beherrscher des Chaos (z. B. Ps 136, 4–7). Das machtvolle Wirken Gottes erfährt Israel in seiner Geschichte. Israels Glaube, *daß JHWHs Sorge dem Volk gilt,* hat seinen Ausdruck besonders deutlich in den *Wundererzählungen* gefunden, die mit dem Auszug aus Ägypten, dem Wüstenzug und der Landnahme verbunden sind. Diese Erzählungen (z.B. die Plagen in Ägypten, Ex 7–12, der Durchzug durchs Schilfmeer, Ex 14f., die Mannaspeisung, Ex 16f.) sind in einer langen liturgischen Tradition gewachsen. Es sind *poetische Erzählungen* und *Bekenntnisse zum Bundes-Gott Israels.* Die geschilderten „Machterweise – Zeichen und Wunder" haben sicher ihren *Haftpunkt in der Geschichte,* doch dürfen sie nicht mit Ereignisbeschreibungen verwechselt werden. Neben dem Lobpreis der *Schöpfungs-Wunder* und den Erzählungen über Gottes mächtige *Geschichts-Führung* werden auch *private* Wunder berichtet, die den Propheten Elija und Elischa zugeschrieben werden (1 u. 2 Kön). Es sind *anekdotenhafte Erzählungen,* ähnlich den Märtyrerlegenden oder den Fioretti des heiligen Franziskus.

Christus überwindet alle lebensbedrohenden Mächte

Die Wunderberichte spielen im Neuen Testament eine weitaus größere Rolle als im Alten Testament. Die Berichte sind auf dem Hintergrund des Alten Testaments zu deuten und zu verstehen. So z.B. wird *Jesus* im Wunder der Brotvermehrung als *neuer Mose* erkennbar, der Mose als Lehrer und fürsorgender göttlicher Hirte überbietet. Die Totenerweckungen greifen in der Darstellungsart auf ähnliche Berichte im Alten Testament zurück, nur bezeugen sie im Neuen Testament den Glauben an Christi Auferstehung und an seinen Sieg über den Tod. Das ist die theologische Eigenart der Wunder im Neuen Testament: *Durch Tod und Auferstehung Jesu ist das Handeln Gottes an den Menschen „endgültig" geworden. Gottes Ja zum Menschen ist unwiderruflich! Die Vollendung der Welt und der Menschen hat begonnen. Das Reich Gottes wird in den „Machttaten" Jesu anfanghaft verwirklicht. Die Überwindung aller lebensbedrohenden Mächte ist bereits geschehen und Jesu Handeln ist ein Zeichen dafür* (vgl. Alfons Weiser). Die Frage der späteren Schultheologie, ob im wunderbaren Wirken Gottes *Naturgesetze durchbrochen* werden, konnte nicht gestellt werden, weil dem damaligen Weltbild der *Begriff einer geschlossenen Naturgesetzlichkeit* fehlte. Der biblische Wunderglaube besteht aber auch nicht bloß in der Überzeugung, daß „bei Gott kein Ding unmöglich ist", er bekennt vielmehr, *daß Gott das Heil der Menschen will* und daß er es auch hier und heute wirken kann. So sind die Wunderberichte auch ganz *gegenwartsbezogen,* weil sie den Glauben an den auferstandenen Herrn bezeugen, der in seiner Kirche lebt und auch *heute* Heil schafft.

Beweise oder Zeichen?

„Johannes hörte im Gefängnis von den Taten Christi. Da schickte er seine Jünger zu ihm und ließ ihn fragen: Bist du der, der kommen soll, oder müssen wir auf einen andern warten? Jesus antwortete ihnen: Geht und berichtet Johannes, was ihr hört und seht: Blinde sehen wieder, und Lahme gehen, Aussätzige werden rein, und Taube hören; Tote stehen auf, und den Armen wird das Evangelium verkündet. Selig ist, wer an mir keinen Anstoß nimmt" (Mt 11,2–6). Mit diesem Text stoßen wir auf das *Urgestein der Verkündigung Jesu.* Verschiedene Merkmale sprechen für ganz ursprüngliche, noch nicht überformte Aussagen. So erscheint hier Johannes der Täufer noch nicht selbstverständlich als der Vorläufer und Zeuge Christi, sondern als Zweifelnder und Suchender. Jesus wird auch nicht gefragt, ob er der Messias oder der Herr ist, sondern der „Kommende". Jesus beantwortet diese Frage indirekt mit dem Hinweis auf sein Wirken. Diese verhüllte und indirekte Art, das Persongeheimnis Jesu zu enthüllen, ist Zeichen für das hohe Alter der Überlieferung. Der Text selbst wird von den Exegeten der literarischen Gattung der *Botenaufträge* zugezählt. Das, was die Boten selbst sehen und hören, das sollen sie als Botschaft dem fragenden Johannes überbringen. Eine *Gratulation* schließt sich dem Botenspruch an, die allen gilt, die keinen Anstoß an Jesus nehmen.

Jesus verweist auf sein Wirken, das zum Zeichen dafür wird, daß er der „Kommende" ist. Der Fragende muß sich selbst ein Urteil bilden. Der „Kommende" weist zugleich auf die *eschatologische Heilszeit* hin, die das Judentum seit Jahrhunderten erwartet. Im gegenwärtigen Wirken Jesu bricht sie an, und die Prophetie Israels beginnt sich zu erfüllen. Wenn aber Jesus die *Erfüllung der Hoffnungen Israels* ist – eben *der Gekommene* –, dann ist das ganze Alte Testament auf ihn bezogen. Das ist der große biblische Zusammenhang, in dem Jesu Machttaten in den

Evangelien erzählt werden. In Jesu Wirken beginnt die endgültige Verwirklichung menschlichen Heils. Jesus war *kein Wunderdoktor* und auch nicht nur „Seelsorger". Die Heilungen wollen zeigen, daß der *ganze Mensch* auch *in seiner Leiblichkeit* von Christus heil gemacht wird. Die Wunder Jesu stehen im *Dienste der Heilsverkündigung,* sie rufen wie die Predigt zu Umkehr und Glauben und richten die Menschen auf, die unter der Minderung ihres Lebens leiden. Die Wunder wollen *als Zeichen* und *Hinweise* verstanden werden und *nicht als Beweise.* Man kann sich diesen Zeichen und Taten Jesu auch verschließen oder ihnen eine andere Interpretation geben, wie etwa diese: „Durch den Obersten der Dämonen treibt er die Dämonen aus" (Mk 3,22).

Die Frage, ob der Glaube Voraussetzung des Wunders ist oder das Wunder den Glauben veranlaßt, kann so einfach nicht gestellt werden. Zwar stellt Jesus öfters fest: „Dein Glaube hat dir geholfen" (Mk 10,52), andererseits werden die zweifelnden Jünger durch Jesu Seewandel gerade zum Bekenntnis „Du bist Gottes Sohn" geführt. Zur Lösung dieser Frage hilft folgende Erzählung: Als Jesus den Vater eines epileptischen Jungen auffordert, er müsse nur glauben, dann könne seinem Sohn geholfen werden, ruft der Vater: „Ich glaube, hilf meinem Unglauben" (Mk 9,24). „Jesus erwartet einen Glauben, der sich durch das Zeichen weiterführen läßt" (Alfons Weiser). Das „Zeichen vom Himmel", *den Beweis* für seine Vollmacht, lehnt Jesus ab: „... Dieser Generation wird niemals ein Zeichen gegeben werden. Und er verließ sie ..." (Mk 8,12f.).

Christus – Heiland der Menschen

Heilungen und *Dämonenbannungen* stellen den *Hauptteil der Wunder Jesu* nach dem Zeugnis der drei ersten Evangelien dar. Diese Berichte sind bereits in den ältesten Schichten der Evangelienüberlieferung bezeugt und historisch besonders gut gesichert. Gerade durch diese Heilungen hat sich der Name und Ruf des „Wundertäters" aus Nazaret in ganz Israel herumgesprochen. Besonders auffällig ist, daß Heilungen, die als Dämonenaustreibungen erzählt werden, im Unterschied zum Alten Testament einen zentralen Platz im Wirken Jesu haben. Gerade der von seinen Gegnern erhobene Vorwurf, Jesus sei selbst besessen und treibe durch Beelzebub die Dämonen aus (Mk 3,22), ist ein sicherer historischer Beweis dafür, daß Jesus von seinen Zeitgenossen als machtvoller Exorzist angesehen wurde. Denn es wäre kaum denkbar, daß man nachträglich eine so abfällige Aussage über Jesus in den Text gebracht hätte. Jesus befreite Menschen von solchen Leiden, die im Urteil seiner Zeitgenossen als dämonische Besessenheit galten. Auch diese Texte sind nicht als protokollarische Berichte im Sinne moderner Tatsachendarstellung abgefaßt. Sie weisen die Darstellungsmittel und Anschauungsformen ihrer Zeit auf und haben überdies eine klare Aussageabsicht: *Jetzt werden alle gottwidrigen Mächte, die den Menschen versklaven, vernichtet – jetzt wird das Reich Gottes aufgerichtet.* Diese Heilungen sind *eschatologische Zeichen,* die auf das *endgültige Heil* und die *letztmögliche Vollendung des Menschen* hinweisen.

Der *Gegenwartsbezug* der Wunderberichte wird oft übersehen, weil man sie traditionell als Demonstration der göttlichen Macht Jesu versteht oder sie bloß dem überholten Weltbild zuordnet. Ein ausschließlich historischer Blick auf diese „Zeichen" *verkürzt* ihre anspruchsvolle Botschaft. So fordern die Heilungswunder *nicht nur Zustimmung, sie fordern uns auf, die Not mitzutragen und zu lindern* – sie stehen bis heute im Dienst der Verkündigung. Wir brauchen gewiß nicht den Verständnishorizont der Antike oder einer noch nicht so weit zurückliegenden Vergangenheit übernehmen. Niemand wird heute bei einer Grippeepidemie von einem „Grippedämon" sprechen, oder von einem „Krebsdämon", angesichts der Gefährdung durch diese Krankheit. Die Krankheitsverursachung wurde im Weltbild der Antike, in dem der biblische Mensch lebte, sehr oft so erklärt. Auch jene Fälle, die in der Bibel ausdrücklich als Besitzergreifung durch einen Dämon geschildert werden, sind im Urteil der heutigen Medizin dem Bereich psychischer Leiden einzuordnen. Sollen wir nun aufgrund unserer heutigen Einsichten diese Berichte über Dämonenbannungen als nicht zeitgemäß abtun – oder sollten wir nicht fragen, *welche Botschaft uns heute damit ausgerichtet wird?* Niemand bestreitet, daß der Mensch in seinem Lebensvollzug gefährdet ist. Er ist auf vielfältige Weise verknechtet. Er wird durch Kräfte und Mächte bedroht, deren er sich aus eigener Kraft nicht erwehren kann, über die ihn aber Gott Herr werden läßt – durch die Kraft des Glaubens und durch Menschen, die sich ihm im Namen und Auftrag Christi zuwenden. „Wie der Auftrag ‚heilt Kranke', so gilt darum auch heute noch der Auftrag Jesu ‚treibt Dämonen aus' (Mt 10, 8). Damit wird aber den Menschen des 20. Jahrhunderts nicht geboten, überholte Ausdrucksformen nachzuahmen und auf die Erkenntnisse der Wissenschaft zu verzichten. Überall dort, wo wir Menschen helfen, von ihren ‚Zwängen', ‚Aggressionen', ‚Neurosen', ‚Psychosen' u. ä. frei zu werden, folgen wir bereits dem Auftrag Jesu. Wer sich gequälten Menschen zuwendet, für sie Zeit hat und ihnen hilft, ihrem Leben aus dem Glauben heraus einen Sinn abzugewinnen, der verkündet ihnen zeichenhaft die am Ende unseres Lebens offenbar werdende Macht des Auferstandenen über alle ‚Mächte', die unsere Existenz bedrohen. Wer als gläubiger Christ von der Bedeutung des Gebets überzeugt ist, wird auch in solchen Fällen nicht auf das Gebet verzichten (vgl. Mk 9, 29: ‚Diese Art kann nur durch Gebet ausgetrieben werden'); allerdings ist davon jede magische Beschwörung wohl zu unterscheiden. Da nach biblischer Lehre die Sünde den Menschen am meisten knechtet, ist der vornehmliche Ort des in der Bibel mit ‚Exorzismus' Gemeinten die sakramentale Lossprechung. Wie viele haben es nicht bei sich und anderen erfahren, daß eine gute Beichte befreit" (Jacob Kremer).

Christus – Herr über die Natur

Die Naturwunder, wie Jesu Seewandel, die Stillung des Sturms und die Brotvermehrung, sind Erzählungen mit einem starken Symbolgehalt. Sie wollen *Christus als Weltenherrscher* erweisen. Christus ist ja nicht erst durch seine Menschwerdung mit den Elementen der Natur in Beziehung getreten. Er war, wie Paulus deutlich macht, von Anbeginn „der Erstgeborene der ganzen Schöpfung. Denn in ihm wurde alles erschaffen, das Sichtbare und das Unsichtbare ... Er ist vor aller Schöpfung, in ihm hat alles Bestand" (Kol 1, 15–17). In Christi Auferstehung begann die Heimholung und Umwandlung der Welt. Von diesem *Geheimnis der Welt-Wandlung* spricht der Jesuitenpater und Paläontologe

Teilhard de Chardin, der das kühne Wort vom „kosmischen Christus" geprägt hat.

Die Berichte von den Naturwundern haben aber auch einen tiefen Bezug zum Glauben der Gemeinde, einen „Sitz im Leben der Kirche", wie man auch sagt. So läßt uns der Bericht vom *reichen Fischfang* (Lk 5,4–11) an das *vergebliche Mühen der Menschen* denken; eine Erfahrung, die wir alle kennen. Wenn wir auf Gottes Wort hören und es in die Tat umsetzen, wird uns oft – wider alle Berechnung und Erwartung – reicher Segen geschenkt. Das bedingungslose Vertrauen ist Leitbild für die Gemeinde: „Auf dein Wort hin".

In dem Schiff, das von Christus aus dem Seesturm gerettet wird (Lk 8,22–25), kann die Kirche sich wiederfinden, die in der Nachfolge ihres Meisters der Unsicherheit und dem Sturm ausgesetzt ist. So ist der Bericht über die *Stillung des Seesturmes* letztlich *als Anfrage* an die Christen aller Zeiten zu lesen: „Warum habt ihr solche Angst? Habt ihr noch keinen Glauben?" (Mk 4,40). Der Glaube der Jünger muß im Sturm der Ablehnung und Verfolgung erprobt werden.

Die synoptischen Evangelien berichten von *zwei wunderbaren Brotvermehrungen* (Mk 6,32–44; 8,1–10). Heute nimmt man eher ein einziges Ereignis an, das auf eine unauslöschliche Erinnerung an ein gemeinsames Mahl mit Jesus zurückgeht. Die *Verkündigung des Brotwunders* geschieht im Rückblick auf die *wunderbare Mannaspeisung* der Exodusgeneration, sie will aber auch das *endzeitliche Heil im Zeichen vorwegnehmen.* Gott wird jeden Hunger und Durst stillen! *Jesus* ist der *endzeitliche Mose,* der sein Volk aus vielfältiger Unfreiheit und vor allem aus der Sklaverei der Sünde herausführt, und *zu einem neuen Leben befreit.* Die urchristliche Gemeinde hat in der Verkündigung dieses Speisungswunders das *Geheimnis der Eucharistie* vorgebildet gesehen. Das Bild des Brotkorbes und des Fisches ist in der frühchristlichen Kunst häufig anzutreffen. Diese Zuordnung wird vor allem im Johannesevangelium deutlich, denn dem Wunder der Brotvermehrung (Joh 6,1–15) schließt sich die eucharistische Rede an (Joh 6,22–71).

Christus – Sieger über den Tod

Totenerweckungen werden im Alten Testament den Propheten Elija und Elischa zugeschrieben (1 Kön 17; 2 Kön 4). Jeder dieser Propheten erweckt den Sohn einer Frau, die Witwe war. Außerdem wird ein toter Mann wieder lebendig, den man in das offene Grab des Elischa legt (2 Kön 13). Nach den Evangelien hat Jesus drei Menschen von den Toten erweckt: Die Tochter des Jairus (Mk 5,21–43), den Jüngling von Nain (Lk 7,11–17) und Lazarus (Joh 11,1–44). Den Aposteln Petrus und Paulus schreibt die Apostelgeschichte je eine Erweckung zu (Apg 9; 20). Ein rein historisches Urteil, ob wirklich Tote in das Erdenleben zurückgekehrt sind, kann kaum abgegeben werden: Das Phänomen Tod und das wirkliche Eintreten des Todes ist sogar heute noch nicht vollständig geklärt. So heißt es im Bericht von der Erweckung des Mädchens, Jesus werde von Jairus zur „todkranken Tochter" gerufen (Mk 5,23). Erst bei seinem Eintreffen, das sich etwas hinauszögert, findet Jesus das Mädchen tot. Im Unterschied zu dieser Darstellung erzählt Matthäus, daß Jesus zu einem Mädchen gerufen wird, das „soeben gestorben" ist (Mt 9,18). Auch muß der fließende Sprachgebrauch beachtet werden. Aussätzige wurden im biblischen Denken zuweilen als „Tote" bezeichnet; wer aus Todesgefahr errettet wurde, ist „dem Tod entrissen" worden, er ist „vom Tod ins Leben zurückgekehrt". Die Vor-Ostergeschichte der Auferweckung des Lazarus (Joh 11), die sich nur im Johannesevangelium findet, gipfelt in dem christologischen Bekenntnis: „Ich bin die Auferstehung und das Leben" (Joh 11,25). Die Frage nach der Geschichtlichkeit des Berichtes tritt hier ganz deutlich hinter der Heilsverkündigung zurück: *Jesus Christus ist Herr über Leben und Tod!* Die Totenerweckungen müssen vor allem mit den großen Heilsereignissen des Neuen Testaments zusammengeschaut werden. Glaube und Taufe vermitteln bereits jetzt ewiges Leben: „Wer glaubt, hat das ewige Leben" (Joh 6,47). – „Wir wurden mit ihm begraben durch die Taufe auf den Tod; und wie Christus durch die Herrlichkeit des Vaters von den Toten auferweckt wurde, so sollen auch wir als neue Menschen leben. Wenn wir nämlich ihm gleich geworden sind in seinem Tod, dann werden wir mit ihm auch in seiner Auferstehung vereinigt sein" (Röm 6,4 f.).

Die Wunderberichte im Johannesevangelium sind *Katechesen über die großen sakramentalen Wirklichkeiten,* wie Taufe, Eucharistie und Sündenvergebung. Johannes nennt die Wunder ausschließlich „Zeichen“, durch die den Jüngern die *verborgene Herrlichkeit Jesu* geoffenbart werden soll. So heißt es nach dem Kana-Wunder: „So tat Jesus sein erstes Zeichen, in Kana in Galiläa, und offenbarte seine Herrlichkeit, und seine Jünger glaubten an ihn“ (Joh 2, 11).

Der Tod Jesu

Das Wort vom Kreuz ist denen, die verlorengehen,
Torheit; uns aber, die gerettet werden, ist es Gottes Kraft
(1 Kor 1, 18)

Alle Texte des Neuen Testaments, die vom Leiden und Tod Jesu berichten, sind *grundsätzlich Verkündigung* und haben deswegen kein Interesse im Sinne einer Reportage, eine objektive Ereignisfolge wiederzugeben. Ihr Verkündigungsanliegen ist es, die Angesprochenen zu überzeugen, daß Jesus nach dem Willen Gottes zur *Erlösung der Menschen* gelitten hat und durch seine Auferstehung von Gott beglaubigt wurde. Es handelt sich um ein *eschatologisches Heilsgeschehen,* das alle Menschen betrifft, ja alle daran beteiligt, weil Gott die Menschheit in ihrer Schuld nicht umkommen lassen will, sondern sie erlöst, indem er „seinen Sohn in den Tod dahingibt" (vgl. Joh 3,16; Röm 4,25; 8,32; Lk 24,26).

Die Evangelisten gestalten dieses „Wort vom Kreuz" *erzählerisch* aus. Sie berichten uns, wie Jesus nach Jerusalem zieht, um dort nach dem Willen des Vaters zu sterben. Die Leidensankündigungen Jesu haben die Aufgabe, dieses Verständnis vorzubereiten, das in den Worten an die Emmausjünger dann ganz deutlich ausgesprochen wird: „Alles muß in Erfüllung gehen, was im Gesetz des Mose, bei den Propheten und in den Psalmen über mich geschrieben ist ... So steht es in der Schrift: Der Messias wird leiden und am dritten Tag von den Toten auferstehen, und in seinem Namen wird man allen Völkern, angefangen in Jerusalem, verkünden, sie sollen umkehren, damit ihre Sünden vergeben werden" (Lk 24,44 ff.).

Gelitten unter Pontius Pilatus, gekreuzigt, gestorben und begraben
Unser Glaubensbekenntnis macht diese prägnanten Aussagen vom Ende des Lebens Jesu, ohne sie zu deuten. Pontius Pilatus war von 26 bis 36 n. Chr. römischer Statthalter von Judäa; sein Name kommt im Neuen Testament 55mal vor. Wahrscheinlich

im Jahre 30 hat Pilatus Jesus zum Tod am Kreuz verurteilt. Unter der römischen Besatzungsmacht erlitten viele Juden den Kreuzestod, eine römische Strafe für Kapitalverbrechen, vor allem für Aufruhr gegen den Kaiser. Wenn Pilatus genannt wird, so soll das zum Tode führende Leiden Jesu *datiert* werden und als ein die *Öffentlichkeit und die Welt betreffendes Ereignis* unterstreichen. Die Schuld des Verurteilten wurde auf einer Tafel angegeben: „Jesus von Nazaret, König der Juden" (Joh 19, 19). Das sollte heißen, dieser Jesus ist des Todes schuldig, weil er sich als „König der Juden" *gegen die Herrschaft Roms* erhoben hat. Nach den Berichten der synoptischen Evangelien wird Jesus in der Osternacht vor das Synedrium, die höchste religiöse Instanz der Juden in Jerusalem, gestellt. Er wird des Todes schuldig befunden und dem Statthalter Pilatus mit der Anklage übergeben, ein *politischer Unruhestifter* zu sein.

Der *Prozeß* gegen Jesus, sowohl vor dem Synedrium als auch vor Pilatus, läßt sich *nicht mehr rekonstruieren.* Es ist unwahrscheinlich, daß sich der gesamte Hohe Rat, noch dazu in der Paschanacht (so nach den Angaben der Synoptiker), im Haus des Hohepriesters versammelt und Jesus in einer oder zwei nächtlichen Verhandlungen zum Tode verurteilt hat. Die heftigen Auseinandersetzungen mit den Pharisäern über Auslegungen des Gesetzes und seine Hinwendung zu den Außenseitern der guten Gesellschaft dürfen auch *in keinen direkten Zusammenhang* mit seinem Kreuzestod gebracht werden. Polemische Auseinandersetzungen waren damals an der Tagesordnung, wie die Vielzahl religiöser Gruppen zur Zeit Jesu bezeugt. Vom historischen Standpunkt ist eher anzunehmen, daß die Gruppe der Sadduzäer, der Priesteradel, dem auch der Hohepriester angehörte, an der Beseitigung Jesu ein unmittelbares Interesse hatte. Diese Kreise, deren Positionen von einem möglichst guten Verhältnis zur römischen Herrschaft abhängig waren, mußten in Jesus eine Gefahr sehen. Denken wir an die Beifallsrufe der Festpilger, die Jesus beim Einzug in Jerusalem als „Sohn Davids" begrüßten. Diese Huldigung war eine *politisch gefährliche Manifestation*, der gegenüber die Römer hellhörig waren. Die Tempelreinigung, gleich welche prophetische Handlungen Jesus tatsächlich gesetzt haben mag, mußte die Priesterschaft provozieren und auch die Römer, denen der Schutz des Heiligtums oblag, auf den Plan rufen. Prophetische Worte gegen den Tempel, vielleicht die Prophezeiung dessen Zerstörung, können ebenfalls Priesterkreise zum Vorgehen gegen den ungebetenen Propheten aus Galiläa veranlaßt haben.

In der Darstellung der viel später verfaßten Evangelien wird die schmerzhafte Trennung und die gegenseitige Abgrenzung von Kirche und Synagoge in die Zeit Jesu zurückprojiziert und nicht selten der Eindruck erweckt, daß alle Gruppen, mit denen Jesus Streitgespräche führte, an seiner Verurteilung mitgewirkt hätten. Die Hintergründe, die zum Prozeß Jesu führten und die an ihm beteiligten Gruppen, müssen zurückhaltend und differenziert beurteilt werden.

Hat Jesus mit seinem gewaltsamen Tod gerechnet, und wie hat er ihn gedeutet?

Die „Leidensweissagungen", die den Eindruck einer deutlichen *Nachzeichnung der Passionsgeschichte* geben, sind sicher in dieser Form von den Evangelisten Jesus in den Mund gelegt worden (z. B. Mk 10, 33 f.). Doch gibt es auch Worte Jesu, die, eher verhüllend aber doch deutlich genug, *seine Todesahnung* und seine Bereitschaft, den Tod anzunehmen, *bezeugen.* Auf die Bitte der Zebedäussöhne um die Ehrenplätze im Reiche Gottes hat Jesus geantwortet: „Könnt ihr den Kelch trinken, den ich trinke, oder die Taufe, mit der ich getauft werde, empfangen?" (Mt 20, 22; vgl. Lk 12, 50). Die Taufe ist hier ein Bild für das *Untertauchen im Tode,* während der Kelch im hebräischen Sprachgebrauch das Los zum Guten wie zum Bösen meinen kann. Wenn Jesus von seinen Jüngern die Bereitschaft verlangt, „ihr Kreuz zu tragen" (Mk 8, 34), so ist damit zuerst die *konkrete Gefahr* gemeint, in die sie sich begeben, auf einem Römerkreuz zu sterben, eine Gefahr, die Jesus eben auch für sich sehr realistisch sah.

Das *Gleichnis von den Weinbergpächtern* (Mt 21, 33–44), die zuerst die Knechte des Besitzers ermorden und dann auch den Sohn erschlagen, bezeugt in *verhüllender Erzählung sowohl das einzigartige Sohnesbewußtsein* Jesu als auch seine *Todesbereitschaft.* Dem Gleichnis, das gar nicht „gut ausgeht" (der Sohn wird erschlagen, die Pächter zur Strafe getötet und der Weinberg anderen übergeben), wird das Hoffnungswort aus Psalm 118, 22 angefügt: „Der Stein, den die Bauleute verworfen haben, ist zum Eckstein geworden."

Am ehesten erfahren wir etwas über die konkrete Deutung, die Jesus seinem unmittelbar bevorstehenden Tod gegeben hat, aus den Abendmahlsüberlieferungen, die sich trotz mancher Unterschiede darin einig sind, daß Jesus mit dem Brot und Wein *sich und seine Todeshingabe* bezeichnet habe (Mt 26, 26–28; Mk 14, 22–24; Lk 22, 15–20; 1 Kor 11, 23–25). Besonders aufschlußreich ist ein Jesuswort, das nur Lukas vor den Deuteworten über Brot und Wein überliefert, nämlich das „Enthaltungsgelübde": „Denn ich sage euch: von nun an werde ich nicht mehr von der Frucht des Weinstocks trinken, bis das Reich Gottes kommt" (Lk 22, 18). In der Abendmahlsüberlieferung des Lukas hat Jesus *angesichts des Todes sein Mahl mit den Jüngern* als *wirksames Zeichen für das kommende Reich Gottes* angeboten.

Die Bedeutung des Todes Jesu wird in Bildern ausgesagt

Die Deutungen des Leidens und Sterbens Jesu, wie sie im Neuen Testament ihren Niederschlag gefunden haben, sind nur in *Zusammenschau mit seiner Auferweckung* möglich geworden. Im Lichte der Auferstehung, durch die Gott der Vater sich zum Leben und Sterben Jesu bekannt hat, erkennen die ersten Christen, daß *Jesu Tod herausragt* aus der Schar der Märtyrer Israels, die so wie er zur „Heiligung des Namens" dieses Schicksal erlitten hatten. Die Deutung des Todes Jesu, die im Rückgriff auf Bilder und Vorstellungen aus dem Alten Testament gegeben werden, bereiten uns heute manche *Verständnisschwierigkeiten.* Das liegt daran, daß uns die verwendeten Bilder nicht mehr so geläufig sind wie dem antiken – biblischen – Menschen.

Eine Gefahr einseitiger Vorstellungen über die Heilsbedeutung des Todes Jesu liegt darin, die bildhaften Vergleiche, in denen das Neue Testament den Tod Jesu deutet, zu isolieren und aus dem Zusammenhang herauszureißen. Es handelt sich außerdem um *Kurzformeln* und *Bekenntnisse,* die für sich allein die volle Bedeutung des Todes Jesu nicht aussagen können. Dazu einige Beispiele dieser Bekenntnisse:

Jesus ist das „Lamm Gottes, das die Sünden der Welt hinwegnimmt“ (Joh 1,29). Er ist der „Menschensohn“, der nicht gekommen ist, „um sich dienen zu lassen, sondern um zu dienen und sein Leben hinzugeben als Lösegeld für viele“ (Mk 10,45). Wie in der Antike Sklaven durch ein Lösegeld freigekauft werden konnten, so hat Jesus die Menschen durch sein Sterben „freigekauft“ aus dem *Machtbereich des Todes.* Die Sphäre des Todes meint in biblischer Schau die *Gottferne,* alles, was den Menschen unfrei macht, das *moralische Übel,* gleicherweise wie die *Krankheit* und das *Sterbenmüssen.* Deswegen mahnt Paulus die Christen, nicht wiederum der Menschen Knechte zu werden, denn „ihr seid teuer erkauft“ (1 Kor 7,23). Im Johannesevangelium stehen beide Sphären, Leben und Tod, Licht und Finsternis, einander gegenüber. Durch seine Hingabe bis in den Tod hat Jesus die *Macht des Todes* gebrochen. So ist das letzte Wort Jesu am Kreuz, „es ist vollbracht“, als *Sieg* zu verstehen (Joh 19,30).

So mannigfaltig die Deutungen auch sind, sie haben alle eine Aussage gemeinsam, nämlich das „für uns“. Dieses „für uns“ muß aber vom *ganzen Leben* Jesu ausgesagt werden, es gilt nicht nur punktuell für seine Passion.

Stellvertretung und Sühne

In der Gestalt des „leidenden Gottesknechtes“, der geheimnisvollen Person eines Gerechten, der als Unschuldiger verfolgt und gemartert wird, und dadurch die *Schuld anderer* auf sich nimmt, sehen die ersten Verkünder den Auftrag Jesu *vorgezeichnet* und *in seiner Todeshingabe erfüllt:* „Aber er hat unsere Krankheiten getragen und unsere Schmerzen auf sich geladen. Wir meinten, er sei von Gott geschlagen, von ihm getroffen und gebeugt. Doch er wurde durchbohrt wegen unserer Verbrechen, wegen unserer Sünden zermalmt. Zu unserem Heil lag die Strafe auf ihm, durch seine Wunden sind wir geheilt ... Doch der Herr fand Gefallen an seinem zerschlagenen Knecht, er rettete den, der sein Leben als Sühnopfer hingab“ (Jes 53,4f. 10).

In unserem Glaubensbekenntnis könnte die dramatische Abfolge der Aussagen „geboren, gelitten, gekreuzigt, gestorben und begraben“ zu dem Mißverständnis führen, als ob Jesus nicht für das Leben, sondern nur für das schreckliche Leiden am

Kreuz geboren worden wäre. Es könnte sein Leiden von seinem Leben isoliert werden. Das „stellvertretende Leiden“ muß als „stellvertretendes Leben“ – als *Leben ganz für Gott und für uns* – verstanden werden. Jesu Treue und Liebe, die sein messianisches Leben bestimmen, finden in seiner Todeshingabe ihre letzte Konsequenz und ihren stärksten Ausdruck. Er, der die Menschen für das Reich seines Vaters gewinnen will und in dessen Leben die „Güte und Menschenfreundlichkeit Gottes“ erschienen ist, wird in die *Solidarität menschlicher Bosheit* hineingetaucht. Diese „Sünderliebe“ Gottes, die Jesus lebt und die ihm den Tod bringt, meint der Apostel Paulus, wenn er schreibt: „Er hat den, der keine Sünde kannte, für uns zur Sünde gemacht, damit wir in ihm Gerechtigkeit Gottes würden“ (2 Kor 5,21).

Wenn das Neue Testament, besonders der Hebräerbrief, den *Opferkult des Tempels* im Tode Jesu erfüllt sieht, so dürfen wir hier *keine starren Parallelen* ziehen. Eine Sühnetheologie, nach der es um die *Wiederherstellung* der von den Menschen *verletzten Ehre Gottes* geht, interpretiert an den Texten vorbei. Schon im alttestamentlichen Opferverständnis ist es *Gott selbst*, der durch verschiedene Opferriten den Menschen die *Sühne anbietet* und den *Weg zur Versöhnung mit ihm* zeigt. Weil die Opfer Israels und der Völker als Ausdruck der *Hingabe*, des *Dankes* und des *Gehorsams* Gott dargebracht wurden, kann Jesus in seiner gelebten und erlittenen Hingabe an Gott als *Erfüllung dieser Opfer* angesehen werden. In seinem „Gehorsam bis zum Tode“ (Phil 2,8) vollendet sich *seine Hingabe;* daher liegt der Gedanke an das beim Tieropfer vergossene Blut nahe, das als wirksames Zeichen der Sühne den Menschen *die Gemeinschaft mit Gott* schenkt.

Gott hat die Welt mit sich versöhnt

Seitdem es das Bekenntnis zu Christus gibt, haben sich Gläubige zur Feier der Eucharistie versammelt. Das früheste Zeugnis dafür finden wir bei Paulus: „Denn sooft ihr von diesem Brot eßt und aus dem Kelch trinkt, verkündet ihr den Tod des Herrn, bis er kommt“ (1 Kor 11,26). Alle Überlieferungsformen der Abendmahlsworte sind sich darin einig, daß Jesus mit dem Brot und Wein *sich und seinen Tod* bezeichnet habe. In den Worten über den Kelch wird die *Heilsbedeutung des Todes* verkündigt: „Dieser Kelch ist der Neue Bund in meinem Blut, das für euch ausgegossen wird" (Lk 22,20). Bluthingabe meint *Lebenshingabe.* Das Trinken des Kelches wird zum Ritus des neuen Bundesschlusses, der *Gemeinschaft mit Christus* und *Anteil an seiner Lebenshingabe* schenkt. Die Sündenvergebung ist mit der Verheißung und Erwartung eines *neuen Bundes* verbunden (vgl. Jer 31,31–34). Matthäus stellt das ausdrücklich fest, indem er die Worte anfügt „... das für viele vergossen wird, zur Vergebung der Sünden".

Die *Initiative zur Versöhnung* geht von Gott aus, und sie will *alle Menschen erreichen.* Das Blut, das für viele vergossen wird (Mt 26,28; Mk 14,24), bedeutet nach jüdischem Sprachgebrauch wohl „alle". Aus Gottes großer Liebe empfangen die Menschen Versöhnung (Röm 5,10). Wir alle sind berufen, „mit Jesus auferweckt" zu werden und in der Herrlichkeit Gottes zu leben. Im Römerbrief spricht Paulus diese Einladung Gottes immer wieder aus: „Wißt ihr denn nicht, daß wir alle, die auf Christus getauft wurden, auf seinen Tod getauft worden sind? Wir wurden mit ihm begraben durch die Taufe auf den Tod; und wie Christus durch die Herrlichkeit des Vaters von den Toten auferweckt wurde, so sollen auch wir als neue Menschen leben" (Röm 6,3–5).

Im *Ostergeschehen,* in Tod und Auferstehung Jesu, ist *unser Heil* begründet. Daß der Getaufte „mit Christus gestorben ist", bedeutet, daß er am Tod Jesu, d.h. an seiner Treue und Lebenshingabe teilhat, die der Vater mit seiner Auferweckung beantwortet hat. Diese *Gabe* der neuen, unverdienten Gemeinschaft mit Gott bleibt aber auch *Aufgabe,* die in der Nachfolge Jesu gelebt werden muß; deswegen mahnt Paulus sehr eindringlich: „So sollt auch ihr euch als Menschen begreifen, die für die Sünde tot sind, aber für Gott leben in Christus" (Röm 6,11).

Der mitleidende Gott

Heute wird man auch dem Einwand begegnen müssen, warum das Leiden Jesu *mehr wiege,* ja *einzigartig* sein soll angesichts des ungeheuren Leidens der Menschheit. Wenn wir das Menschsein Jesu ganz ernst nehmen, so wird es unmöglich, sein Leiden grundsätzlich von dem anderer Menschen zu unterscheiden. Das Bekenntnis, daß er „für uns gelitten hat", soll nicht von der *Lebenswirklichkeit der leidenden Menschen* ablenken, mit denen sich Jesus identifiziert hat. Würde man die Intensität des Leidens und Sterbens Jesu messen oder vergleichen wollen, so könnte man auf den Gedanken verfallen, daß Jesus als Sohn Gottes über besondere Möglichkeiten verfügte, das Leiden *zu überwinden,* so daß es ihn gar nicht in seiner vollen Bitterkeit treffen konnte. Der Tod Jesu könnte so *verharmlost* werden. Wenn Christus den Tod überwunden hat, so muß dieses Bekenntnis zu ihm *mächtige Impulse freisetzen,* Menschen aus der Todessphäre – aus den verschiedenen Formen der verschuldeten und unverschuldeten Sklaverei – herauszuhelfen, Kreuze tragen und verhindern zu helfen.

Jesu Leiden und Tod sind *nicht zu trennen von der Menschheit,* deren Sohn er ist, sie reichen aber auch hinein *in die Gottheit* selbst. Einem philosophischen Gottesbild ist der Gedanke eines „mitleidenden" Gottes fremd. Die Bibel des Alten Testaments verkündet uns schon den „Gott mit uns", der das Elend der Menschen sieht, ihr Schreien hört und herabsteigt, um sein Volk zu befreien (vgl. Ex 3,7 ff.), der nicht nur *zum Mitleid,* sondern auch *zum Mitleiden fähig ist,* und der über seinen „Herzensliebling" ein Klagelied anstimmt (Jer 12,7 ff.). So dürfen wir auch vom *Mitleiden Gottes* mit dem Gekreuzigten sprechen und davon, daß der Vater den Weg der Passion Jesu in äußerster Ohnmacht mitging. Er ist der „Gott mit uns" im Tode Jesu und in unserem Tod, und er will der „Gott mit uns" sein, der *heiles Leben allen Menschen schenkt,* die ihr Leben an das des treuen Knechtes Jesu binden.

Erlösung – Befreiung wovon und wofür?

Du, Herr, bist unser Vater,
„Unser Erlöser von jeher" wirst du genannt
(Jes 63, 16)

In einer Welt, in der Kinder verhungern, Menschen unterdrückt und ausgebeutet werden, das Recht des Stärkeren Geltung hat und der Lebensraum Erde unwohnlich gemacht wird – mitten in dieser Welt behaupten Menschen, daß sie *erlöst* sind. Unserem christlichen Denken ist der Begriff „Erlösung" sehr vertraut. Wir bekennen uns zu Jesus Christus, unserem *Erlöser,* obwohl uns das gar nicht so leicht fällt zu erklären, *wovon* wir erlöst und *wofür* wir frei geworden sind. Um die Erlösung – das Herzstück christlichen Glaubens – tiefer zu verstehen, müssen wir zuerst das Zeugnis von Gottes *Erlösungstaten* im Alten Testament hören. Ein geistiger Nachfahre des Propheten Jesaja nennt JHWH *unseren Erlöser von Anbeginn* (Jes 63, 16).

Loskauf aus Ägypten

In der Sprache der Bibel liegt der Erlösung die Vorstellung eines *Loskaufs* zugrunde, der den Menschen die verlorene Freiheit wiedergibt, und zwar durch eine Leistung, wodurch der Versklavte ausgelöst wird. Der *Loskauf der Erstgeburten* ist ein uralter Ritus, der tief in die Religionsgeschichte hineinreicht: Alle Erstgeburten von Mensch und Tier galten als Eigentum Gottes, deswegen mußten alle menschlichen Erstgeburten von JHWH losgekauft werden. In Verbindung mit dem Paschafest gewinnt dieser Loskauf einen neuen religiösen Sinn: Israel ist der Erstgeborene Gottes, das Volk, das *Gott selbst* losgekauft hat, während die Erstgeburt Ägyptens dem Tod verfiel. In den Berichten über den Auszug aus Ägypten, die im Buch Exodus miteinander verknüpft sind, und in immer wiederkehrenden Zeugnissen der Bibel erscheint *diese* Erlösungstat Gottes als *Urdatum* der Geschichte Israels. Die Berufung auf dieses *befreiende Handeln* gehört zur Selbstvorstellung Gottes am Anfang des Dekalogs: „Ich bin JHWH, dein Gott, der dich aus Ägypten geführt hat, aus dem Sklavenhaus. Du sollst neben mir keine anderen Götter haben“ (Dtn 5,6f.).

Die älteren Texte sprechen nur von der Herausführung und Befreiung Israels. Das Deuteronomium beschreibt das göttliche Tun im *Bild des Loskaufs:* Gott hat eingegriffen, um Israel, seinen Sohn, seinen Erstgeborenen, aus der Knechtschaft loszukaufen. Diese Erlösung ist eine *Liebestat* JHWHs, die das ganze Volk umfaßt. Israel wird *losgekauft, ausgesondert* und *herausgenommen* aus seinem Sklavendasein. *Erlösung* und *Erwählung* liegen hier sehr nahe nebeneinander.

„Weil der Herr euch liebt und weil er auf den Schwur achtet, den er euren Vätern geleistet hat, deshalb hat der Herr euch mit starker Hand herausgeführt und euch aus dem Sklavenhaus freigekauft, aus der Hand des Pharao, des Königs von Ägypten“ (Dtn 7,8). In anderen biblischen Büchern wird die Befreiungstat Gottes an einzelnen Menschen ebenso „Loskauf“ genannt (z.B. Ps 36,6; 55,19).

Auslösung der Verwandtschaft

In den prophetischen Texten der Exilzeit wird das Erlöserwirken Gottes durch einen Begriff aus dem israelitischen Familienrecht zur Sprache gebracht. Der *go'el* hatte bestimmte Pflichten seinen Nahverwandten gegenüber zu erfüllen: Er mußte das verkaufte oder verpfändete Familienerbe *zurückkaufen* und die Verwandten aus der Sklaverei *auslösen,* dem verstorbenen, kinderlos gebliebenen Bruder mußte er die *Leviratspflicht* leisten, d.h. die Witwe als Gattin nehmen, um dem Toten die Nachkommenschaft zu sichern. Im Buch Rut werden diese Verpflichtungen von Elimelech eingelöst, der als *go'el* die Moabiterin Rut heiratet und das Familiengut zurückerwirbt.

Als JHWH sein Volk aus Ägypten herausführte und erwählte, hatten sich *Familienbande* zwischen ihm und den Seinen gebildet. Er hat sein Volk *an Kindes Statt angenommen* und sich mit ihm *vermählt.* Um dieser Bindung willen tut JHWH in zärtlicher Liebe alles für sein Volk, was von einem Nahverwandten erwartet werden kann.

Für den Propheten, der das Ende der Babylonischen Verbannung ankündigt, ist JHWH der *go'el* seines Volkes, der seinen Verwandtschaftspflichten nachkommt und sein Volk rettet: „Fürchte dich nicht, denn ich habe dich ausgelöst, ich habe dich beim Namen gerufen, du gehörst mir" (Jes 43,1). „Du bist doch unser Vater; denn Abraham weiß nichts von uns, Israel will uns nicht kennen. Du Herr bist unser Vater, ‚Unser Erlöser von jeher' wirst du genannt" (Jes 63,16). „Kann denn eine Frau ihre Kinder vergessen, eine Mutter ihren leiblichen Sohn? Und selbst wenn sie ihn vergessen würde: ich vergesse dich nicht" (Jes 49,15). JHWH erlöst Jerusalem aus seiner Witwenschaft und wird Sion neue Nachkommen erwecken: „Freue dich, du Unfruchtbare, die nie gebar, du, die nie in Wehen lag, brich in Jubel aus und jauchze! Denn die Einsame hat jetzt viel mehr Söhne als die Vermählte ... Denn dein Schöpfer ist dein Gemahl ... Der Heilige Israels ist dein Erlöser" (Jes 54,1–5).

Die Bibel des Alten Testaments spricht von Erlösung in Begriffen, die den Menschen damals vertraut waren. Gott erlöst sein Volk, ähnlich wie ein Sklave aus der Knechtschaft losgekauft und zu eigen genommen wird. Seine Erlösung ist wie das Eingreifen des nächsten Verwandten, der liebevoll für die Befreiung der Seinen eintritt und ihr Hab und Gut auslöst. JHWHs Wirken befreit Israel *nicht nur* aus politischen Fesseln zu einem neuen und glücklichen Leben in seinem Land, er schenkt auch *aufs neue seine Bundeshuld,* Vergebung der Schuld und die Fülle an Gotteserkenntnis. Von einer *irdisch-materiellen Erlösung* im Alten Testament, im Gegensatz zur *Erlösung von der Sünde* im Neuen Bund zu sprechen, ist einfach *falsch,* da die Bundesliebe Gottes, die Umkehr Israels und die Tilgung seiner Schuld immer auch die Voraussetzungen für ein befreites und glückliches Leben des Gottesvolkes sind.

Durch Tod und Auferstehung Jesu hat Gott die Welt mit sich versöhnt

Das Erlöserwirken Gottes in der Geschichte Israels lieferte den neutestamentlichen Zeugen die Bilder und Vergleiche, in denen sie kundtun konnten, was Gott für sie getan hat, als er ihnen seinen Sohn schenkte, der sein Leben hingab, um die Menschheit loszukaufen. Im Neuen Testament wird Jesus *nicht ausdrücklich* Erlöser genannt. In einer sinngemäßen Entsprechung ist er der *go'el seiner Freunde*, denn als *Bruder*, der selbst in Versuchung geführt wurde und gelitten hat, kann er denen helfen, die in Versuchung geführt werden (vgl. Hebr 2,17f.), und „es gibt keine größere Liebe, als wenn einer sein Leben für seine Freunde hingibt“ (Joh 15,13).

Heute hat sich das Schriftwort *erfüllt*, verkündet Jesus in der Synagoge seiner Heimatstadt, nachdem er den Text aus Jesaja vorgelesen hat: „Der Geist des Herrn ruht auf mir, denn der Herr hat mich gesalbt. Er hat mich gesandt, damit ich den armen eine gute Nachricht bringe; damit ich den Gefangenen die Entlassung verkünde und den Blinden das Augenlicht; damit ich die Zerschlagenen in Freiheit setze und ein Gnadenjahr des Herrn ausrufe“ (Lk 4,18f.). Das *Gnadenjahr* des Herrn ist das im Gesetz des Mose vorgesehene große Erlaßjahr (Jobeljahr) und meint hier den *Anbruch* des endzeitlichen Heils, die *umfassende Befreiung* der Menschen. Die Heilungswunder Jesu und die Vergebung der Schuld, die er ausspricht, sind *Zeichen* des Anbruchs dieser Befreiung (vgl. Mt 11,5; Lk 13,16).

In Jesus von Nazaret hat Gott einen neuen, alles entscheidenden Anfang gesetzt, der in der Auferstehung zur Vollendung kommt. *Gott selbst* ist dabei immer der *eigentlich* Handelnde. Auch im Neuen Testament ist *der Vater* der Erlöser, der unsere Fesseln löst, der die Welt mit sich versöhnt und sich in Liebe und Erbarmen um die Seinen annimmt. Jesus *der Sohn*, der Knecht Gottes wie kein anderer und unser Bruder, *vollzieht* in seiner Hingabe bis in den Tod *diesen Erlöserwillen* Gottes.

In einem sehr frühen Bekenntnis der Kirche, das Paulus schon als Überlieferung empfangen hat, heißt es: „Christus ist für unsere Sünden gestorben, gemäß der Schrift und ist begraben worden. Er ist am dritten Tag auferweckt worden, gemäß der Schrift und erschien dem Kefas, dann den Zwölf“ (1 Kor 15,3–5). Die Urkirche weiß, daß der *Tod Jesu* in engem Zusammenhang mit der *Unheilsituation* der Menschen steht. Dieses Unheil ist nach alttestamentlichem Denken *Folge der Schuld* des Menschen. In der Ablehnung des Angebots Jesu, die zu seiner Kreuzigung führte, wirkte sich diese *Macht des Unheils* in letzter

Konsequenz aus. Durch das Erleiden des Todes und durch seine Überwindung in der Auferstehung hat Jesus Christus die *Verstrickung* des Menschen in Sünde und Tod *aufgebrochen.* Tod und Auferstehung Jesu haben uns erlöst! Wenn es in dem Text sogar zweimal heißt, daß Christus „gemäß der Schrift" diesen Weg für uns gegangen ist, dann ist nicht eine bestimmte Schriftstelle gemeint, sondern das gesamte Alte Testament als *Zeuge* für Gottes Treue und liebenden Heilswillen.

Exodus aus der Herrschaft des Todes

Das Osterereignis wurde von den ersten Zeugen als die *entscheidende Machttat* Gottes an dem Gekreuzigten erfahren, als *göttliche Beglaubigung* und *Annahme* seines Lebens und Sterbens. Israel hat JHWHs *schöpferische Liebe* immer wieder erfahren dürfen; er ist fähig auch ein „totes" und hoffnungsloses Volk zu neuem Leben zu erwecken (vgl. Ez 37). Die Erwählung Israels und seine Befreiung aus der Knechtschaft werden in den Bildern des „Loskaufs" und als *persönliches Engagement* Gottes geschildert. Die Auferweckung Jesu *überbietet* alles Bisherige. Die Erweckung des gekreuzigten Jesus von Nazaret zu neuem und vollendetem Leben läßt ahnen, welche *Lebensfülle* Gott uns schenken will. Der lebendige Gott *erweist* seine Lebenskraft darin, daß er *aus dem Bereich des Todes,* mit allen seinen Spielarten, die in der Gottferne aufgipfeln, *herausführen* kann. – Die Auferweckung Jesu durch den Vater ist Erweis seiner Treue zum geliebten und gehorsamen Sohn (Phil 2,8 f.) und zugleich zu den Brüdern und Schwestern Jesu, die seinen Weg nachgehen und dem „Anführer des Lebens" (Apg 3,15) folgen. Da Jesus ganz und endgültig beim Vater ist, kann er uns einen *neuen Zugang* zu Gott und neue *Intensität* der Gemeinschaft mit ihm und dem Vater eröffnen. Durch Glaube und Taufe gewinnen Christen Anteil an der Auferstehung Jesu, geführt von ihm können sie ausziehen aus der Knechtschaft der Sünde und des Todes.

Der Lösepreis

Das *„Für-uns-sein"* Jesu ist in der Auferstehung zu einer letzten Vollendung gekommen. Dieses „Für-uns-sein" ist der *Verständnishorizont,* in dem das Neue Testament Leben und Tod Jesu deutet. In Anknüpfung an die Frohbotschaft des Alten Testaments vom Loskauf Israels durch JHWH wird Christus der „Preis unseres Loskaufs“ (1 Kor 6,20; 7,23), „Mittler“ zwischen Gott und den Menschen und „Lösepreis“ (1 Tim 2,5 f.) genannt. Als Wort Jesu wird uns überliefert: „Der Menschensohn ist nicht gekommen, um sich dienen zu lassen, sondern um zu dienen und sein Leben hinzugeben als Lösegeld für viele“ (Mt 20,28). Vergessen wir nicht, daß im Alten Testament *niemals vom Lösegeld die Rede war,* wenn das von Gott gewirkte Heil mit einem Loskauf verglichen wurde. Gott kauft sein Volk aus reiner Gnade los (vgl. Ps 130). Wenn Christus im Namen und Auftrag des Vaters als „Loskäufer“ in das Unheil der Menschen hinabsteigt, und auch vor dem gewaltsamen Tod nicht zurückweicht, sondern ihn als der Knecht Gottes erleidet, so wird seine Hingabe mit der er als *go'el* seine Aufgabe an uns erfüllt, *bildhaft* zum „Lösepreis“. Der Vergleich darf nicht überstrapaziert werden, denn er wird dann problematisch, wenn gefragt wird, *wem* der Preis zu entrichten war. Da Christus die Menschen aus der Unheilsphäre rettet und loskauft, müßte konsequent daran gedacht werden, daß er dem Satan ein Lösegeld gezahlt hätte. Das wäre eine völlig *widersinnige* Vorstellung. Aber auch Gott dem Vater wird der „Lösepreis“ *nicht entrichtet,* etwa zur Besänftigung seines Zornes. Diese Vorstellung wäre wirklich ein Zurück hinter die Erlösungsbotschaft der Propheten. Das Erlöserwirken Jesu ist immer in der *Zusammenschau* von seinem Leben, Leiden und seiner Auferweckung zu sehen, wobei der Vater immer auch *der Handelnde* bleibt. Wenn man das nicht tut, gerät man leicht in die Sackgasse eines *einseitigen* Opferverständnisses.

Wenn Paulus den Korinthern schreibt, daß sie „teuer erkauft“ wurden (1 Kor 6,20; 7,23), dann will er ihnen sagen, wie *teuer* sie in den Augen Gottes sind, der sich durch seinen Knecht Jesus um sie *persönlich* angenommen hat. Beide Male handelt es sich um die Mahnung, die neue geschenkte Freiheit der Erlösten nicht leichtfertig zu verspielen. Die geschenkte Versöhnung und der neue Zugang zu Gott *verpflichten* die Christen, ein Leben zu führen, das des Herrn würdig ist, ein Leben der Auferweckten (Röm 6,1–14).

Als Auferweckte leben

Die Theologie hat sich sehr gründlich mit dem Ostererlebnis der Jünger und dem Auferstehungsglauben der ersten Zeugen beschäftigt, doch letztlich werden uns nicht historische Erwägungen den Osterglauben näherbringen. *Heute* sind wir eingeladen, die zündende Glaubenserfahrung der Jünger *selbst* zu machen. Wenn Jesus lebt, dann hat auch unser Leben *keine letzte Grenze,* sondern reicht hinein in die *grenzenlose* Liebe Gottes. Die Hoffnung auf die Auferweckung der Toten, der Glaube an das Zerbrechen der Todesschranken läßt uns *gerade nicht* das Interesse an dieser Welt verlieren. Paulus verkündet uns die Gewißheit, daß wir mit Christus *auferweckt sind* (Kol 3,1). Die Erlösung vom Tod ist eine *Befreiung zum Leben,* das *jetzt schon* begonnen hat. Wenn wir aus dieser Hoffnung heraus unser Leben gestalten, wenn wir Güte und Liebe verwirklichen und das Todbringende bekämpfen, verwirklichen wir die Erlösung vom Tod, d.h., *wir leben schon* in der Auferstehung. Der Kampf gegen das Todbringende heißt konkret, sich einsetzen für Versöhnung, Gerechtigkeit, Frieden und Freiheit, es heißt, Kreuze verhindern und tragen helfen und Elend, Krankheit und Diskriminierung bannen. Darin liegt das *soziale Engagement* des Auferstehungsglaubens und zugleich das *Zeugnis,* daß wir wahrhaft mit Christus auferstanden sind. Hier kann unsere Hoffnung anschaulich, lebendig und für andere *erfahrbar* werden. „Wir wissen, daß wir aus dem Tod in das Leben hinübergegangen sind, weil wir die Brüder lieben. Wer nicht liebt, bleibt im Tod“ (1 Joh 3,14).

Der Glaube an den Auferstandenen ist der Glaube daran, daß die Liebe das letzte Wort hat. Das, was scheinbar unwiderstehlich die Welt durchdringt – Lüge, Bosheit, Gewalt und Verknechtung – hat *nicht endgültig Macht* über den Menschen. Jesus von Nazaret hat es durch sein „Leben für andere“ überwunden und sein Sterben ist zu einem Sieg des Lebens und der Liebe geworden. Ostern ist die freudige Feier, daß der alte Sauerteig der Bosheit und Schlechtigkeit hinausgeschafft wurde und wir eine *neue Schöpfung* geworden sind (2 Kor 5,17). Paulus knüpft an den Ritus des Paschafestes an, da wird vor dem Festbeginn der alte Sauerteig vernichtet. Das Neue, zu dem Gott sein Volk führt, erfordert, das Alte zurückzulassen.

Theologie der Befreiung
Das Erlösungswirken Gottes besitzt eine so tiefe Dimension, daß es nicht ein für allemal ausgelotet und verstanden werden kann. So ist auch in unserer Zeit ein neuer Reichtum der Osterbotschaft entdeckt worden. Die Befreiungstheologie, die in Lateinamerika entstanden ist, zeigt uns, vielleicht wie nie zuvor, zu welchem *sozialen Engagement* der Auferstehungsglaube führt und zu welcher *Solidarität* der Glaubenden mit den Entrechteten und Gedemütigten der Gesellschaft er befähigt.

Die Erlösung wurde vor allem auf zwei Bereiche bezogen: Auf die *Vergebung der Sünden* in diesem Leben und auf die *Befreiung vom Tod* im Jenseits. Dem irdischen Wohl, d. h. der gottgewollten Entfaltung des Menschen, der nach dem Bild Gottes erschaffen ist, wurde in dieser Spiritualität der *bloßen Innerlichkeit* keine wichtige Rolle eingeräumt. Irdisches Wohl und ewiges Heil wurden oft sogar als *Gegensätze* betrachtet, und das Leben galt als Jammertal. Die Erwartung der endgültigen Erlösung darf aber nicht dazu führen, diese Welt abzuwerten, da die Christen von dem *neuen Anfang,* den Gott gesetzt hat, *Zeugnis* geben sollen; ein Zeugnis, das als Befreiung und Liebe *erlebbar* werden muß.

Die Heilsgeschichte umfaßt diese irdische Welt ganz und gar, sie hat bloß ihren *Fluchtpunkt* und ihr *Ziel* in der überirdischen Welt Gottes. Die Theologie der Befreiung hat die Hoffnung unterdrückter und ausgebeuteter Menschen, die durch die biblische Botschaft geweckt wurde, aufgegriffen. Sie bemüht sich, die Gründe des sozialen Elends aufzuzeigen und Wege zur Beseitigung der Not zu suchen; es ist eine Not, die mit den Strukturen des Unrechts gewachsen ist. Auf eine Kurzform gebracht: Die Armut und Ausbeutung, unter der Lateinamerika besonders leidet, *widerspricht* der Botschaft von der Erlösung. Vielfältige Sünde, privater und kollektiver Egoismus, hat diese Situation verursacht. Diese Sünde aber muß *dort* beseitigt werden, wo sie *einwurzelt,* nämlich im Denken des Menschen und in den politischen und wirtschaftlichen Strukturen. Das Ausmaß der Sünde und des Elends kann nicht durch Wohltätigkeit der Reichen gegenüber den Armen beseitigt werden. In dieser Situation sind Erlösung und Befreiung *nicht* zu trennen. Die Liebe Gottes, die uns in Christus geschenkt wurde, muß erlebbar werden in der

Vergebung der Sünden untereinander, aber auch im politischen Kampf gegen die gewachsenen Strukturen der Sünde, die vielen Menschen ein menschenwürdiges Dasein verweigert.

Die Befreiungstheologie weiß sich dem *Urmodell der Erlösung,* dem Exodus Israels aus Ägypten, besonders *verpflichtet.* Hier geschieht eine *ganzheitliche* Befreiung, hinter die der christliche Erlösungsglaube nicht zurückgehen darf. Die politische Befreiung aus dem Sklavenhaus führt zum Bundesschluß am Sinai, zur *Vollendung* der Befreiung. Wie man in dieser Freiheit lebt, ohne einander zu knechten, wie Brüderlichkeit vor Gott konkret werden kann, wird dem Volk in den Geboten des Bundes gelehrt. So *offenbaren* Bundesschluß und Befreiung aus Ägypten Gott als Erlöser und Befreier. Es ist eine Bewegung, in der Innerlichkeit und politisches Handeln, Brüderlichkeit und Gottesdienst voneinander *nicht getrennt* werden können. Leben und Botschaft Jesu liegen auf derselben Linie der *ganzheitlichen Befreiung:* Er erlöst von der Sünde und befreit von ihren Folgen, indem er Kranke heilt, den Außenseitern und Verlorenen Mut macht und Haß und Ungerechtigkeit brandmarkt und besiegt. Auf dem Weg zur Erlösung, die noch aussteht, müssen heute *Zeichen der Erlösung* gesetzt werden. Der Kampf gegen Elend und Ausbeutung und jede Arbeit an einer menschlicheren Welt sind zugleich *Vorzeichen* der endgültigen Begegnung mit dem Herrn: „Er wird in ihrer Mitte wohnen, und sie werden sein Volk sein; und er, Gott, wird bei ihnen sein. Er wird alle Tränen von ihren Augen abwischen: Der Tod wird nicht mehr sein, keine Trauer, keine Klage, keine Mühsal. Denn was früher war, ist vergangen" (Offb 21,3f.).

Tod und Auferstehung

Der Tod ist nicht das Ende des Glaubens,
sondern der Glaube ist das Ende des Todes

In der Mitte unseres Glaubens steht das Bekenntnis zu Christus, den der Vater von den Toten erweckt hat. Der Glaube an die Auferstehung der Toten wurde zur Zeit Jesu von den konservativen Ṣadduzäern heftig bestritten, von den Pharisäern sowie von Jesus mit dem Hinweis auf die Schrift gelehrt und verteidigt. Erst in sehr späten Texten des Alten Testaments finden wir klare Zeugnisse einer Auferstehungshoffnung (z. B. Jes 26, 19; Dan 12, 2; Makk 7). Israel hat seine Hoffnung über den Tod hinaus nicht wie die Griechen in der Auffassung von der Unsterblichkeit der Seele ausgesprochen, sondern in der Gewißheit, daß die Gemeinschaft mit JHWH – seiner Bundestreue wegen – nicht durch den Tod beendet werden kann. Die Toten werden erweckt, weil JHWH die Macht hat, auch an ihnen seine Lebens-Verheißung zu erfüllen.

Die Toten sind fern vom Segen und Leben Gottes
Im Alten Testament wird die Tatsache, daß jeder Mensch sterblich ist, aus der Schöpfungsgeschichte erklärt: Vom Staub ist der Mensch genommen, zum Staub muß er zurückkehren (Gen 2,7; 3,19). Der Mensch vergeht wie die „Blume des Feldes" (Ps 103, 15). Für die Israeliten ist der Tod zwar beklagenswert, wird aber als Gegebenheit hingenommen. Das Leben ist für sie höchstes Gut, ihr Ziel „alt und lebenssatt" zu werden, bedeutete ihnen besondere Gnade. Die Verheißungen an die Erzväter Israels, die eine besondere *Gottesnähe, göttlichen Schutz, zahlreiche Nachkommen* und *das Land* als Lebensraum zusagen, sind *Lebensverheißungen,* ohne daß in ihnen eine Möglichkeit jenseitigen Heiles anklingt. Wider alle Hoffnung schenkt Gott Leben (vgl. Gen 12, 1–7; 15, 1–21). *Leben heißt lo-*

ben und danken in der Gegenwart Gottes. In der Unterwelt (Scheol) gibt es kein Gotteslob mehr. Der Tod wurde nicht nur als Verlust des Lebens, sondern auch als Verlust der lebendigen Beziehung zu Gott angesehen: „Denn bei den Toten denkt niemand mehr an dich. Wer wird dich in der Unterwelt noch preisen?" (Ps 6,6.)

Weite Teile der Bibel kennen keine Auferstehungserwartung. Ein langes und glückliches Leben im Verheißungsland ist der Inbegriff des von Gott geschenkten Heiles. Auch die Ankündigung eines *neuen Bundes* (Jer 31,31), der *ewig* und *endgültig* sein wird (Jer 32,40f.), ändert an dieser „irdischen Heilshoffnung" noch nichts. Das Heil wird dem ganzen Bundesvolk zugesagt, ohne daß über den physischen Tod des einzelnen Menschen nachgedacht wird.

Der Glaube führt aus dem Tod heraus

Wenn man im alten Israel vom Tod sprach, verstand man aber keineswegs darunter nur den physischen Tod. Im Deuteronomium, in verschiedenen Psalmen (Ps 37) und in der Weisheitsliteratur (Spr 1–9) finden wir die Auffassung von einer „Sphäre des Todes", die auf den *Bereich der Sünde* eingegrenzt werden kann. Das Volk unter dem Gericht, seiner Heimat, des Tempels und damit der Gottesnähe beraubt, befindet sich in diesem Todesbereich. Die Ferne vom verheißenen Leben und Segen Gottes bedeutet schon den Tod. Der Sünder steht im Bereich des Todes, er ist Gott ferne. Der *dem Gottesbund Treue* befindet sich im *Bereich des Lebens.* Der leibliche Tod ist eine Spielart *der Gottferne.*

Im Johannesevangelium findet sich eine ähnliche Auffassung vom Todesbereich. Wer sich im widergöttlichen Bereich befindet, ist dem Tod verfallen, aber jeder, der lebt und an Christus glaubt, wird ewig nicht sterben (Joh 11,25). – „Amen, amen, ich sage euch: Wer mein Wort hört und dem glaubt, der mich gesandt hat, hat das ewige Leben; er kommt nicht ins Gericht, sondern ist aus dem Tod ins Leben hinübergegangen ... Die Stunde kommt, und sie ist schon da, in der die Toten die Stimme des Sohnes Gottes hören werden; und alle, die sie hören, werden leben" (Joh 5,24f.).

Diese „Auferweckung“ meint die *Neugeburt des geistlich toten Menschen* durch den *lebendigen* Gott.

Im Neuen Testament ist der *Tod* neben der *Sünde* das, worin sich am anschaulichsten die *Unerlöstheit* der Welt äußert. Dadurch, daß Jesus Christus den Tod auf sich genommen hat, hat sich der Tod für den Christen verändert. Er steht vor dem Menschen nicht als ein Letztes; durch Christi Auferstehung wird er Tor zum unverlierbaren Lebensbesitz. Gerade das Evangelium nach Johannes betont den Besitz des Lebens, der durch den Glauben an Christus geschenkt wird. *Der Tod ist demnach nicht das Ende des Glaubens(-Lebens), sondern der Glaube (das Leben aus dem Glauben) das Ende des Todes.*

Auferweckung, weil Gott treu ist

Weil der gläubige Israelit in allen Anfechtungen und Leiden seine Hoffnung allein auf Gott setzte, mußte er sich die Frage stellen, ob die Zugehörigkeit zu Gott, mit dem man so vertraut im Gebet sprach, in der Stunde des Todes endet, oder ob sie nicht über das Sterben hinausreichen wird. Wird der Gott, der die Seinen durch das finstere Tal geleitet, auch am anderen Ende des Weges stehen? Diese Frage, die in Gebeten und Psalmen der Bibel immer wieder anklingt, verlangte nach einer bejahenden Antwort. In den harten Kämpfen, die die Juden im zweiten Jahrhundert v. Chr. gegen die syrisch-hellenistische Überfremdung durchstehen mußten, stellte sich das bedrängende Problem, ob die im Kampf gefallenen Gerechten auch am *zukünftigen Heil* teilhaben würden. An der untadeligen Glaubenstreue der Opfer war nicht zu zweifeln, und doch hatte der Himmel nicht rettend eingegriffen. In dieser Situation entdeckte das felsenfeste Vertrauen auf Gottes Wort eine tiefere Dimension der Lebensverheißung. In der Märtyrerlegende von den sieben Brüdern und ihrer Mutter legt der Jüngste dieses Bekenntnis ab: „Unsere Brüder sind nach kurzem Leiden mit der göttlichen Zusicherung ewigen Lebens gestorben ...“ (2 Makk 7,36). Das „Erbarmen Gottes für seine Knechte“ (2 Makk 7,6) besteht darin, daß der *Gesetzestreue* aus dem Bund nicht herausfällt, auch im Tod nicht, den er gerade für den erklärten Gotteswillen erleidet, sondern der *Verheißung des Bundes* teilhaftig wird. Der Glaube an die

Auferstehung hat sich aus der alten biblischen Lebens-, Land- und Segensverheißung entfaltet sowie aus der Hoffnung auf die Macht des Bundesgottes.

Das Argument Jesu

In einem Streitgespräch mit Jesus versuchten die Sadduzäer, die Auferstehungserwartung lächerlich zu machen. Ein Fall wird konstruiert, der diese Hoffnung widerlegen soll (Mk 12, 18–27). Von sieben Brüdern, die der Reihe nach unerwartet starben, nahm jeder dieselbe Frau als Ehegattin, ohne Kinder zu hinterlassen. (Das Alte Testament schreibt vor, wenn ein Mann kinderlos sterbe, so soll sein Bruder die Witwe zu sich nehmen und heiraten, um seinem Bruder Nachkommen zu verschaffen.) Nun wird an dieses Beispiel die Frage geknüpft, wie es bei der Auferstehung der Toten sein werde, an wessen Seite dann die Frau gehört, die nacheinander mit sieben Männern verheiratet war.

Jesus entzieht dieser Beweisführung die Grundlage: Die Auferstehung der Toten bringt nicht eine *jenseitige* Verlängerung der *diesseitigen* Verhältnisse mit sich. Bei der Auferstehung der Toten gibt es nicht mehr Heiraten und Geheiratet-Werden, da werden die Erweckten wie die Engel des Himmels sein (Mk 12, 25). Das heißt wohl, in Gottes Welt wird es nicht so zugehen wie auf Erden. Nun schließt Jesus sein *postitives Argument* an, durch das die Hoffnung auf die Auferstehung der Toten begründet wird. In der Schrift heißt es doch: „Ich bin der Gott Abrahams, der Gott Isaaks und der Gott Jakobs" (Ex 3, 6). Es ist nicht zufällig, daß Jesus zum Beweis der Auferstehung auf die Selbstbenennung Gottes nach den drei ersten Verheißungsträgern der israelitischen Geschichte hinweist und daraus schließt, daß Gott nicht der Toten, sondern der Lebenden Gott ist. Denn wenn Gott die Namen der Väter nennt, so zeigt er damit an, daß er nicht nur ihr Gott war, sondern auch ihr Gott ist. Lukas fügt hinzu: „denn für ihn sind alle lebendig" (20, 38). Gott läßt die Seinen nicht im Stich, er steht zu seinem Wort und ruft sie aus dem Tod ins Leben. Weil Gott der *Gott der Lebendigen* ist, darum gibt es also eine Auferstehung der Toten. Einer anschaulichen Beschreibung bedarf es nicht. Wer *bei ihm* ist, befindet sich *im Leben.* Das zu wissen, genügt.

Christozentrik der Hoffnung
Unser Glaube an die Auferstehung der Toten, wie wir ihn in den Glaubensbekenntnissen der Kirche aussprechen, ist eine *Antwort* auf das Verlangen und die Sehnsucht des Menschen nach einem *nie endenden Leben.*

Dieser Glaube wächst aus der Zuversicht, die wir aus der Offenbarung schöpfen, daß Gott uns treu ist und uns auch im Tod nicht untergehen läßt: *weil er das einmal mit uns begonnene Gespräch in Ewigkeit weiterführen will.* Das *Neue,* das vom *Neuen Testament* in die Hoffnung auf ewiges Leben eingebracht wird, besteht in der *Gemeinschaft mit Christus,* dem auferstandenen Herrn. In seiner Person hat Gott sich in die menschliche Lebensgeschichte hineinbegeben, um sie zur vollen Wirklichkeit des Daseins und zur Vollendung zu führen. Deswegen ist christliche Jenseitshoffnung auf die Person Jesu Christi bezogen und ohne ihn undenkbar. Die Verheißung, *bei ihm* sein zu können und *mit ihm* der Gemeinschaft mit Gott teilhaft zu werden, ist die *Mitte der Hoffnung,* von der her die Erwartung der *Wiederkunft Christi* und der *Auferstehung der Toten* zu verstehen ist. „In seiner Auferweckung ist unsere Zukunft mit verheißen. Was mit Jesus geschehen ist, das steht uns als sicheres Hoffnungsziel bevor, ja, das wirkt jetzt schon in uns als Kraft des Geistes vorweg ... Das Ziel, das wir erhoffen, ist darum letztlich die Gemeinschaft mit dem auferstandenen Herrn. Eben das meint auch das Bildwort von der Wiederkunft Christi, vom Kommen des Herrn in Herrlichkeit. Darin ist zum Ausdruck gebracht: Das Kommen Christi zu uns und unser Kommen zu ihm ... Wäre darum Jesus nicht auferweckt worden, gäbe es zwar menschliche Hoffnung, aber sie bliebe zutiefst unsicher und letztlich unentscheidbar, neben der Verzweiflung. Darum ist die Auferstehung Christi Grund, Kern- und Angelpunkt aller christlichen Hoffnung. Das bringt Paulus zum Ausdruck, wenn er sagt: ‚Wäre Christus nicht auferweckt, so wäre unser Glaube nichtig ...'" (Gisbert Greshake).

Ein phantastisches *Ausmalen der Auferstehung,* d.h. der Rettung unseres Lebens in das unvergängliche Leben Gottes hinein, findet in der Bibel keinen Anhalt. Wenn schon unsere Worte versagen, so um so mehr jene Bilder, die darstellen, wie die Toten am Jüngsten Tag aus ihren Gräbern steigen. So dürfen wir uns

Auferstehung nicht vorstellen. Auferstehung bedeutet nicht Rückkehr in ein irdisches Dasein, als ob der zum Leben Erweckte irgendwie weiterlebt, wie er vorher lebte. Auferstehung bedeutet auch nicht die Rückkehr der unsterblichen Seele zu Gott. In dem Bekenntnis „ich glaube an die Auferstehung der Toten" wird verkündet, daß nicht nur ein Teil des Menschen, nicht nur die Seele Vollendung findet, sondern *die einmalige Person eines Menschen von Gott endgültig angenommen wird.* „Auferstehung des Leibes" wird von W. Breuning so gedeutet: „Gott liebt mehr als die Moleküle, die sich im Augenblick des Todes im Leib befinden. Er liebt einen Leib, der gezeichnet ist von der ganzen Mühsal, aber auch der rastlosen Sehnsucht einer Pilgerschaft, der im Laufe dieser Pilgerschaft viele Spuren in einer Welt hinterlassen hat, die durch diese Spuren menschlich geworden ist ... Auferweckung des Leibes heißt, daß von alldem Gott nichts verloren gegangen ist, weil er den Menschen liebt. Alle Tränen hat er gesammelt und kein Lächeln ist ihm weggehuscht. Auferweckung des Leibes heißt, das der Mensch bei Gott nicht nur seinen letzten Augenblick wiederfindet, sondern seine Geschichte."

Die Wirklichkeit Gottes ist größer als unsere Vorstellung
Über Wahrheiten, die nicht in unseren menschlichen Erfahrungsbereich fallen, wie das Leben nach dem Tod, kann man nicht anders als in bildhaften Vergleichen sprechen. Jesus ist ein Meister der Gleichniserzählung. Durch allgemein bekannte Dinge des Alltags (z. B. Sauerteig, Senfkorn, Hochzeitsfest) will er uns *die Wirklichkeit Gottes veranschaulichen.* Bilder sind im Vergleich zur Wirklichkeit aber immer schwach und unzureichend. Es geht bloß um einige Vergleichspunkte. Wenn im Bild des Hochzeitsfestes der Himmel dargestellt wird, so wird sich sicher niemand daran stoßen, daß der Himmel eben unendlich viel mehr beinhaltet als die Freuden einer schönen Feier. Die Freude, die Festlichkeit, Liebe und Gemeinschaft als Charakteristika einer Hochzeit werden zu gedanklichen Ansätzen gemacht, sich *das Fest, das Gott uns bereiten wird,* vorzustellen. Genauso bildhaft ist es, von einem „Gericht Gottes" zu sprechen. Gott braucht sicher keine Zeugen einzuladen, Verteidiger sind nicht

nötig, nach einem Gesetzeskodex muß nicht vorgegangen werden. Das, was aber mit dem Gericht gemeint ist, ist eine unumstößliche Wahrheit, die aber weit größer und unaussprechlicher ist, als das Bild menschlicher Gerichtsbarkeit. Der Mensch, der im Tod sein Leben zurückgibt, darf erkennen, wie gut oder wie schuldhaft unzureichend er den Auftrag Gottes in seinem Leben ausgeführt hat, oder mit den Worten des Herrn zu sprechen, er muß Rechenschaft über die ihm anvertrauten Talente geben. Auch die Rede von einem *allgemeinen Gericht*, zu dem am Ende der Tage alle Menschen, die je gelebt haben, versammelt werden, birgt eine unaufgebbare Wahrheit, nämlich, daß Gottes Gerechtigkeit und Liebe allen Geschöpfen offenbar werden soll, und daß der Mensch weder im Leben noch nachher als einzelner vor Gott steht; immer ist er auch *eingebunden in die Menschheitsfamilie als Mittragender und Mitverantwortlicher.* In der *Lehre vom allgemeinen Gericht* geht es um den *Sozialbezug* des Menschen. *Persönliches* und *allgemeines Gericht* sind zwei Aspekte ein- und desselben Handeln Gottes.

Da es im Jenseits kein Zeitmaß gibt, ist es widersprüchlich zu meinen, die Seele müsse noch bis zum Tode des letzten Menschen warten, um dann erst am Jüngsten Tag durch die Auferstehung vollkommen in Gottes Gemeinschaft und Liebe zu sein. Unsere Auferstehung, die wir im Glauben an den Ostersieg Jesu erhoffen, heißt *Vollendung des ganzen Menschen*, seiner *einmaligen Persönlichkeit*, durch die *Liebe und Allmacht Gottes.* Nach dem „Wann" zu fragen, ist eigentlich falsch, da es in dem anderen Leben keine Zeitabläufe gibt. So dürfen wir glauben, daß die Auferstehung des Menschen zum ewigen Leben im Augenblick des Todes beginnt, wobei eine letzte Läuterung dadurch keineswegs ausgeschlossen wird. Weil der biblisch orientierte Glaube die Auferstehung des Menschen durch die *Kraft Gottes* im Blickfeld hat, und diese Auferstehung *im Tod selbst* angenommen werden kann – wenn man den Zeitbegriff nicht ins Jenseits hineintragen will –, deswegen spricht man heute weniger von einem Zwischenzustand der *unsterblichen Seele* nach dem Tod. Daß der zur ewigen Gemeinschaft mit Gott bestimmte Mensch in seinem *Person-Kern*, den wir Seele nennen, vom Schöpfer *zur Unsterblichkeit veranlagt* wurde, ist sicher auch unsere Glaubensüberzeugung. Die Botschaft von den „letzten Dingen“ kann uns nur in vergleichenden Bildern vermittelt werden, an denen wir aber nicht kleben dürfen, denn die Wirklichkeit Gottes ist immer größer und unser Sprechen darüber ist und bleibt ein Stammeln. Wer zuviel über die Welt Gottes zu wissen glaubt, weiß im Grunde weniger. Das „Geheimnis“ der Offenbarung, das sich nur den Glaubenden enthüllt, gilt besonders für die Verheißung der *kommenden Welt Gottes:* „Wir verkünden, wie es in der Schrift heißt, was kein Auge gesehen und kein Ohr gehört hat, was keinem Menschen in den Sinn gekommen ist: das Große, das Gott denen bereitet hat, die ihn lieben“ (1 Kor 2,9).

IV.

Die Kirche
Gottes Volk darf nicht seßhaft werden

Kirche – Volk Gottes

Die Anfänge nicht aus den Augen verlieren

Die Kirche im Volk Israel verwurzelt und vorgebildet

Die Wurzeln der Kirche Christi reichen tief in die Heilsgeschichte hinein: „Viele Male und auf vielerlei Weise hat Gott einst zu den Vätern gesprochen durch die Propheten; in dieser Endzeit aber hat er zu uns gesprochen durch den Sohn ...“ (Hebr 1,1f.). „Sie (die Kirche) bekennt, daß alle Christgläubigen als Söhne Abrahams dem Glauben nach in der Berufung dieses Patriarchen eingeschlossen sind und ... das Heil der Kirche geheimnisvoll vorgebildet ist.“ (Zweites Vaticanum: „Nostra aetate“). Aus der Sicht des Apostels Paulus ist Israel der edle Ölbaum, auf den die wilden Zweige aufgepfropft werden. Er meint mit diesem Bild die Heiden, denen durch Christus die *Teilhabe am Volk Gottes* geschenkt wird und die deswegen keinen Grund zur Überheblichkeit haben dürfen, denn, „nicht du trägst die Wurzel, sondern die Wurzel trägt dich“ (Röm 11,18). Die Kirche ist *nicht etwas vollkommen Neues,* sie ist nicht geschichtslos, sondern *gründet* in der Erwählung Israels. Sie begreift sich als *Vollendung aller Bündnisse,* die der liebende Gott zuerst mit Abraham und dann mit dem Volk Israel durch die Vermittlung des Mose geschlossen und im Laufe der Heilsgeschichte immer wieder erneuert hat. Wir werden das Wesen unserer Kirche besser begreifen können, wenn wir *ihren Wurzeln nachgehen* und Israel, den edlen Ölbaum, kennen und lieben lernen.

In den Konzilstexten wird die Kirche *pilgerndes Volk Gottes* genannt, dessen Urbild Israel ist. Die Hebräer waren unterdrückte Sklaven in Ägypten. Erst als diese Menschen unter Führung des Mose befreit wurden und gemeinsam durch die Wüsten der Sinaihalbinsel zogen, wuchsen sie zu einem Volk zusammen. Sie erlebten JHWH als *sorgenden Vater,* der sie in der Wüste gespeist und ihnen am Sinai seinen göttlichen Willen geoffenbart hat. Noch sind sie nicht seßhaft, und doch wissen sie, daß Gott ihnen ein Land verheißen hat, in dem Milch und Honig fließen. Nach vielen Irrwegen und Enttäuschungen stehen sie am Jordan und beginnen unter Josua, das Land in Besitz zu nehmen. In der Wüste hat dieses Volk seinen Gott *kennengelernt* und *erfahren,* daß er sie *führt* und *für sie da ist.*

Die Kirche ist im Auszug des erwählten Volkes aus Ägypten geheimnisvoll vorgebildet. Wie ist das zu verstehen? Auch unsere christliche Existenz fängt im Haus der Knechtschaft an. Wenn wir bewußt als Eigentum und Volk Gottes leben wollen, müssen wir uns aus der Sklaverei der Sünde retten lassen. Im Durchzug durch das Schilfmeer sieht die Kirche die Taufe vorgebildet, die uns dem Volk Gottes eingliedert. In der Osternachtliturgie, in der ja der *Ursprung der Kirche* in Tod und Auferstehung Christi gefeiert wird, werden diese *uralten Heilstaten Gottes* immer wieder verkündet. Damals war Mose der Führer des Gottesvolkes; unser *Anführer zum Heil* ist Christus. So wie Mose sein Volk speiste und ihm auf göttlichen Befehl hin Wasser aus dem Felsen schlug, so sorgt Christus für uns durch das Brot des Lebens, damit wir auf unserem Pilgerweg stark bleiben.

Die Kirche versteht sich heute wie Israel als *wanderndes Gottesvolk;* damit will sie den Charakter ihrer *Vorläufigkeit* zeigen. Früher hat man die Kirche triumphalistisch das „Haus voll Glorie" genannt. Sie ist aber kein starres Gebilde, sie ist als Volk Gottes unterwegs, sie muß immer wieder den Weg für ihre Gläubigen suchen und den *Weg zu den Menschen heute* einschlagen. Sie ist *nur Vorbereitung* auf das Gottesreich der Vollendung und darf sich deshalb an keine Kultur, an keine Nation und an keine Politik verkaufen.

Die Kirche ist wie das Volk Israel unterwegs, dem Ziel des verheißenen Landes entgegen. Dieses Land als Heilsgabe Gottes ist für uns das Reich Gottes, um dessen Kommen wir im „Vaterunser" beten. Die Kirche selbst ist *noch nicht* dieses „Reich Gottes", sie will uns *dorthin führen.* Eine Kirche, die auf äußere Machtmittel verzichtet, eine arme Kirche, die sich immer wieder an ihrem biblischen Urbild orientiert, wird eine *glaubwürdige* und *menschenfreundliche Gemeinschaft* sein – *Volk Gottes unterwegs.*

Kirche in der Zerstreuung

Die Geburt der Kirche aus dem Schoß Israels und schließlich die Spaltung des einen Gottesvolkes in Synagoge und Kirche gehört zu den tiefsten und erschütterndsten Glaubensspaltungen, die es gegeben hat. Aber Gott hat Israel, das er erwählt hat, nicht verstoßen, „denn unwiderruflich sind Gnade und Berufung, die Gott gewährt" (Röm 11, 29). Gerade der Weg des jüdischen Volkes, das trotz der Zerstreuung und Verfolgung „Volk" geblieben ist, kann der Kirche zum Zeugnis dafür sein, daß Leiden nicht nur Strafe, sondern auch Erwählung und Gnade bedeutet.

Vielleicht wird die Kirche in Zukunft mehr als bisher als *Kirche in der Zerstreuung* (Diaspora) leben müssen – in der pluralistischen Gesellschaft, in Konfrontation mit dem Atheismus und im Gegenüber mit anderen Weltanschauungen und Religionen. Die Kirche lernt die Situation der Juden im babylonischen Exil und in der Zerstreuung heute ebenso kennen. Der Aufruf des biblischen Beters an sein Volk gilt auch den Christen in der Welt von heute: „Bekennt euch zu ihm vor allen Völkern, ihr Kinder Israels, denn er selbst hat uns unter die Völker zerstreut" (Tob 13, 3) – d. h., legt Zeugnis ab von eurer Hoffnung und eurem Glauben.

Bilder von der Kirche

Die biblischen Bilder, die das Wesen der Kirche deuten, beschreiben sie als *Initiative Gottes zum Heil aller Menschen,* als *Gabe,* die zugleich auch *Aufgabe* der Menschen bleibt.

Das Volk Gottes ist eine „heilige Versammlung" (Ps 74, 2; Apg 20, 28). Seine Glieder sind eine „heilige Priesterschaft", die ganz zu Gottes Dienst gerufen ist (1 Petr 2, 9–10). Die Kirche ist auch der *Weinberg Gottes.* Wie der Winzer die Weinstöcke pflegt, damit sie Frucht bringen, so sorgt Gott für seine Kirche (Jes 5, 1–4; Joh 15, 1–5). Wie der Tempel aus vielen Steinen erbaut war, so erbaut Gott seine Kirche aus „lebendigen Steinen", den Gläubigen (1 Petr 2, 5). Auch die *Herde* ist ein Bild für die Kirche. Das Johannesevangelium redet von Jesus, dem guten Hirten (Joh 10, 1–18; vgl. Ez 34). Im Epheserbrief wird die Kirche mit einer *Braut* verglichen, die von Christus *wie von einem Bräutigam* geliebt wird (Eph 5,26; vgl. Hos 2,18–22). In einigen paulinischen Schriften wird die Kirche mit einem *Leib* verglichen, der aus *vielen Gliedern* besteht und *Christus als Haupt* hat. Immer bleibt die Kirche eine Wirklichkeit, die *größer* ist als ihre Bilder, weil sie zum unauslotbaren Geheimnis des Gottessohnes gehört, wie der Hymnus des Kolosserbriefes bekennt: „Er ist vor aller Schöpfung, in ihm hat alles Bestand. Er ist das Haupt des Leibes, der Leib aber ist die Kirche“ (Kol 1,17f.).

Lukas berichtet von den Ursprüngen der Kirche

Das Lukasevangelium und die Apostelgeschichte stammen von einem Autor; beide Werke werden lukanisches Geschichtswerk genannt. Von einem Autor, dessen Werk weit über ein Drittel des Neuen Testaments umfaßt und der als einziger in der Apostelgeschichte ein Stück Kirchengeschichte bringt, sind grundlegende Aussagen über das Werden der Kirche zu erwarten. In der Sicht des Lukas hat sich die Kirche *im Laufe der Geschichte Gottes mit den Menschen entfaltet.* Sie fängt nicht als neue Glaubensgemeinschaft plötzlich und unvorbereitet an, sie ist nur in Kontinuität mit dem erwählten Volk Israel zu begreifen. Bald nach Ostern begegnen wir einem wachsenden Kreis von Juden, zu dem dann immer mehr Heiden hinzukommen, die Jesus als Messias bekennen, seine Auferweckung bezeugen und seine Wiederkunft erwarten. Diese Menschen verstehen sich als „Gemeinde“ (ekklesia = Kirche). So wird auch das Bundesvolk Israel genannt: *Gemeinde Gottes – heilige Versammlung. Wie ist diese Gemeinde entstanden,* und *wer ist ihr Gründer?* Diesen Fragen wollen wir an Hand einiger Textzeugnisse nachgehen (Die Darstellung folgt Gerhard Lohfink, „Die Sammlung Israels“).

„Er wird groß sein und Sohn des Höchsten genannt werden. Gott, der Herr, wird ihm den Thron seines Vaters David geben. Er wird über das Haus Jakob in Ewigkeit herrschen, und seine Herrschaft wird kein Ende nehmen“ (Lk 1,32f.).

In der Kindheitsgeschichte Jesu (Lk 1,5 – 2,40), einer Sammlung von Erzählungen, die Lukas bereits übernommen hat, begegnen wir immer wieder der *heilsgeschichtlichen Größe* „Israel“. Da es sich um Texte handelt, die im Rückblick von einem *christ-*

lichen Erzähler für eine Christengemeinde geschrieben wurden, sind diese Israel-Aussagen für das Kirchenbild sehr aufschlußreich. Wenn hier verheißen wird, daß Jesus über das „Haus Jakob" herrschen wird, ist damit *nicht nur das alttestamentliche Gottesvolk* gemeint, *sondern auch die neutestamentliche Gemeinde.* Die Verheißung des Thrones Davids weist auf die in der Auferweckung erfolgte *Inthronisation und Erhöhung Jesu* hin, wie das später als Erfüllung in der Petrusrede deutlich ausgesprochen wird (Apg 2,30). Die christliche Gemeinde hielt an der Kontinuität mit dem Israel der Vergangenheit fest und verstand sich als *erneuertes Israel, über das der Auferstandene und Erhöhte herrscht. Johannes der Täufer hatte die Aufgabe, das Volk* auf das endzeitliche Kommen Gottes *vorzubereiten,* das Jesus für Gott endgültig sammeln wird (Lk 1,17).

„Er nimmt sich seines Knechtes Israel an und denkt an sein Erbarmen, das er unseren Vätern verheißen hat, Abraham und seinen Nachkommen auf ewig" (Lk 1,54f.).

Gott nimmt sich Israel an, indem er durch Jesus das alte Bundesvolk *erlöst* und wiederaufrichtet. Jetzt erfüllen sich die Verheißungen, die am Anfang der Geschichte des Gottesvolkes den Vätern gegeben wurden. Die Zusage „ich werde ihnen Gott sein" (Gen 17,8) wird jetzt *endgültig* und *unwiderruflich eingelöst.* Die messianische Erneuerung wird aber auch eine große Scheidung bewirken: Die *Hochmütigen,* die Gottes Angebot nicht annehmen, *werden zerstreut,* die Demütigen wird er *erhöhen und aufrichten* (vgl. Lk 1,52). Für die Christen, die sich dem endzeitlichen Israel zugehörig wußten, war diese Verheißung *nicht nur Zusage, sondern auch Mahnung,* nicht selbst in Stolz und Hochmut zu verfallen.

„Denn meine Augen haben das Heil gesehen, das du vor allen Völkern bereitet hast, ein Licht, das die Heiden erleuchtet, und Herrlichkeit für dein Volk Israel" (Lk 2,30–32).

Das Lied des Simeon wirft einen Blick auf die Heidenwelt. Die Worte sind aus der *Perspektive der Heidenmission* geschrieben, die in der Apostelgeschichte begründet und erzählt wird (vgl. Apg 13,47). Gottes Heilswirken, das jetzt durch Jesus in Israel beginnt, wird auch die Heiden erleuchten und sie zu Gott führen. Indem die Heiden *Jesus als Messias erkennen,* wird Israel, das erstberufene Volk, verherrlicht. Das erinnert an die Verheißung der Völkerwallfahrt zum Berg Zion: *Die Völker finden durch Israel zu Gott* (vgl. Jes 25,6 ff.).

„Ein großer Prophet ist unter uns erstanden. Gott hat sein Volk gnädig heimgesucht" (Lk 7,16).

So reagieren die Zuhörer auf Predigt und Wirken Jesu. Im Lukasevangelium erscheint das Volk *in einer positiveren Haltung Jesus gegenüber* als bei Markus: „Er lehrte in ihren Synagogen und wurde von allen gepriesen (4,15) – „das ganze Volk hing an ihm und hörte ihn gern" (19,48) – nach der Kreuzigung schlugen die Volksscharen an die Brust und kehrten heim (23,48). Es ist eine *stilistische Eigenart* des Lukas, immer vom „Volk" zu sprechen, das sich um Jesus versammelt, um seine Botschaft zu hören. Wie in den Texten vom Exodus erscheint hier das Volk als *heilsgeschichtliche Größe, es hört, spricht* und *handelt.* Sicher hat Jesus während seines kurzen, öffentlichen Wirkens nicht alle Kreise in Israel ansprechen können. Lukas will deutlich machen, daß Jesu Zuhörerschaft *ganz Israel* repräsentiert, und daß aus diesem Israel *die Kirche* wurde. Um diese Kontinuität herauszustellen, berichtet er nur von Erscheinungen des Auferstandenen in Jerusalem, und läßt die Tätigkeit der Apostel in Jerusalem beginnen, dort, wo Jesus sein Wirken beendet hat.

„Er sagte zu ihnen: So steht es in der Schrift: Der Messias wird leiden und am dritten Tag von den Toten auferstehen, und in seinem Namen wird man allen Völkern, angefangen in Jerusalem, verkünden, sie sollen umkehren, damit ihre Sünden vergeben werden. Ihr seid Zeugen dafür" (Lk 24,46–48).

Jesus hat die *Sammlung Israels begonnen* und den guten Samen ausgestreut, doch die Ernte konnte er nicht selbst einbringen. So war es „der Schrift gemäß", d. h. der *Wille Gottes,* daß erst nach seinem Tod und seiner Auferstehung allen Völkern die Umkehr und die Vergebung der Sünden gepredigt werde.

„Petrus antwortete ihnen: Kehrt um, und jeder von euch lasse sich auf den Namen Jesu Christi taufen zur Vergebung der Sünden; dann werdet ihr die Gabe des Heiligen Geistes empfangen ... Die nun, die sein Wort annahmen, ließen sich taufen. An diesem Tag wurden ihrer Gemeinschaft etwa dreitausend Menschen hinzugefügt" (Apg 2,38.41). Erst nach Ostern und nach dem Kommen des Geistes am Pfingsttag öffnet sich das Volk dem Wort Gottes, es kehrt um und sammelt sich um die Apostel. Ausdrücklich wird vermerkt, wie die Gemeinde immer mehr wächst: „Und das Wort Gottes wuchs, und es mehrte sich die Zahl der Jünger in Jerusalem mächtig, auch eine große Menge von Priestern wurde dem Glauben gehorsam" (Apg 6,7; vgl. 2,47; 5,14; 6,1). Lukas will damit sagen, daß ein *großer Teil aus Israel* den Glauben an den Messias Jesus angenommen hat.

„Danach werde ich mich umwenden und die zerfallene Hütte Davids wieder aufrichten; ... damit die übrigen Menschen den Herrn suchen, auch die Völker, über denen mein Name ausgerufen ist ..." (Apg 15,16f.; vgl. Am 9,11f.).

In der Rede des Jakobus auf dem Apostelkonzil in Jerusalem wird die *Heidenmission* durch ein Schriftzitat aus Amos *legitimiert.* Dieser offiziellen Entscheidung geht die Taufe des Cornelius und seiner Familie durch den Apostel Petrus voraus (Apg 10). Lukas erzählt zuerst den Wiederaufbau der „zerfallenen Hütte Davids": Die Apostel sammeln aus dem alten Gottesvolk das wahre und gläubige Israel. Erst dann kann die Heidenmission ihren Anfang nehmen. Es entspricht dem Heilswillen Gottes, daß die *Wiederaufrichtung Israels* die *Heimholung der Heiden* zum Ziel hat. Das wahre, *erneuerte Israel* ist erst dann erreicht, wenn die Heiden in die *Gemeinschaft des Gottesvolkes* eintreten. Auf die Frage der Apostel nach der *Wiederherstellung Israels* (Apg 1,6) gibt der auferstandene Herr eine Antwort, deren Sinn erst in dem heilsgeschichtlichen Konzept des Lukas verständlich wird: „... ihr werdet meine Zeugen sein in Jerusalem und in ganz Judäa und Samarien und bis an die Grenzen der Erde" (Apg 1,8). Israel wird wiederhergestellt werden, als das *wahre Israel,* das die *Heidenvölker mitumfaßt.* Um dieses Israel zu sammeln, werden die Apostel bis an die Grenzen der Erde ausgesandt. Ihre Verkündigung und Sorge gilt dem Aufbau der *Gemeinde Gottes,* „die er sich durch das Blut seines eigenen Sohnes erworben hat" (Apg 20,28).

In der Abschiedsrede des Paulus an die Presbyter von Ephesus (Apg 20,18–35), am Ende seiner Missionstätigkeit, begegnen wir das erste und einzige Mal in der Apostelgeschichte dem Begriff „Kirche Gottes". Von der Gesamtkirche wird hier gesagt, daß sie das *Eigentum Gottes* ist und *ihr Dasein ihm verdankt.* Lukas hat in seinem Werk den „Weg Gottes“ (vgl. Apg 18,26) von Johannes dem Täufer bis zur Heidenmission dargestellt. Das *Ziel dieses Weges* ist das *endzeitliche Israel*, die Gemeinde Gottes. Dieses Kirchenbild, das die Kontinuität des Heilshandelns Gottes betont und in der Kirche das *Ziel der Wege Gottes mit Israel* sieht, war den Judenchristen der Urkirche vertraut. Es entsprach auch der Verkündigung Jesu, der ganz Israel für das Gottesreich sammeln wollte.

Diese heilsgeschichtliche Sicht gibt uns Antwort auf die Frage nach der Kirchengründung. Auch wenn man im Wirken Jesu vor Ostern *keinen ausdrücklichen Akt der Kirchengründung* feststellen kann, ist der Glaube an die göttliche Stiftung keineswegs in Frage gestellt.

Christus ist bereits *in ein bestehendes Volk Gottes*, in eine „Kirche“ *eingetreten* – in das Volks Israel. Kirche gründet nicht einfach in einem einmaligen Akt der Vergangenheit, nicht in bestimmten Worten Jesu; sie gründet bleibend *in seiner Person*, denn Gott hat sich diese Gemeinde erworben durch die Hingabe seines eigenen Sohnes (vgl. Apg 20,28).

Das Heilswirken Gottes in der Geschichte Israels wird von Lukas ernst genommen – es läßt uns *die bleibende Verwurzelung der Kirche in Israel* nicht vergessen. Gerade die Isolierung des Christusmysteriums aus dem Zusammenhang der Heilsgeschichte hat, zum Schaden für das Christentum, zu einem *gebrochenen Verhältnis dem Alten Testament gegenüber* geführt, und den *Antijudaismus* mit seinen bösen Folgen *verursacht.* Von Lukas können wir lernen, daß Gott *in der Geschichte wirkt*, daß er nicht nur hinter unveränderlichen Institutionen steht, sondern *den Weg mit den Menschen mitgeht*, und in immer neuen geschichtlichen und gesellschaftlichen Situationen für uns das Heil schaffen kann.

Ämter und Aufgaben

Die Heiligen für die Erfüllung ihres Dienstes rüsten
(Eph 4, 12)

Christus – Hoherpriester und einziger Mittler der Menschen zu Gott

Die Initiative zur Heilung der durch die Sünde verwundeten Menschheit geht von Gott aus. Das ist eine Grundaussage der biblischen Botschaft. In seinem Christus, der unser Bruder geworden ist, und dessen Leben und Sterben „für uns" Gott angenommen hat, gibt er uns einen *Mittler* und einen *Anführer zum Heil.* Auf dem Hintergrund des Opferkultes im Tempel und des israelitischen Priestertums, das dem Volk die Tilgung seiner Schuld immer wieder zugesprochen hat, wird Jesus im Brief an die Hebräer der *einzige Hohepriester* und Mittler zwischen Gott und Menschen genannt (vgl. Hebr 4, 14 – 10, 18). In diesem Sinn kann *sonst niemand* Mittler und Priester sein, „denn: Einer ist Gott, Einer auch Mittler zwischen Gott und den Menschen: der Mensch Christus Jesus" (1 Tim 2, 5).

Deshalb wird im Neuen Testament keinem der Amtsträger und dem Evangelium Dienenden, auch den Aposteln nicht, der Titel Priester gegeben. „Als Diener Christi soll man uns betrachten und als Verwalter von Geheimnissen Gottes", schreibt Paulus den Korinthern (1 Kor 4, 1).

Allen sind die Gaben des Geistes geschenkt

Zu einer Zeit, in der das hierarchisch gegliederte Amt in der Kirche schon einige Jahrhunderte voll ausgeprägt war, schreibt der heilige Augustinus: „Alle nennen wir Priester, nicht nur die Bischöfe und Presbyter, weil sie Glieder des einen Priesters sind." Damit bezeugt er eine durchgehende Auffassung des Neuen Testaments, die oft zugunsten eines *einseitigen* Amtsverständnisses in der Kirche zurückgedrängt wurde. Die Kirche als Gemeinschaft der Gläubigen hat den „priesterlichen Dienst" übernommen, der Welt von den Heilstaten Gottes Kunde zu bringen. In der Verkündigung des Wortes, in ihren Feiern und durch ihr Leben sollen Christen von ihrer Hoffnung auf das kommende Reich Gottes *Zeugnis ablegen.* Es gibt keine größere Würde in der Kirche als die, durch den Geist Jesu Christi ein *neuer Mensch* geworden zu sein (vgl. Eph 4, 24). Die Gemeinschaft des Gottesvolkes und die allen Getauften eigene Würde muß *zuerst herausgestellt* werden, damit die verschiedenen Ämter als *besonderer Dienst an der Einheit* des „priesterlichen Volkes" verstanden werden. Vor aller Gliederung des Gottesvolkes existiert die *grundlegende Gleichheit* aller Getauften. Der Geist wurde allen Getauften zuteil, alle sind „Geistliche" (vgl. Gal 6, 1). Die Würde, die allen Christen gemeinsam ist, liegt in der Berufung: „Ihr aber seid ein auserwähltes Geschlecht, eine königliche Priesterschaft, ein heiliger Stamm, ein Volk, das sein besonderes Eigentum wurde, damit ihr die großen Taten dessen verkündet, der euch aus der Finsternis in sein wunderbares Licht gerufen hat" (1 Petr 2, 9).

Alle Gläubigen, Amtsträger und Laien, werden im Neuen Testament „Heilige", „Auserwählte" und „Berufene" genannt. „Es gibt verschiedene Gnadengaben, aber nur den einen Geist. Es gibt verschiedene Dienste, aber nur den einen Herrn" (1 Kor 12, 4 f.). Die Hirten und Lehrer haben die Aufgabe, „die Heiligen für die Erfüllung ihres Dienstes zu rüsten, für den Aufbau des Leibes Christi" (Eph 4, 12). Doch allen Gläubigen *gemeinsam* ist das *Zeugnis von der Auferstehung* – der eigentliche Dienst der Kirche – anvertraut. Aus dem griechischen Wort *laós* (Volk), das im Neuen Testament das Volk Gottes und damit alle Gläubigen bezeichnet, wurde erst viel später der Ausdruck *Laie* zur Bezeichnung der *Nicht-Amtsträger.*

Die Zwölf

Jesus hat zwölf Jünger berufen, die mit ihm in einer Lebensgemeinschaft verbunden waren. Lebens- und Lerngemeinschaften von Rabbinen und ihren Schülern waren damals üblich. Doch suchten sich die Schüler selbst ihren Meister, während Jesus seine Schüler auswählte. Jesu Jünger wurden von ihm *bevoll-*

mächtigt, das Reich Gottes zu verkünden und durch Machttaten zu bezeugen (vgl. Mk 3,14). Diese Bevollmächtigung begründete eine Dienstfunktion: Dienst *an Gott,* dessen nahe Herrschaft sie verkündeten, und Dienst *am Volk Gottes,* dem sie die dienende Liebe ihres Meisters verkörpern sollten. Die *Zwölfzahl* war für sich schon Botschaft davon, daß *ganz Israel,* das sich als Zwölfstämme-Volk verstand, jetzt gesammelt werden soll. Die Zwölf sind eine *Vorausdarstellung* des erneuerten messianischen Gottesvolkes. Dem Wortsinn nach ist ein „apostolos" ein *Sendbote,* der als bevollmächtigter Botschafter auftritt. Der Apostel ist der *Stellvertreter* dessen, der ihn entsendet. So versteht Jesus *seine* Aufgabe und die *der von ihm erwählten* zwölf Jünger: „Wer euch aufnimmt, nimmt mich auf, und wer mich aufnimmt, nimmt den auf, der mich gesandt hat" (Mt 10,40; vgl. Joh 13,16).

In dem Bericht über die Wahl des Matthias am Beginn der Apostelgeschichte wird das Apostelamt schlicht als *Dienst* bezeichnet (Apg 1,17.25). Die Erwählung eines zwölften Apostels an Stelle des Judas wurde für unbedingt notwendig gehalten, um der werdenden Kirche die *Gestalt des neuen Israel* zu erhalten. Die Apostel bezeugen, daß der auferstandene Herr jener ist, mit dem sie gelebt haben (Apg 1,8.21). Dieses Zeugnis gibt ihrem Apostel-Dienst einen *einzigartigen* Charakter. Durch ihre Verkündigung, daß Gott das Heil für alle gewirkt hat, sammeln sie Menschen um sich und geben der jungen Gemeinde eine Grundgestalt. Das *Zeugnis der Zwölf* bildet für immer das *Fundament* der Kirche: „Die Mauer der Stadt hat zwölf Grundsteine; auf ihnen stehen die zwölf Namen der zwölf Apostel des Lammes" (Offb 21,12).

Die Entfaltung des kirchlichen Amtes: „Presbyter-Bischöfe" und Diakone

Die „Presbyter" werden in der Apostelgeschichte und in den Briefen am häufigsten genannt. Sie sind die *Leiter von Gemeinden,* wie sie damals auch den Synagogen vorstanden. Diese „Ältesten" waren bewährte und anerkannte Männer, die *in einem Kollegium* die Sorge um die Glaubensgemeinschaft trugen und für Disziplin, Gottesdienstordnung und Verkündigung eine *be-*

sondere Zuständigkeit besaßen. Wir sehen, wie die Apostel einfach bestehende Organisationsformen, die ihnen vertraut waren, übernahmen. Paulus und Barnabas haben in den neugegründeten Gemeinden Presbyter eingesetzt: „In jeder Gemeinde bestellten sie durch Handauflegung Älteste und empfahlen sie mit Gebet und Fasten dem Herrn, an den sie nun glaubten" (Apg 14,23). Am Apostelkonzil in Jerusalem nahmen außer den Zwölfen auch die Presbyter der dortigen Gemeinde teil, an deren Spitze Jakobus stand (Apg 15,2.4.22f.).

Die Apostel nahmen die Vollmacht in Anspruch, Mitarbeiter für ihre Tätigkeit zu ernennen, die in den einzelnen Gemeinden *als Vorsteher* wirkten. Nach dem Vorbild der Synagoge handelte es sich ursprünglich um *Leitungsteams.* Diese Verantwortlichen werden unterschiedlich bezeichnet. In der Abschiedsrede des Paulus an die Presbyter von Ephesus werden diese auch „Episkope" (Bischöfe) genannt (Apg 20,28). Von der Bezeichnung her haben sie in den Gemeinden eine *Aufseherfunktion* ausgeübt, ein Amt, das auch den jüdischen Gemeinden bekannt war. Eine Unterscheidung der Ämter ist hier *noch nicht erkennbar,* da die Presbyter eben die Aufgabe hatten, gemeinsam über die Kirche zu wachen und nach dem Vorbild Christi die Herde Gottes zu weiden (vgl. Apg 20,28). Auch die Ältesten, die von Titus im Auftrag des Paulus in Kreta eingesetzt werden sollen, werden Episkope (Bischöfe) genannt. Ihre Auswahl soll nach bestimmten Gesichtspunkten erfolgen: „Ein Ältester soll unbescholten und nur einmal verheiratet sein. Seine Kinder sollen gläubig sein; man soll ihnen nicht nachsagen können, sie seien liederlich und ungehorsam. Denn ein Bischof muß unbescholten sein, weil er das Haus Gottes verwaltet ... Er muß ein Mann sein, der sich an das wahre Wort der Lehre hält; dann kann er mit der gesunden Lehre die Gemeinde ermahnen und die Gegner widerlegen" (Tit 1,6–9; vgl. Tim 3,1–7).

Die Amtseinsetzung der *Presbyter-Bischöfe* erfolgte durch *Handauflegung* (1 Tim 5,22; Apg 14,23). Dieser Ritus bringt zum Ausdruck, daß zur Erfüllung ihrer Aufgabe ein besonderes *Charisma des Heiligen Geistes* erforderlich ist. Sie sind nicht bloß Organisatoren und Verwalter ihrer Gemeinden, sondern Lehrer und Leiter: „Wer seinem eigenen Haus nicht vorstehen kann, wie soll der für die Kirche Gottes sorgen?" (1 Tim 3,5) – „Älteste, die das Amt des Vorstehers gut versehen, verdienen doppelte Anerkennung, besonders solche, die sich mit ganzer Kraft dem Wort der Lehre widmen" (1 Tim 5,17). Im Jakobusbrief finden wir ein Zeugnis für die *pastorale* und *sakramentale Betreuung* der Kranken durch die Presbyter: „Ist einer von euch krank? Dann rufe er die Ältesten der Gemeinde zu sich; sie sollen Gebete über ihn sprechen und ihn im Namen des Herrn mit Öl salben" (Jak 5,14).

Obwohl kein Schriftbeleg dafür vorhanden ist, kann angenommen werden, daß die Presbyter für die Feier des „Herrenmahls" besonders verantwortlich waren und hier ebenfalls „im Namen des Herrn" sakramental handelten.

Die *Sieben,* die zur karitativen Betreuung der Witwen berufen wurden, gelten in der Apostelgeschichte als *Prototypen der künftigen Diakone,* obwohl ihnen hier diese Amtsbezeichnung noch nicht gegeben wurde (Apg 6,1–6). Sie wurden gewählt und gleich den Presbytern durch Handauflegung in ihr Amt eingesetzt. Der Dienst an den Tischen wurde ihnen übertragen, damit die Apostel den Dienst am Wort nicht vernachlässigen. Doch geht ihre Aufgabe, entsprechend ihren Charismen, weit über die materiellen Dienste hinaus. Stephanus, der als erster Martyrer stirbt, ist ein *geistbegabter Prediger,* dessen Deutung der Geschichte Israels die Grenzen des Judentums sprengt und die Heidenmission geistig vorbereitet. Philippus wird *Evangelist* genannt (Apg 21,8); er verkündigt in Samaria und tauft den Äthiopier (Apg 8). Als Amtsträger neben den *Presbyter-Bischöfen* werden Diakone in Phil 1,1 und 1 Tim 3,8–13 genannt, ohne daß ihre Aufgaben näher beschrieben werden. Wahrscheinlich haben auch Frauen als *Diakonissinnen* gewirkt. Paulus empfiehlt den Römern „unsere Schwester Phöbe, die Dienerin der Gemeinde von Kenchreä" (Röm 16,1). Doch wird kaum an einen *pastoralen Dienst* zu denken sein, wenn man die Weisungen des Paulus für das Verhalten der Frauen in den gottesdienstlichen Versammlungen *als Norm* der frühen Gemeinden ansieht.

Das *dreigestufte Amt* ist in der Kirche des Neuen Testaments noch in einem *Entwicklungsstadium;* vor allem gibt es *noch keine klare Unterscheidung* zwischen dem Presbyter- und Bischofsamt.

Erst am Anfang des zweiten Jahrhunderts finden wir in den Gemeinden das Presbyterkollegium unter Leitung eines Bischofs; den Bischöfen und Presbytern standen Diakone zur Seite. *Vorväter der Bischöfe* könnte man in Timotheus und Titus sehen, denen von Paulus die Sorge um mehrere Gemeinden anvertraut wurde, in denen sie Presbyter einsetzten (vgl. Tit 1,5). Sie stellen *jene apostolische Autorität* dar, die später an Stelle der Apostel und deren persönlich Beauftragten *vom Haupt des Presbyterkollegiums, dem Bischof,* ausgeübt wurde.

Das Vermächtnis des Paulus an die Presbyter

Die Apostelgeschichte erzählt uns von den Ursprüngen der Kirche. Sie hat zu Pfingsten ihren Anfang genommen und geht ihren Weg durch die Geschichte in der Hoffnung auf die Wiederkunft des Herrn. Der erhöhte Herr *wirkt in ihr weiter* durch die „Diener seines Wortes" (Lk 1,2), durch die zum Heil Berufenen in der Gemeinschaft des Brotbrechens (Apg 2,46 f.) und in der Entfaltung einer kirchlichen Ordnung. Auch Organisationsformen, die von den Notwendigkeiten des Lebens gefordert werden, entspringen dem Heilswillen Gottes. Für Lukas ist die Kirche *kein geschichtsloses Gebilde,* deswegen sieht er die Weiterentfaltung der Kirche als *Fortwirken des erhöhten Herrn* in der Geschichte.

Die Abschiedsrede des Paulus vor den Presbytern in Milet (Apg 20,17–35) ist ein *Schlüsseltext* zum Verständnis der Entfaltung des kirchlichen Amts.

Diese Presbyter waren die Vorsteher der Kirche von Ephesus, der bedeutendsten Gemeinde, die Paulus gegründet hat. Nachdem Paulus an sein Wirken in Asien erinnert (V. 18–21) und die Ahnung von seiner Gefangenschaft ausgesprochen hat (V. 22–27), übergibt er ihnen als Hirte und Seelsorger ein Vermächtnis, das nicht nur für sie, sondern für alle Amtsträger Geltung hat: „Gebt acht auf euch und auf die ganze Herde, in der euch der Heilige Geist zu Bischöfen (Episkopen) bestellt hat, damit ihr als Hirten für die Kirche sorgt, die er sich durch das Blut seines eigenen Sohnes erworben hat. Ich weiß: Nach meinem Weggang werden reißende Wölfe bei euch eindringen und die Herde nicht schonen. Und selbst aus eurer Mitte werden

Männer auftreten, die mit ihren falschen Reden die Jünger auf ihre Seite ziehen. Seid also wachsam und denkt daran, daß ich drei Jahre lang Tag und Nacht nicht aufgehört habe, unter Tränen jeden einzelnen zu ermahnen. Und jetzt vertraue ich euch Gott und dem Wort seiner Gnade an, das die Kraft hat aufzubauen und das Erbe in der Gemeinschaft der Geheiligten zu verleihen" (Apg 20,28–32).

Dieses *Testament des Paulus* wird aus der zu Ende gehenden apostolischen Zeit verständlich. Das Zeugnis der Diener des Wortes (Lk 1,2), der Apostel und charismatischen Propheten der Anfangszeit (Eph 3,5) ist verklungen. Falschlehrer, die aus den Gemeinden selbst hervorgingen, bringen Unsicherheit, die nach einer *zuverlässigen Weitergabe* der apostolischen Überlieferung *verlangt.* So wie Lukas in der Apostelgeschichte das *ideale Urbild* der Kirche zeichnet, so verewigt er in dieser Rede das *Bild des Paulus* als Missionar, Apostel und Martyrer, dessen Leben und Wirken für die Amtsträger der Kirche *ein bleibendes Vorbild* sein soll. Die spätere kirchliche Überlieferung von Lukas, dem Maler, hat in seinen literarischen Porträts ihren Ursprung. Paulus möchte jene Aufgaben, die sein eigenes Leben erfüllten, in die *Verantwortung der Presbyter* legen. Sie sollen als Hirten und Aufseher (Bischöfe) *achtgeben auf die Herde,* denn dazu wurden sie vom Heiligen Geist bestellt (Apg 20,28). Die Größe der Aufgabe wird in der *Definition der Kirche* besonders herausgestellt, sie ist die „Kirche Gottes, die er sich durch das Blut seines eigenen Sohnes erworben hat" (V. 28). Die falschen Reden der aus ihrer Mitte kommenden Lehrer sollen sie entlarven und nach seinem Vorbild mahnen (V. 30f.). Die Schriften des Lukas wollen für die Hirten der Kirche eine *Orientierungshilfe* bieten. Gerade die Gründungsgeschichte der Kirche, die *apostolische Zeit,* hat für die kommenden Generationen eine *normative Geltung,* denn die Apostel waren vom Herrn selbst befähigte Zeugen. Die Presbyter sollen jetzt, da die apostolische Zeit zu Ende ist, *kraft ihres Amtes* diese Garantiefunktion der ersten Zeugen übernehmen, denn dazu wurden sie vom Heiligen Geist bestellt (V. 28). Sie selbst werden von Paulus „Gott und dem Wort seiner Gnade anvertraut" (V. 32). Das ist eine bedeutsame Aussage zum Verständnis des Amtes: Das Wort des lebendigen

Gottes, „das die Kraft hat aufzubauen und das Erbe in der Gemeinschaft der Geheiligten zu verleihen“ (V. 32), ist *Gottes Werkzeug* zum Aufbau der Kirche und zur Heiligung ihrer Glieder. *Diesem Wort* sollen sie sich hingeben; das Wort wird ihnen nicht zur beliebigen Verfügung übergeben. Der *Geist* soll hier *über das Amt* verfügen und nicht umgekehrt.

Die Entwicklung des Amts darf nicht so verstanden werden, als hätte es das ursprüngliche charismatische Wirken der Apostel und Propheten einfach abgelöst. Ein *Ordnungsgefüge* in den Gemeinden, das aus den Kräften des Charismas lebt, haben *die Apostel selbst* grundgelegt. Gerade die Charismatiker, Paulus und Barnabas, haben in den Gemeinden Presbyter eingesetzt (Apg 14, 23) und im Bericht vom Apostelkonzil (Apg 15, 1–35) werden die Presbyter neben den Aposteln als *maßgebliches Leitungsgremium* genannt. Die Apostelgeschichte will zeigen, daß das kirchliche Leitungs- und Lehramt *nicht nur* aus den Bedürfnissen der Gemeinden entstanden ist, sondern dem *Heilswillen Gottes* entsprechend, die Weitergabe des apostolischen Zeugnisses garantiert.

Amtsträger und Volk Gottes

Um die Sendung ihres Herrn weiterführen zu können, setzt die Kirche in der *Vollmacht Christi* Amtsträger ein. Sie folgt hier der Tradition der Apostel. Die Anrufung des Heiligen Geistes und die Handauflegung (vgl. 1 Tim 4, 14) vermitteln nicht nur die Kraft Gottes und die Autorität, sie wollen auch die *persönliche Bindung an Christus* und an den *apostolischen Ursprung der Kirche* zum Ausdruck bringen. Durch den Ritus der Ordination verleiht der Herr der Kirche die *Gabe der Leitung.* In der Beauftragung und Weihe kommt der Glaube zum Ausdruck, daß Christus in die Begrenztheit menschlicher Verhältnisse eingeht und *durch berufene Menschen* als *Lehrer, Hirte* und *Priester in seinem Volk weiterwirkt.* Die Amtsträger haben an der Hirtensorge des einen Hirten, Christus, Anteil, der sein Leben für seine Schafe hingegeben hat. Unabhängig von der Gemeinde hat das Amt *keine* Existenzberechtigung. Es ist eine Berufung *in der* Gemeinschaft und *für sie.* Jede hierarchische Überordnung eines „bevorzugten Standes“ *widerspricht* dem Geist Jesu und der apostolischen Tradition. Die Heiligen für die Erfüllung ihres Dienstes rüsten (vgl. Eph 4, 12) heißt: Die Charismen im Volk Gottes entdecken und fördern und die Mitarbeit vieler Christen zu koordinieren.

Die Aufgabe der Laien ist nicht bloß die gläubige Gestaltung der Welt, während die geistlichen Amtsträger allein für den Aufbau der Kirche zuständig sind. Diese „Arbeitsteilung" würde das Bild vom Volk Gottes verfälschen, das berufen ist, durch seine Gaben die Kirche in dieser Welt zu bauen und darzustellen.

Marksteine auf dem Weg zu einer neuen Einheit

Seht, das Frühere ist eingetroffen, Neues kündige ich an (Jes 42, 9)

Es sind allgemein menschliche Fragen und deswegen auch die des Gottesvolkes, der Kirche: *Führen neue Wege zu einer neuen Einheit, oder entzweien sie?* Wer deutet die *Zeichen der Zeit* richtig? Behindert Gehorsam grundsätzlich unsere Persönlichkeitsentfaltung? Der Grundsatz des Apostels Paulus „allen alles werden" fordert von uns eine mutige Offenheit unserer Zeit und unseren Mitmenschen gegenüber, zu der wir fähig sind, wenn wir uns Christus und seinem „neuen Gebot" verpflichtet wissen und uns nicht krampfhaft im Althergebrachten absichern wollen. Einige *markante Wendepunkte* in der *Geschichte Gottes mit uns Menschen* wollen uns Mut und Vertrauen geben, in der Spannung zwischen Fortschritt und Bewahrung, Freiheit und Gehorsam zu leben, in der gläubigen Hoffnung, daß der lebendige Gott auch mit uns heute geht.

In der Krise entdeckt man Gottes Wort neu

„Und nun, Israel, höre die Gesetze und Rechtsvorschriften, die ich euch zu halten lehre. Hört, und ihr werdet leben, ihr werdet in das Land, das der Herr, der Gott eurer Väter, euch gibt, hineinziehen und es in Besitz nehmen ... Denn darin besteht eure Weisheit und eure Bildung in den Augen der Völker. Wenn sie diese Gesetze kennenlernen, müssen sie sagen: In der Tat, diese Nation ist ein weises und gebildetes Volk. Denn welche große Nation hätte Götter, die ihr so nah sind, wie JHWH, unser Gott, uns nah ist, wo immer wir ihn anrufen?" (Dtn 4, 1.6 f.).

Ein Volk mit einer großen Vergangenheit und der Verheißung einer noch größeren Zukunft ist praktisch gescheitert. Die teure Heimat ging verloren, die Menschen wurden in die Fremde weggeführt. Die Sicherheit, der Glanz und die einstige Größe des Reiches Juda sind dahin. Die Könige gibt es nicht mehr, der Tempel ist zerstört, das Land verwüstet und von Fremden bewohnt. Einst aber zeichnete sich Israel durch *Weisheit* und *Gottesnähe* aus. Die Weisheit besaß es in seinem König, die Gottesnähe im Tempel. Genau da setzt nun die Korrektur durch unseren Text ein und will zu einem vertieften Verständnis von Weisheit und Gottesnähe führen. Die Weisheit und die Gottesnähe besitzt Israel immer noch, auch wenn es keinen Salomo und keinen Tempel mehr hat – *in seinem Bundesgesetz.* Mochten andere Völker (Ägypter und Griechen) auch stolz sein auf die Weisheit ihrer Philosophen, *Israels Vorzug ist die Weisung Gottes.* In ihr ist Gott selbst seinem Volk nahe. Eine Nähe, die nur durch die Menschwerdung des Sohnes und die Sendung des Heiligen Geistes überboten werden konnte.

Die Situation der Kirche ist heute in vielem der *Exilsituation* Israels ähnlich. Die Kirche ist nicht mehr die „große Nation", die sie einst war. Nicht nur, daß sie Machtstellung und politischen Einfluß verloren hat. Das Christentum wird als eine der vielen Weltanschauungen betrachtet, die es in der pluralistischen Gesellschaft gibt. Die Kirche selbst ist aber auch bescheidener geworden als früher. Sie weiß, daß sie nicht im Alleinbesitz der Wahrheit ist, auch andere Religionen und Weltanschauungen haben Teil an der einen Wahrheit. So muß die Kirche, wie Israel damals, die Frage beantworten, *worin eigentlich der Sinn ihrer Existenz besteht.* Auch die ebenso brennende zweite Frage Israels ist für die Kirche heute aktuell – *die Frage nach der Nähe Gottes.* Die Existenz Gottes und sein Walten in der Welt waren noch vor wenigen Jahrzehnten eine fraglose Wirklichkeit. Das ist heute nicht mehr so. Manche Bilder und Vorstellungen, die man von Gott hatte, sind gestorben, so der gütige über dem Himmelszelt thronende „alte Mann", der Nothelfer im menschlichen Versagen und der Gott, der als Erklärungshypothese für noch ausstehende wissenschaftliche Erkenntnisse herhalten mußte.

Was hat es für einen Sinn, zum Volk Gottes zu gehören? In der schwersten Krise fand Israel *die Antwort im Wort Gottes.* Dieses gibt dem Leben Sinn, verschafft Ansehen in den Augen der Völker und eröffnet eine neue Zukunft. In der *Weisheit des Gesetzes* – in der *Offenbarung seines Willens – ist Gott uns nahe.* Christus hat das Gesetz des Mose auf einen einfachen Nenner gebracht und der Kirche als „neues Gebot“ anvertraut: „Liebt einander! Wie ich euch geliebt habe, so sollt auch ihr einander lieben. Daran werden alle erkennen, daß ihr meine Jünger seid: wenn ihr einander liebt“ (Joh 13, 34 f.).

Es kommt auf den Einsatz jedes einzelnen an, daß die Kirche ein *lebendiges Zeichen der Hoffnung* in der Welt wird, ein *Zeugnis von Gottes Zuwendung und Liebe* zu den Menschen. Vielleicht darf die Kirche auch gar nicht darauf warten, von der Welt als „weises Volk“ angesehen zu werden. Ihre Liebe muß so echt und christusförmig sein, daß sie den selbstlosen Dienst an der Welt nicht aufgibt, auch wenn sie oft verkannt wird.

Gehorsam und Freiheit

Wenn wir von Geboten und Gesetzen hören, denken wir immer auch an Beschränkungen unserer freien Entscheidung durch eine Autorität, die ein bestimmtes Verhalten mittels Sanktionen durchsetzen möchte. Sicher gibt es auch eine „Gesetzlichkeit“, die sich selbst gefällt, sich in unwichtigen Detailbestimmungen ergeht und dadurch lebensfremd, ja lebensfeindlich wird. Diese Gesetzlichkeit, die einem Hindernislauf gleichkommt und *keine Lebenshilfe* bietet, prangert Jesus an, wenn er sagt, daß man „Mücken sieben und Kamele verschlucken“ kann (vgl. Mt 23, 24). Gebote sind Weisungen, die den Weg zur Lebensentfaltung zeigen und unseren Freiheitsraum schützen wollen. Wenn Freiheit mit Schrankenlosigkeit gleichgesetzt wird, dann geht sie auf Kosten der Freiheit vieler anderer. Schon die „Zehn Gebote“ – in der jüdischen Tradition das „Zehn-Wort“ genannt – machen deutlich, wie sehr sie eine Anweisung zum *Leben miteinander* sind, und wie sehr Gott am *Gelingen unseres Lebens* interessiert ist. Gott gibt seinem Volk die Gebote aus Liebe, darum stellt er sich vor als Befreier des Volkes aus der Sklaverei Ägyptens: „Ich bin JHWH, dein Gott, der dich aus Ägypten geführt hat; aus dem Sklavenhaus“ (Ex 20, 2). Vor allem menschlichen Tun steht die Gottestat der Erlösung. Auch unser Heil in Christus – eine letzte Entfaltung des JHWH-Namens – ist unseren guten Werken vorgängig. Wir schaffen und bewirken nicht das Heil, wenn wir die Gebote erfüllen, wir bleiben dadurch aber in der von Gott geschenkten Heilssphäre.

Die Zusammenfassung der Lehre Jesu, die *Bergpredigt*, will die *Bergpredigt Gottes auf dem Sinai* nicht widerrufen, sondern bekräftigen. Es gibt alttestamentlich keinen Gott der Rache und des Gesetzes, der erst durch Jesus zu einem Gott der Liebe und des Evangeliums wurde. In Mt 7, 12 steht die sogenannte „Goldene Regel" als Zusammenfassung des Alten Testaments: „Alles, was ihr also von anderen erwartet, das tut auch ihnen! Darin besteht das Gesetz und die Propheten." Jesus macht unseren Blick frei für den Liebeswillen Gottes, der die Gebote begründet und ihnen eine einzige Zielrichtung gibt. Deswegen können „Gesetz und Propheten" in den zwei Grundweisungen der Gottes- und Nächstenliebe zusammengefaßt werden, mit der Wertung, daß beide Gebote gleich wichtig sind (vgl. Mt 22, 34–40). Paulus sagt übereinstimmend: „Wer den anderen liebt, hat das Gesetz erfüllt. Denn die Gebote: Du sollst nicht die Ehe brechen, du sollst nicht töten, du sollst nicht stehlen, du sollst nicht begehren!, und alle anderen Gebote sind in dem einen Satz zusammengefaßt: Du sollst deinen Nächsten lieben wie dich selbst" (Röm 13, 8 f.).

Der Besuch des Gottesdienstes als geläufiges Kriterium für den „praktizierenden Christen" wird hier gegenüber der biblischen Botschaft fragwürdig. Übereinstimmend mit den Propheten und den Geboten vom Sinai verkündet Jesus, worin die *Praxis vor Gott* besteht: Wer *mit Gott im Bund* sein will, muß den *Weg über den Mitmenschen* gehen. Deswegen sind nicht *Gehorsam* und *Freiheit* die Alternativen der Bibel, sondern *Lebensentfaltung im Miteinander* und *Lebensverlust, Liebe* und *tödlicher Egoismus.*

Paulus: „Allen bin ich alles geworden,
um auf jeden Fall einige zu retten" (1 Kor 9, 22)

Wie Paulus diese *Anpassung* verstand, geht am anschaulichsten aus seinen Predigten hervor, die wir in der Apostelgeschichte lesen können. Daß Paulus als hochgebildeter, pharisäischer Schriftgelehrter in der Gedankenwelt seines Volkes zu Hause war, verwundert uns sicher nicht. Die Predigt vor seinem Volk (Apg 13, 16–41) ist ein einziges Zeugnis für das Wirken Gottes in der Geschichte Israels. Paulus denkt ganz heilsgeschichtlich und zeigt, daß die Geschichte seines Volkes sich in Christus erfüllt. Einen Griechen hätte diese Predigt sicher gar nicht interessiert. Völlig anders spricht Paulus zu den Athenern am Areopag (Apg 17,22–31). Der *einem unbekannten Gott* geweihte Altar wird zum Anknüpfungspunkt, über den einen Gott und Weltschöpfer zu sprechen. Paulus bringt Zitate griechischer Dichter: „Denn in Gott leben wir, bewegen wir uns und sind wir ... Wir sind von seiner Art" (Apg 17,18). Die Polemik gegen den Götzendienst wird durch die Bemerkung, daß Gott über die Zeiten der Unwissenheit hinweggesehen hat, wieder abgeschwächt (Apg 17,30). Paulus versucht, seine Zuhörer dort abzuholen, wo sie geistig stehen. Dann erst kommt er auf Christus, den Auferstandenen, zu sprechen. Nach seinen eigenen Worten ist er *den Heiden ein Heide,* ja ein „Gesetzloser" geworden. Unter dieser Gesetzlosigkeit ist seine Freiheit gegenüber dem jüdischen Religionsgesetz zu verstehen, das den Nichtjuden fremd war. Er hat sich nicht gescheut, *Götzenopferfleisch* zu essen, das damals in jeder Stadt billig zu bekommen war. Wer nicht an Götzen glaubt, kann ohne Sünde dieses Fleisch essen. Wo aber ein Anstoß zu befürchten war, vermied Paulus, das zu tun, und er gebietet auch seinen Gemeinden, den Schwachen und Glaubensunsicheren keinen Anstoß zu geben (1 Kor 8).

„Ihn verkünden wir ..." (Kol 1,28). In der Verkündigung geht es ihm allein um Christus. Es geht nicht um ein System von Lehren und auch nicht um ein Sittengesetz. Das erst ist *der Glaube an ihn, den Retter,* und *aus diesem Glauben heraus* ist es dem Menschen erst möglich, *sittlich zu leben:* „Ich vermag alles in dem, der mich stärkt." Die kirchliche Verkündigung hat manchmal die Person Christi verdeckt und Kirchengebote und philosophische Beweise in den Vordergrund gerückt. Paulus beruft sich in seiner apostolischen Tätigkeit nicht auf eigene Kraft (Einfühlungsgabe, Routine, Kontaktfreudigkeit usw.), er ist davon überzeugt, daß der Glaube in den Herzen der Menschen von Gott erweckt wird, und daß er selbst nur werkzeugliche Dienste leisten kann.

Stephanus und der Aufbruch zur Weltkirche (Apg 6–7)

Die Märtyrergeschichte über den Diakon Stephanus gibt uns einen aufschlußreichen Einblick in das Leben, Leiden und Wachsen der ersten Christengemeinde in Jerusalem. Unter den sieben Diakonen der Urgemeinde (Apg 6, 1–7) spielte Stephanus eine herausragende Rolle. Er wird charakterisiert als ein Mann voll Gnade, Kraft und Heiligem Geist. Den Geburtswehen vergleichbar, wächst die *Kirche der Judenchristen* aus der Synagoge heraus. Die Auseinandersetzungen sind schwer. Das Streitobjekt ist das Bekenntnis zur Messianität Jesu und zu seiner Gottessohnschaft. Stephanus war nicht bloß ein stummer Caritashelfer, sondern ein Theologe und ein charismatischer Verkünder, der hautnah mit den Problemen und geistigen Strömungen seiner Zeit vertraut war. Seine Gesprächspartner und Gegner sind „hellenistische Juden" – im Unterschied zu den „Hebräern", die im Land Israel ansässig waren – Juden der Diaspora, die griechisch sprachen und ein bestimmtes Maß profaner Bildung mit ihrer Gläubigkeit verbanden. Aus diesem Kreis stammte Stephanus selbst. Um die Anfänge der Kirche besser zu verstehen, ist es sicher wichtig zu wissen, daß das Judentum zur Zeit Jesu keinesfalls eine in sich geschlossene Einheit darstellte. Es gab politisch, religiös und kulturell sehr unterschiedlich geprägte Gruppen, die einander oft feindlich gegenüberstanden. Stephanus wollte die junge Christengemeinde aus den *gesetzlichen Formen des Judentums* herauslösen. In der größten und schärfsten Rede der Apostelgeschichte (Apg 7, 1–53) legte Stephanus, der junge und progressive Theologe der Urgemeinde, dar, wie großartig die Berufung der Väter Israels durch Gott einst geschah und wie die gesamte Geschichte Israels auf Christus hinweist. Die Halsstarrigkeit der geistigen Führer bewirkte aber, daß sich Israel in seiner Mehrheit dem Evangelium verschlossen hat. Das *Evangelium muß daher weiterwandern* und sich neuen Horizonten zuwenden, ja es muß bis an die Grenzen der Erde getragen werden. Indem Stephanus in seiner Rede vor dem Hohen Rat die *Freiheit vom Gesetz* in Anspruch nimmt und den Kult des Tempels für überholt erklärt, vollzieht er einen *radikalen Bruch* der Judenchristen mit der Synagoge. Er selbst stirbt unter dem Steinregen religiöser Eiferer vor den Toren der Stadt Jerusalem. Unter diesen Eiferern für das Gesetz war auch Saulus, der spätere Apostel Paulus.

In einer Vision sieht Stephanus den Himmel offen und den Menschensohn zur Rechten Gottes stehen. Christus selbst bestätigt durch sein Erscheinen Wort und Zeugnis des Stephanus und damit den von Stephanus eingeschlagenen Weg der Kirche in die Zukunft. Das Evangelium nimmt den Weg zu den Völkern, an alle ergeht die Einladung, dem Volk Gottes anzugehören. Das Christentum macht den ersten Schritt zur Weltreligion. Die Trennung der Kirche von der Synagoge ist die erste Spaltung des Gottesvolkes. Seit damals gibt es Israel und die Kirche, die sich beide, von Gott zugesagt, als Volk Gottes verstehen. So notwendig diese Trennung im Dienste des Missionsauftrages der Kirche war, sie hat die Kirche auch wieder in *arge Einseitigkeiten* hineingeführt. Der biblische Auftrag zur Weltgestaltung und die Durchsetzung sozialer Gerechtigkeit wurden oft zugunsten einer jenseitsbezogenen Frömmigkeit vernachlässigt.

Seitdem sind mehr als neunzehn Jahrhunderte vergangen; dazwischen liegt die Entfaltung der Weltkirche, Jahrhunderte der Diskriminierung und Verfolgung der Juden und auch die Verleugnung der tiefen Verwandtschaft, die zwischen Juden und Christen besteht. Das Konzil hat der Kirche einen neuen Weg gewiesen: Das einst zerrissene Band mit Israel soll neu geknüpft werden. Papst Johannes Paul II. ist diesen Weg, der bahnbrechend zuerst von Johannes XXIII. beschritten wurde, weitergegangen, als er im April 1986 die Synagoge in Rom besuchte und dort in seiner Ansprache bekannte: „Die jüdische Religion gehört in gewisser Weise zum ‚Inneren' unserer Religion. Zu ihr haben wir somit Beziehungen wie zu keiner anderen Religion. Ihr seid unsere bevorzugten Brüder und, so könnte man gewissermaßen sagen, unsere älteren Brüder" (L'Osservatore Romano, vom 18. April 1986).

Der Töter des Todes

Wir glauben an den Heiligen Geist,
der Herr ist und lebendig macht

Gottes Geist wird erfahren

In den biblischen Sprachen wird das Wort „Geist“ in sehr unterschiedlicher Bedeutung verwendet. Der „Geist“ ist im Hebräischen zunächst der *Windhauch,* ein sanftes Säuseln (1 Kön 19,12), das sich zu einer unwiderstehlichen Heftigkeit entwikkeln kann, Zedern zu Fall bringt und Schiffe auf hoher See sinken läßt (Ez 13,13). Der Atem, der *Hauch des Menschen,* wird ebenfalls „Geist“ genannt. Wie der Wind die Erde belebt, so zeigt der Atem das Leben im Menschen an. Gleich dem Wind, aber viel unmittelbarer, kommt der Hauch des Atems, vor allem der des Menschen, von Gott (Gen 2,7; 6,3) und kehrt beim Tod wieder zu ihm zurück. So bezeichnet dasselbe Wort (hebr: ruach) auch den *menschlichen Geist* und *seine Lebensäußerungen,* die Freude, die Furcht, den Zorn und das Mitleid. Wenn die Bibel vom „Geist“ spricht, will sie damit *Lebenskraft* und *Dynamik* zum Ausdruck bringen; er ist nicht der Gegensatz zu Materie und Welt, wie das unser Sprachempfinden nahelegt, sondern der *Gegensatz von Tod und Vergänglichkeit.* Wenn Gott durch den Hauch seines Geistes alle lebenden Wesen schafft, so ist sein „Geist“ das Leben und die Kraft schlechthin. In der *Kraft seines Geistes* erschafft Gott die Welt und ordnet das Chaos: „Gottes Geist schwebte über dem Wasser“ (Gen 1,2). Die ganze Schöpfung gibt Zeugnis vom Geist-Wirken Gottes: „Du schonst alles, weil es dein Eigentum ist, Herr, du Freund des Lebens. Denn in allem ist dein unvergänglicher Geist“ (Weish 11,26 – 12,1).

Richtern, Königen und Propheten teilt Gott von seinem Geist mit – sie werden von seinem Geist ergriffen –, damit sie als menschliche Werkzeuge sein *befreiendes Handeln* an Israel fortsetzen. Gottes Geist ist auch die einzige Macht, die das Böse im

Herzen der Menschen vernichtet und die Umkehr wirken kann: „Ich schenke euch ein neues Herz und lege einen neuen Geist in euch ... Ich lege meinen Geist in euch und bewirke, daß ihr meinen Gesetzen folgt und auf meine Gebote achtet und sie erfüllt" (Ez 36,26f.). Durch die Gabe des Geistes zieht Gott sein Volk ganz an sich. Bereits im Alten Testament wird die heilvolle, liebende Nähe JHWHs bei seinem Volk gepriesen. Diese *Zusage Gottes* greifen die Verfasser des Neuen Testaments auf, um das *endgültige Nahesein* Gottes in Jesus Christus auszudrücken: Der Geist ist die „Kraft des Höchsten" (Lk 1,35), durch die der Sohn Gottes Mensch wird. Von dem *dynamisch handelnden Gott*, dessen Gegenwart nicht an bevorzugte Kultorte gebunden ist, spricht Jesus zur Samariterin am Jakobsbrunnen: „Gott ist Geist, und alle, die ihn anbeten, müssen im Geist und in der Wahrheit anbeten" (Joh 4,24).

Für den Gläubigen ist der Weg, der zu Jesus führt, auch der Weg zum Vater. „Wer mich gesehen hat, hat den Vater gesehen", versichert Jesus dem Philippus (Joh 14,9). Als dynamischer Beweger ist der Geist die Anziehungskraft der Liebe Gottes, die uns zur Erkenntnis des Sohnes Gottes führt: „Keiner kann sagen: Jesus ist der Herr, wenn er nicht aus dem Heiligen Geist redet" (1 Kor 12,3). Im Zentrum unseres persönlichen Glaubens tätig, zieht er uns auch zum Vater, denn wir haben den Geist empfangen, der uns zu Söhnen macht, den Geist, in dem wir rufen: Abba, Vater! (Vgl. Röm 8,15.) Dieser Geist läßt die Kirche nicht im Stich und schenkt ihr immer wieder neu das Verständnis der Offenbarung Jesu. Das ist im Johannesevangelium als Verheißung ausgesprochen: „Der Beistand aber, der Heilige Geist, den der Vater in meinem Namen senden wird, der wird euch alles lehren und euch an alles erinnern, was ich euch gesagt habe" (Joh 14,26). Jesus nennt den Geist den „anderen Beistand" (Joh 14,16), der für ihn Zeugnis gibt (Joh 15,26). Er ist die höchste Gabe Gottes, weil er *Gottes Selbstgabe* ist. Der Lebensspender ist ein *Du*, das unser Menschsein vollendet.

Geburt der Kirche

In der Apostelgeschichte erklärt Petrus in seiner Pfingstpredigt der staunenden Menge, was das Kommen des Geistes und die Verherrlichung des gekreuzigten Jesus bedeuten: „Nachdem er durch die rechte Hand Gottes erhöht worden war und vom Vater den verheißenen Heiligen Geist empfangen hatte, hat er ihn ausgegossen, wie ihr seht und hört" (Apg 2,33). Jesus mußte im Kreuzestod *wie ein Gefäß* zerbrochen werden, damit sein Geist *allen geschenkt* werden kann. Der Geist Christi gibt die nicht von Fleisch und Blut stammende Deutung der Geschichte Gottes mit den Menschen. Das wird in der Petruspredigt deutlich, die mit dem Pfingstereignis eine Einheit bildet (Apg 2). Mit dem Pfingstfest ist der Tag gekommen, den die Menschheit ersehnt, und von dem die Propheten im Hinblick auf das *neue, endzeitliche Gottesvolk* gesprochen haben. Das Ereignis trägt den Charakter einer *Erfüllung.* Die „Verherrlichung Jesu" und die „Ausgießung des Geistes" sind die letzten, *unüberbietbaren Liebeserweise* Gottes an den Menschen.

Das alttestamentliche Pfingstfest wurde schon im Frühjudentum als *Ziel des Auszuges aus Ägypten,* als Fest der *Gabe des Bundes* und des *Gesetzes* gefeiert und trug auch schon den *Charakter der Erfüllung.* Die hier geschilderten Zeichen der hereinbrechenden Gegenwart Gottes werden auf dem Hintergrund des Alten Testaments deutlich. Der Geist Gottes im Bild des Sturms wird von Martin Buber mit „Braus Gottes" übersetzt. Die Feuerzungen lassen an die Feuersäule denken, die das Volk Israel auf seiner Wüstenwanderung begleitet hat, und an das Gotteserlebnis des Mose im brennenden Dornbusch. Die gewaltigen Kräfte der von Gott geschaffenen Natur werden zur *Zeichensprache* Gottes. Doch das erstaunlichste Zeichen: Die nach Jerusalem zum Fest gepilgerten Vertreter der Völker hören die Apostel in ihren Sprachen die Großtaten Gottes verkünden. Ein *Vor-Zeichen* dafür, daß die Entzweiung und Verwirrung der Menschen – die biblische Geschichte vom Turmbau zu Babel will sie begründen – durch eine *gemeinsame Mitte* überwunden werden kann. Menschen aus vielen Völkern dürfen den Geist Gottes erfahren, noch bevor der Geist die Apostel zu den Völkern, bis an die Grenzen der Erde sendet. In Jerusalem, am Pfingsttag, beginnt die *Zeit der Kirche,* von nun an wird es mutige und geistbegabte Menschen geben, die Jesus und das Reich Gottes verkünden.

Befreiung zum Frieden

„Jesus sagte noch einmal zu ihnen: Friede sei mit euch! Wie mich der Vater gesandt hat, so sende ich euch. Nachdem er das gesagt hatte, hauchte er sie an und sprach zu ihnen: Empfanget den Heiligen Geist! Wem ihr die Sünden vergebt, dem sind sie vergeben; wem ihr die Vergebung verweigert, dem ist sie verweigert" (Joh 20,21–23).

Das erste Wort, das der auferstandene Herr seinen Jüngern sagt, ist der Gruß: „Friede sei mit euch!" Jesus bezeichnet damit Ziel und Inhalt seiner Sendung, die *Versöhnung mit Gott* und die *Versöhnung der Menschen* untereinander. Dieser Friedensgruß ist aber nicht ein Trostwort für den Seelenfrieden des einzelnen. Er gilt der ganzen Welt, er will *realisiert* werden in der Politik, in der Wirtschaft, in der Entwicklungshilfe, im Gespräch der Weltanschauungen und im Zusammenleben der Völker. Wir begreifen, warum mit der Sendung der Jünger auch die *Vollmacht der Sündenvergebung* verbunden ist. Die Sünde *zerstört* das Verhältnis zwischen Gott und seinen Geschöpfen und das Verhältnis von Mensch zu Mensch. Die aus Angst vor den Menschen geschlossenen Türen werden sich *öffnen,* wie damals – wenn wir unsere Sendung ernst nehmen. Die anderen – sie sind nicht die Hölle, wie ein moderner Schriftsteller sagte – die anderen, das sind die, denen der Herr durch uns die Botschaft des Friedens, des Heils und des Glücks bringen will. Pfingsten ist das Fest des *Friedens* und der *Sendung.* Wir müssen die Türen aufmachen und zu den anderen gehen oder zumindest die anderen hereinlassen. Wer Pfingsten feiert, d.h. mit der *Gegenwart des Geistes* der Liebe und Wahrheit rechnet, der muß überlegen, wo die Spannungsgebiete in den Begegnungen seines alltäglichen Lebens liegen, der muß besorgt sein um den Frieden.

Der Heilige Geist wird jenen als Beistand und Tröster geschenkt, die willens sind, die *Sendung Jesu* in der Geschichte *fortzusetzen.* Was Heiliger Geist ist und wirkt, kann nur jenen begreiflich werden, die wie Jesus ein Licht in der Finsternis des Hasses, der Lüge, der Hartherzigkeit und der kleinen und großen Unmenschlichkeiten sein wollen. Die *tägliche Erfahrung* in der Familie, im Beruf und im gesellschaftlichen Leben zeigt uns, was Heiliger Geist *ist* und was er *nicht ist.* Um nirgends anzuekken, um Karriere zu machen, um ein angenehmes Leben zu führen, braucht man keinen Heiligen Geist. Dazu genügen die Kenntnis der gesellschaftlichen Spielregeln, kleine Intrigen und Gönner. Wenn wir uns mit dem Heiligen Geist einlassen, wird er uns oft auch *in die Entscheidung* führen, denn er ist ein *Geist des Widerstandes,* freilich eines schöpferischen, aufbauenden Widerstandes. Er richtet sich gegen die Sünde, gegen die Unfreiheit, die sie schafft, gegen das, was im Johannesevangelium „Welt" genannt wird und die Sündenverstricktheit meint. Man kann diesen schöpferischen Geist Christi auslöschen, wenn man die Frohbotschaft zu einer Drohbotschaft umfunktioniert, genauso wie durch kritiklose Anpassung an die Umwelt, die Gottes Geist durch uns ja verändern möchte. Heiliger Geist schafft Leben, Freude, Frieden. Er ist ein lebendiger, friedenschaffender Widerstand gegen jede Form der Sklaverei.

Erweckung aus den Gräbern

Der Prophet Ezechiel, geistlicher Führer der Verbannten in Babylon, hat eine *makabre Vision.* Vom Geist des Herrn in eine Talebene entrückt, die mit Leichen bedeckt ist, wird ihm befohlen, diese Gebeine ins Leben zurückzurufen (Ez 47,1–3). Das Gotteswort, das der Prophet an diese Leichen ausrichtet, wird durch den Anhauch, der von JHWH ausgeht, wirksam. Dann wird dem Propheten dieses ungeheuerliche Geschehen erschlossen; er erkennt in den ausgestreut liegenden Gebeinen *sein hoffnungsloses Volk* und wird beauftragt, diesem die Verheißungen auszurichten: „Ich öffne eure Gräber und hole euch, mein Volk, aus euren Gräbern herauf. Ich bringe euch zurück in das Land Israel ... Ich hauche euch meinen Geist ein, dann werdet ihr lebendig, und ich bringe euch wieder in eurer Land. Dann werdet ihr erkennen, daß ich der Herr bin. Ich habe gesprochen, und ich führe es aus – Spruch des Herrn" (Ez 37,12ff.).

Das Volk Israel im Babylonischen Exil ist ein dezimierter Menschenhaufen. In der Hoffnungslosigkeit verliert das berufene Volk Gottes seine Bestimmung, es wird zum *Nicht-Volk* und gleicht einem geschändeten Friedhof. Die Geschichte des Gottesvolkes scheint ihr *absolutes Ende* erreicht zu haben. Es gibt aber einen, der stärker ist als der Tod, stärker als der Tod der gottfernen Menschen in ihrer Hoffnungslosigkeit. Im Verständnis der Bibel ist der Gott abgewandt lebende Mensch ein dem Tod Verfallener! Dieser *Stärkere* greift nun hier ein. Es ist der Geist Gottes, der in seiner Allmacht die Schöpfung aus dem Nichts ins Dasein gerufen hat. Es ist der Geist Gottes, der dieses Volk *berufen* hat und es jetzt durch ein neues Schöpfungswunder *zum Leben erweckt.* Gerade an den Tiefpunkt der Selbstaufgabe des Volkes wird die *neue Hoffnung* geknüpft.

Es darf uns nicht wundern, wenn diese Lebensverheißung von Ez 37 einer Auslegungsgeschichte unterworfen war, die konsequent zur Vorstellung einer *endzeitlichen Totenerweckung* führte. Dieser Prophetentext wird als Festperikope der Paschawoche in der Synagoge gelesen. Diese Osterhoffnung auf die *endgültige Erlösung,* die Hoffnung auf den *Sieg über den Tod,* prägte auch die Stimmung der Apostel und ihres Meisters Jesus beim letzten Abendmahl.

Wir begegnen hier einem Todesbegriff, der auf den *Bereich der Sünde* eingegrenzt ist, und dem man durch die *Treue zum Bund* entgehen kann. Das Volk unter dem Gericht, seiner Heimat, des Tempels und damit der Gottesnähe beraubt, befindet sich in der Sphäre des Todes. Im Johannesevangelium findet sich eine ähnliche Auffassung vom Todesbereich. Wer sich im widergöttlichen Bereich befindet, ist dem Tod verfallen. Aber „die Stunde kommt, und sie ist schon da, in der die Toten die Stimme des Sohnes Gottes hören werden; und alle die sie hören, werden leben“ (Joh 5,25). Auch diese „Auferweckung“ meint eine *Neugeburt* des *geistlich toten Menschen* durch den lebendigen Gott.

Die Vision der Totenerweckung durch Gottes Allmacht und Treue findet in der Auferweckung Jesu ihre vollendete Erfüllung, und in der Hoffnung, die uns damit gegeben ist. Paulus schreibt darüber im Römerbrief: „Wenn der Geist dessen in euch wohnt, der Jesus von den Toten auferweckt hat, dann wird er, der Christus Jesus von den Toten auferweckt hat, auch euren sterblichen Leib lebendig machen, durch seinen Geist, der in euch wohnt“ (Röm 8,11). Vom schöpferischen Geist Gottes, der die Welt ins Dasein gerufen hat, erwarten wir unser ewiges Leben und bleibende Gemeinschaft mit Gott.

Ohne diesen Geist ist kirchliches Leben undenkbar. Nach der Apostelgeschichte erweckt Gottes Geist am Pfingsttag aus einer Schar angefochtener und ängstlicher Jünger *die Kirche.* (Die Perikope Ez 37 wird am Vorabend des Pfingstfestes als Lesung zur Auswahl angeboten.) Was wäre aus der Kirche geworden, wenn sie diesen Geist nicht als *ihr Lebensprinzip* hätte? Hat er nicht das Krumme immer wieder gerade gebogen und die von schwachen Menschen geleitete Gemeinschaft von ihren Irrwegen zurückgeholt? Gleicht nicht auch die Kirchengemeinschaft oft diesem düsteren Bild vom Totenfeld? Da gibt es so viele Menschen *ohne Hoffnung* und mit *wenig Glauben.* Vielleicht aber findet sich noch ein Funke unter der Asche. Dahinein bläst Gottes Atem *neues Leben,* und er tut es immer wieder. Gott hat nicht aufgehört, jeden einzelnen von uns lebendig zu machen, uns Hoffnung zu geben, Mut zum Bekenntnis, und Kraft, nach seinem Gesetz zu leben. Er hat nicht aufgehört, uns in der Gemeinschaft der Kirche zu *sammeln* und uns *neues Leben* zu schenken. Der Geist Gottes schenkt Leben und Freiheit, *er führt wirklich aus den Gräbern,* die sich jeder selbst geschaufelt hat. Es sind die Gräber der Sattheit, der Selbstzufriedenheit, der Vorurteile, des Hasses und der Angst, der Leidenschaft und der asozialen Haltung. Die Vision des Propheten Ezechiel erfüllt sich *jetzt schon,* je mehr wir uns vom Geist Gottes anrühren lassen.

V.

Nachfolge
Auf den Wegen des Herrn gehen

Umkehr und Buße

Zur „ersten Liebe" zurückkehren

„Die große Schuld des Menschen sind nicht die Sünden, die er begeht – die Versuchung ist mächtig und seine Kraft gering! Die große Schuld des Menschen ist, daß er in jedem Augenblick die Umkehr tun kann und nicht tut" (Rabbi Bunam).

Es gehört zum ganz frühen religiösen Bewußtsein des Volkes Israel, daß das Band, das die Gemeinde mit Gott verbindet und das Gott selbst in seiner Liebe geknüpft hat, durch das Verschulden der Menschen zerrissen werden kann. In diesem Bewußtsein geht Israel den Weg durch die Geschichte: einen Weg, der durch Treue und Untreue des Volkes gegen seinen Bundesgott gekennzeichnet ist. Aus der Perspektive des Bundes und nach den Kriterien von Treue und Untreue, Strafe und Begnadigung, wird die eigene Geschichte immer wieder neu erzählt, poetisch dargestellt und schließlich in einem langen literarischen Prozeß zur Bibel des Alten Testaments, wie wir sie heute besitzen.

Umkehr heißt JHWH suchen

Der Gefahr des oberflächlichen Ritualismus stellen die Propheten ihre *Botschaft von der Bekehrung* entgegen. Mag auch das ganze Volk von ihnen angesprochen sein, so ist doch immer *der einzelne* gemeint, der zur *Mündigkeit*, zur *innerlichen Anteilnahme* und *Lebensänderung* gerufen wird.

In verschiedenen Wendungen bringen die Propheten die Umkehr des Menschen zur Sprache: „JHWH suchen" (Hos 10,12; Am 5,4), „sein Antlitz suchen" (Hos 5,15), „sein Herz auf ihn richten" (1 Sam 7,3). Am häufigsten wird der aus dem Alltagsleben genommene Ausdruck *„schub"* (Umkehr) verwendet und damit eine allgemeine Erfahrung ausgesprochen: nachdem man erkannt hat, daß der gewählte Weg in die Irre führt, muß man zum *Ausgangspunkt zurückkehren,* um den *richtigen Weg* zu finden. Auf religiöser Ebene wird hier die *Bekehrung* umschrieben, die Abwendung von dem, was böse ist, und ein *Sich-Hinwenden* zu Gott, verbunden mit einer Neuorientierung der gesamten Lebenshaltung.

Die Heimsuchungen Gottes sollen zur Besinnung führen
Im Bild der *treulosen Frau,* die der Prophet Hosea zur Ehegattin nimmt, soll das Verhältnis JHWHs zum untreuen, bundesbrüchigen Volk Israel dargestellt werden. Hoseas untreue Gattin soll erst zur Einsicht kommen, damit sie die Liebe ihres Ehemannes wieder verdient: „Ich sagte zu ihr: Du bleibst jetzt viele Tage bei mir, ohne als Dirne einem Mann zu gehören. Und so mache auch ich es mit dir. Denn soviele Tage bleiben Israels Söhne ohne König und Fürst ... Danach werden die Söhne Israels umkehren und den Herrn, ihren Gott, suchen“ (Hos 3,3–5). Die *Heimsuchungen* Gottes sind eine *Konsequenz* der Liebe Gottes, um Israel zur Besinnung und zum Nachdenken zu bringen. Doch jene, die der Prophet zur Umkehr aufruft, verharren lieber in der Verhärtung ihres Herzens, sie leben weiter in den Tag hinein. Deshalb können die Propheten dem *unbekehrbaren* Israel nur mehr die politische Katastrophe als Strafe ankündigen (z. B. Jer 13,20–27), eine Folge ihrer verkehrten, gottlosen Lebensweise, andererseits wieder ein *eindringlicher Appell* Gottes zur Umkehr. Dürre, Heuschreckenplage, Pest, Krieg und Naturkatastrophen zählt Amos als *Rufe zur Umkehr* auf, die aber auch ihre von Gott beabsichtigte Wirkung verfehlt haben: „Ich ließ euch hungern in all euren Städten, ich gab euch kein Brot mehr in all euren Dörfern, und dennoch seid ihr nicht umgekehrt zu mir“ (Am 4,6).

Buße tun heißt in Gerechtigkeit und Liebe leben
Nicht kultische Übungen und vermehrte Gottesdienste werden Gott bewegen, sich des „Restes Josefs“ zu erbarmen, sondern gelebte Gerechtigkeit und Liebe: „Haßt das Böse, liebt das Gute, und bringt bei Gericht das Recht zur Geltung! Vielleicht ist der Herr, der Gott der Heere, dem Rest Josefs dann gnädig“ (Am 5,15) – „Lernt, Gutes zu tun! Sorgt für das Recht! Helft den Un-

terdrückten! Verschafft den Waisen Recht, tretet ein für die Witwen" (Jes 1,16f.).

Eine Bekehrung, die ihre Früchte im Leben nicht zeigt, ist wertlos, sie muß den Menschen ganz ergreifen und von Liebe und Erkenntnis des Willens Gottes getragen sein. Das Hoseawort, das den *Gottesdienst des Herzens und der Tat* fordert, wird von Jesus wieder aufgegriffen: „Liebe will ich, nicht Schlachtopfer, Gotteserkenntnis, nicht Brandopfer" (Hos 6,6).

Vor allem zwei Sünden sind es, die von den Propheten immer wieder scharf angeprangert werden: das *unsoziale Verhalten* der Mitglieder des Gottesbundes, die untereinander wie Brüder und Schwestern sein sollten, und die *Hinwendung zum Götzendienst* in Form der Fruchtbarkeitskulte, die auf das Volk eine große Faszination ausübten. Die Umkehrpredigt der Propheten fordert den *Nachvollzug des Heilswillens Gottes,* wie es der Prophet Micha in dem Glaubens- und Verhaltensbekenntnis ausdrückt: „Es ist dir gesagt worden, Mensch, was gut ist und was der Herr von dir erwartet: Nichts anderes als dies: Recht tun, Güte und Treue lieben, in Ehrfurcht den Weg gehen mit deinem Gott" (Mi 6,8).

Manchmal zweifelt auch ein Prophet an der Fähigkeit des Volkes zur Umkehr, zu stark haben sich die Menschen im Bösen verstrickt. Aus dieser selbstverschuldeten Unfreiheit können sie aus eigener Kraft und ohne besondere Hilfe Gottes nicht mehr ausbrechen. „Ändert wohl ein Neger seine Hautfarbe oder ein Leopard seine Flecken? Dann könntet auch ihr euch noch bessern, die ihr ans Böse gewöhnt seid" (Jer 13,23).

Gott schenkt den Menschen ein neues Herz

Der Umkehr-Einladung Gottes „kehre zurück, Israel, du Abtrünnige! Ich schaue dich nicht mehr zornig an; denn ich bin gütig" (Jer 3,12), kann vom Menschen nur entsprochen werden, wenn Gott mitwirkt, hilft und mitgeht. Das Gebet bei Jeremia läßt etwas ahnen von dem geheimnisvollen *Miteinander* von Gottes Wirken und menschlichem Tun: „Laß mich umkehren, JHWH, daß ich umkehre" (Jer 31,18).

In der politischen und religiösen Nullpunktsituation des Babylonischen Exils, in der die Frage gestellt wurde, sind wir noch

Gottes Volk, und dürfen wir noch auf JHWH hoffen, bricht die Hoffnung und Glaubensgewißheit auf, daß Gott einen *Neuen Bund* stiften und die *Umkehr der Herzen* bewirken wird (Jer 31,33f.). Gott selbst wird sich ein *treues Volk* erschaffen: „Ich schenke euch ein neues Herz und lege einen neuen Geist in euch. Ich nehme das Herz von Stein aus eurer Brust und gebe euch ein Herz von Fleisch. Ich lege meinen Geist in euch und bewirke, daß ihr meinen Gesetzen folgt und auf meine Gebote achtet und sie erfüllt" (Ez 36,26f.).

Das Exil hat eine tiefgehende Läuterung und Bekehrung, zumindest eines „Restes" des Volkes, bewirkt. Diesem Rest kann ein unbekannter Prophet versichern, daß „der Frondienst zu Ende und die Sünde gesühnt ist" (Jes 40,22). So kann JHWH zu seinem Knecht Israel sprechen: „Israel, ich vergesse dich nicht. Ich fege deine Vergehen hinweg wie eine Wolke und deine Sünden wie Nebel. Kehr um zu mir; denn ich erlöse dich! (Jes 44,21f.). Deuterojesaja weitet diese Heilsverheißungen auf die Völker der Heiden aus. Ein *treues* Israel wird auch den Völkern zum Anstoß, ihre Götzen zu verlassen und sich dem *lebendigen Gott zuzuwenden* (Jes 45,14ff.).

Mit diesen prophetischen Zusagen, deren Erfüllung immer *nur bruchstückhaft* erlebt wurde, ist Israel den Weg durch die Geschichte weitergegangen, bereichert um eine tiefe Erfahrung und Hoffnung, daß Gott die umkehrenden Sünder *immer wieder annimmt* und ihnen *Hoffnung und Neuanfang schenkt.* Der Geist der Buße und Umkehr hat nach dem Exil so tiefe Wurzeln geschlagen, daß er der gesamten jüdischen Geistigkeit ihr Gepräge gegeben hat. Die Erinnerung an die Unbußfertigkeit von einst kehrt in den nachexilischen Gebeten immer wieder: „Ach, würdet ihr doch heute auf seine Stimme hören! Verhärtet euer Herz nicht wie in Meriba, wie in der Wüste am Tag von Massa! Dort haben eure Väter mich versucht, sie haben mich auf die Probe gestellt und hatten doch mein Tun gesehen" (Ps 95,7–9). (Siehe auch das Bußgebet in Esra 9,5–15).

Johannes und Jesus rufen zur Umkehr

Im Zeugnis des Neuen Testaments ist Jesus der alle Propheten und Gottesboten *überbietende* Heilbringer; er ist auf einzigartige Weise *der Sohn.* Durch seine Forderung zur Umkehr steht er in der besten Tradition der Propheten. Jesus kann der *größte Prophet* genannt werden. Er hat an die Bußpredigt Johannes' des Täufers angeknüpft, doch geht er *eigene Wege.* Während Johannes in starken Bildern den kommenden *Gerichtstag* JHWHs ansagt, um die Menschen aufzurütteln, und den Ernst der Stunde durch sein aszetisches Auftreten betont, weiß sich Jesus berufen, den Menschen die Frohe Botschaft vom *nahen Reich Gottes* zu verkünden. Er vergleicht die kurze Zeit seines messianischen Wirkens mit einer *frohen Hochzeit,* einer Zeit, in der die übliche Fastenpraxis keine Geltung hat. Es ist nicht möglich, das geistige Profil des großen Umkehrpredigers Johannes eindeutig nachzuzeichnen, da das Neue Testament ihn als Wegbereiter und Vorläufer Jesu darstellt und aus diesem Grund auch das von ihm Überlieferte der Botschaft Jesu *angeglichen* hat. Lukas charakterisiert die Sendung des Johannes so: „Er wird viele Söhne Israels zum Herrn, ihrem Gott, bekehren" (Lk 1,16f.). Mit dem Ruf „Kehrt um, und glaubt an das Evangelium!" (Mk 1,15) läßt Markus das öffentliche Leben Jesu beginnen. Die Predigt Jesu stellt die Menschen vor eine große, noch nie gehörte *Einladung Gottes* und damit vor eine *Entscheidung von größter Wichtigkeit:* Alle sind angesprochen, alle eingeladen, das geknickte Rohr soll nicht zerbrochen und der glimmende Docht nicht ausgelöscht werden. Die Einladung Gottes soll für die Menschen zur *Lebenswende* werden. Gott ist an der Umkehr der Menschen zutiefst interessiert, d.h., die Bekehrung eines Menschen wird begleitet und angeregt vom liebenden Wirken Gottes. Das Gleichnis vom Hirten, der dem einen verlorenen Schaf nachgeht und selbst die große Schar zurückläßt, macht die *göttliche Initiative* besonders deutlich. Das ist die Frohe Botschaft vom Reiche Gottes, die jedem Mut machen kann, denn „im Himmel wird mehr Freude herrschen über einen einzigen Sünder, der umkehrt, als über neunundneunzig Gerechte, die es nicht nötig haben umzukehren" (Lk 15,17). – Die Parabel vom verlorenen Sohn zeigt uns in der Bereitschaft des Vaters, den Heimkehrenden *ohne Vorwurf* anzunehmen, ja für ihn sogar *ein Fest zu bereiten,* einen Gott, der den Umkehrwilligen die *Tore seines Herzens* offen hält. Die Umkehr wird so als *menschliche Antwort* auf das *Liebeswerben Gottes* dargestellt.

Gerade dieses zur Umkehr einladende *Entgegenkommen Gottes,* das Jesus verkündet und selbst verkörpert, *erregt Ärgernis* und fordert die treuen Frommen heraus. Der Evangelist Lukas erzählt mit Vorliebe Bekehrungen in ihren Einzelheiten, wie die der Sünderin (7,36–50) und die des Zachäus (19,5–9).

Ganz konkrete Forderungen

Die Gleichnisse von der Sünderliebe Gottes dürfen aber nicht überhören lassen, daß Jesus von *allen* seinen Zuhörern *Umkehr verlangt.* Als man Jesus von der Niedermetzelung einiger galiläischer Festpilger durch Pilatus berichtet, zieht er aus dieser Bluttat den Schluß: „Ihr alle werdet genauso umkommen, wenn ihr euch nicht bekehrt" (Lk 13,3). Das Schicksal jener Ermordeten ist nicht als Vergeltung für besondere persönliche Schuld zu sehen, da die Zuhörer Jesu insgesamt *in Schuld verstrickt* sind. – Gerade der Selbstgerechte ist in *größter Gefahr,* verloren zu gehen, weil er sich dem *Liebeswerben Gottes* und den Wegen, die Gott mit den Menschen gehen will, *verschließt.* Am Beispiel der unterschiedlichen Gebete des Pharisäers und des Zöllners wird das anschaulich (Lk 18,9–14).

Jesus fordert die Umkehr der Herzen, die nicht in der Öffentlichkeit durch auffällige Zeichen zur Schau gestellt werden soll, um etwa dafür Beifall zu ernten: „Wenn ihr fastet, macht kein finsteres Gesicht wie die Heuchler. Sie geben sich ein trübseliges Aussehen, damit die Leute merken, daß sie fasten. Amen, das sage ich euch: Sie haben ihren Lohn bereits erhalten" (Mt 6,16).

„Umkehren und wie die Kinder werden" (Mt 18,3) will *nicht* dem Infantilismus das Wort sprechen, sondern ein *kindliches Vertrauen* zu Gott wecken, bei dem wir uns geborgen fühlen dürfen, auch wenn wir nicht wissen, wie er uns führt. Hier wird deutlich, wie sehr die Umkehr zu einer *Haltung* werden muß, die der *ständigen Einübung* bedarf. Kindhaftes Vertrauen Gott gegenüber hat man eben nicht von heute auf morgen. Wir werden auch immer versucht sein, auf unsere eigenen Leistungen zu setzen, und sie vor Gott zu unseren Gunsten ins Spiel zu bringen. Doch Umkehr im Sinne Jesu verlangt die Abkehr von jedem *Versuch der Selbsterlösung,* sie verbietet das „Sich Rühmen" (Röm 3,27), sie zeigt uns die Gefährlichkeit des Reichtums, auf den man sich an den entscheidenden Wenden des Lebens und gerade im Sterben *nicht verlassen* kann (Lk 12,13–21).

Die „Umkehr" ist in der Predigt Jesu kein bloßes Schlagwort geblieben. In der Bergpredigt (Mt 5–7) werden die Forderungen der neuen Gerechtigkeit entfaltet, da gibt Jesus die Weisung, wie die Umkehr konkret werden muß und wie das „Reich Gottes", d.h. Gottes heiliger Wille, unser Leben und Denken bestimmen soll.

Sünde und Umkehr in der Kirche

Die Apostel haben Jesus als Messias und Sohn Gottes verkündet, sie wissen sich aber genauso der *Verkündigung und Umkehrpredigt* ihres Meisters *verpflichtet,* denn „in seinem Namen wird man allen Völkern, angefangen in Jerusalem, verkünden, sie sollen umkehren, damit ihre Sünden vergeben werden" (Lk 24,46f.).

In der Apostelgeschichte und in den Paulusbriefen wird oft zwischen *innerer Umkehr,* der Sinnesänderung (metánoia), und dem *äußeren Vollzug* der Lebensänderung unterschieden: „Kehrt um, und tut Buße ..." (Apg 3,19). Zur Umkehr gehört die gläubige Hinwendung zu Jesus Christus, dem Urheber des Lebens (Apg 3,15), durch dessen Namen Gott die Vergebung der Sünden schenkt. Die Umkehr *beantwortet* Gott durch die *Vergebung der Sünden,* die durch den Empfang der Taufe und die Gabe des Heiligen Geistes besiegelt wird. So erklärt Petrus in seiner Pfingstpredigt den von Gott angebotenen Heilsweg: „Kehrt um und jeder von euch lasse sich auf den Namen Jesu Christi taufen zur Vergebung seiner Sünden; dann werdet ihr die Gaben des Heiligen Geistes empfangen" (Apg 2,38). Bei der Taufe des Hauptmanns Cornelius stellten die Christen jüdischer Herkunft mit Erstaunen fest, daß Gott auch den Heiden „die Umkehr zum Leben" geschenkt habe (Apg 11,18).

Die apostolische Gemeinde mußte schon sehr bald erfahren, daß auch die Getauften, die ihre Bekehrung vollzogen haben, in die Sünde *zurückfielen.* Timotheus soll die Widerspenstigen zurechtweisen, in der Hoffnung, daß Gott ihnen die Gnade der Bekehrung schenken werde (2 Tim 2,25). Die Sendschreiben an die sieben Kirchen fordern zur Bekehrung auf: „Ich werfe dir aber vor, daß du deine erste Liebe verloren hast. Bedenke, aus welcher Höhe du gefallen bist. Kehr zurück zu deinen ersten Werken!" (Offb 2,4f.).

Viele Textbeispiele beweisen, daß die *Taufbekehrung* in einer immer wieder vollzogenen Umkehr und Lebenserneuerung *fortgesetzt* werden muß, d. h. in einer Bußhaltung, die das christliche Leben prägt. Der *Nachvollzug* des Heilswillens Gottes bleibt eine *Lebensaufgabe.*

„Wir sind nie so endgültig und ein für allemal in das Reich Christi versetzt, daß wir nicht immer wieder der Finsternis verfallen könnten. Die Versuchung, uns mit einer leeren Gebärde, einem seelenlosen Kult zu begnügen und uns dadurch vor dem eigentlichen, persönlichen Akt der Rückkehr zu Gott zu dispensieren, droht uns jederzeit. Umkehr ist daher ein unermüdlich vollzogener innerer Akt, durch den ich aus dem Vielerlei des Alltags, aus Routine, Oberflächlichkeit und Ichsucht in die Geborgenheit der Liebe Gottes zurückkehre" (Mirjam Prager).

Glaube ist Nachfolge

Man kann glauben, „daß Gott ist“,
und in seinem Rücken leben; wer ihm vertraut,
lebt in seinem Angesicht
(Martin Buber)

Wenn wir in der Umgangssprache sagen, daß wir *etwas glauben*, dann verstehen wir darunter ein *unsicheres Wissen.* Religiöser Glaube wird dementsprechend von vielen als ein *Für-wahr-Halten* von Glaubenssätzen verstanden, die man nicht beweisen kann, die von der Autorität Gottes oder der Kirche verbürgt werden. Intellektuell geschulte Menschen hätten die besseren Voraussetzungen, Glaubensaussagen zu verstehen. – Wahrscheinlich hat die starke dogmatische Tradition der Kirche, die „Glaubenswahrheiten“ in guten Formulierungen vorgibt, zu dieser verarmten Auffassung vom Glauben geführt.

Eine andere Wendung der Alltagssprache kann besser zum Verständnis biblischen Glaubens hinführen. Der Glaube kann sich auch auf eine Person beziehen, etwa wenn wir zu jemandem sagen: „Ich glaube an dich.“ Der Kern des Glaubens liegt hier im *persönlichen Eingehen* auf den anderen und in *einem großen Vertrauen* zu ihm. Dieser Glaube beansprucht meine ganze Person und nicht nur meinen Verstand oder meinen Willen. Hier geschieht die Hinwendung zu einem Du, in dem man Grund und Halt findet.

Das hebräische Wort für Glauben ist in dem Wort „Amen“ enthalten. Die Wurzel des biblischen Begriffs für Treue und Glauben (ämunah) bedeutet einen *festen Halt* haben und *gut verankert* sein. „Wer dem Bund des treuen Gottes durch seine Lebensführung entspricht, in welcher Gott, seiner Verheißung, und seinen Erwählten die Treue gehalten wird, der beweist ämunah“ (Markus Barth). Die großen Glaubenden der Bibel bezeugen eine ihr ganzes Leben ergreifende Begegnung mit Gott. Biblisch gesehen kann Glaube und Nachfolge nicht voneinander getrennt werden, denn der Glaubende „geht auf den Wegen des Herrn“.

Abraham – Vater der Glaubenden

Mit dem *Ruf Gottes* an Abraham und seiner Antwort beginnt die besondere Geschichte Gottes mit den Menschen. Die Aufforderung, die angestammte Heimat zu verlassen und die Verheißungen, „Ich werde dich zu einem großen Volk machen ... Durch dich sollen alle Geschlechter der Erde Segen erlangen“ (Gen 12, 1–3), eröffnen ihm einen Weg in die Zukunft, die aber *völlig ungewiß* ist. Heimatlos um Gottes willen (vgl. Hebr 11, 8–14) macht er sich der göttlichen Verheißung folgend auf den Weg. Gegen alle Hoffnung – denn es werden ihm kaum Zeichen geschenkt, daß Gott sein Wort wahr macht – ist er voller Hoffnung (vgl. Röm 4, 18).

Gottes Anrede zieht Abraham in einen Dialog hinein, in dem der Glaube gelebt und getan werden kann. Denken wir an das Gespräch mit den drei Gästen, durch die Abraham zum Gastgeber Gottes wurde (Gen 18).

In der Abrahamserzählung kristallisieren sich die Charakteristika biblischen Glaubens. Deshalb wird Abraham *Vater der Glaubenden* genannt (Röm 4, 12). Der Glaube ist nicht eine Entscheidung, die *ein für allemal* getroffen wird, sondern *ein Weg.* Im Vertrauen auf Gottes Wort *diesen Weg* zu gehen, das ist die *Antwort des Glaubens.* Der Glaube nötigt zum „Auszug“ aus alten Gewohnheiten und zur Abkehr von eingefahrenen Lebens- und Handlungsweisen. Je mehr uns das Vertrauen trägt – das „Ich glaube dir“ –, desto leichter wird der Weg, desto weniger erschreckt uns das Wagnis. Abrahams Weg *vollendet* sich im Weg Jesu, der heimatlos unterwegs ist (vgl. Mt 8, 20) und seine Jünger auffordert, alles zu verlassen und ihm nachzufolgen. Der Hebräerbrief, der den Glauben Abrahams und der Patriarchen als bleibendes Beispiel hinstellt (11, 8–22), nennt Jesus den „Urheber und Vollender des Glaubens“ (12, 2), weil er auf seinem Weg in die Herrlichkeit des Vaters „durch Leiden den Gehorsam gelernt“ hat (5, 8).

Israels Weg in sein Land wird zum Modell des Glaubens

In immer neuen Variationen wird *Israels Weg* vom Auszug aus Ägypten bis zum Einzug ins gelobte Land als *Modell des Glaubens* dargestellt. Die Geschichte vom Weg in die Freiheit und der mächtig-führenden Hand Gottes wird jeder Generation aufs neue bezeugt. Ob Israel im Land lebt und dort durch seine Sattheit Gefahr läuft, JHWH zu vergessen, oder ob es in der Verbannung sehnsüchtig nach Zion zurückblickt, immer wird ihm gesagt: Du bist *noch nicht* im Besitz der verheißenen Gaben Gottes – sie liegen noch *vor dir* –, du mußt dich von deinem Gott *weiterführen* lassen.

Wenn die Propheten Israels Schuld schonungslos aufdecken, dann sehen sie in der Wüstenzeit Israels ein *Ideal-Bild.* Israel hat dem Ruf JHWHs am Anfang seiner Geschichte treu entsprochen – es ist dem Herrn gefolgt wie die Braut dem Ruf des Bräutigams: „Ich denke an deine Jugendtreue, an die Liebe deiner Brautzeit, wie du mir in der Wüste gefolgt bist, im Land ohne Aussaat" (Jer 2,2). Doch Israel hat den Weg in die Freiheit immer wieder verlassen und ist „nach Ägypten zurückgekehrt". Israel ist fremden Göttern nachgelaufen und hat JHWH den Rücken gekehrt. Der Prophet Elija ruft das Volk zur Entscheidung. „Wie lange noch schwankt ihr nach zwei Seiten? Wenn JHWH der wahre Gott ist, dann folgt ihm. Wenn aber Baal es ist, dann folgt diesem!" (Kön 18,21). Wenn von der *Eifersucht* JHWHs die Rede ist, geht es nicht bloß um den Alleinanspruch kultischer Verehrung. „JHWH verlassen" heißt die Bundesgesetze brechen. „JHWH nachfolgen" heißt auf dem *Pfad seiner Gebote* wandeln (vgl. Ps 119,35); konkret: an den Schwachen der Gesellschaft so handeln, wie JHWH an Israel – dem Sklaven der Ägypter – getan hat. JHWH fordert den *Nachvollzug* seines Heilswillens; die „anderen Götter" bedient man im Kult. „Wenn ihr die Fremden, die Waisen und Witwen nicht unterdrückt, unschuldiges Blut an diesem Ort nicht vergießt und nicht anderen Göttern nachlauft zu eurem Schaden, dann will ich bei euch wohnen hier an diesem Ort ..." (Jer 7,6 f.). Das Ideal, den „Weg des Herrn gehen", das in den Psalmen so oft angesprochen wird, ist immer mit der *Einforderung einer sittlichen Haltung* verbunden.

Bedingungslose Nachfolge Jesu – im Dienst der Frohbotschaft

„Als Jesus am See von Galiläa entlangging, sah er Simon und Andreas, den Bruder des Simon, die auf dem See ihr Netz auswarfen; sie waren nämlich Fischer. Da sagte er zu ihnen: Kommt her, folgt mir nach! Ich werde euch zu Menschenfischern machen. Sogleich ließen sie ihre Netze liegen und folgten ihm. Als er ein Stück weiterging, sah er Jakobus, den Sohn des Zebedäus, und seinen Bruder Johannes; sie waren im Boot und richteten ihre Netze her. Sofort rief er sie, und sie ließen ihren Vater Zebedäus mit seinen Tagelöhnern im Boot zurück und folgten Jesus nach" (Mk 1,16–20).

„Als er weiterging, sah er Levi, den Sohn des Alphäus, am Zoll sitzen und sagte zu ihm: Folge mir nach! Da stand Levi auf und folgte ihm" (Mk 2,14). Markus berichtet die Berufung der ersten Jünger am Anfang des öffentlichen Wirkens Jesu. Ob Jesus schon vorher diese Menschen gekannt hat, ob er bereits Kontakt zu ihnen hatte und wie lange er als Verkünder des Evangeliums allein durch Galiläa zog, wird uns von Markus nicht mitgeteilt. Besonders auffallend ist die *spontane Entscheidung* der Angesprochenen, die sofort und ohne Zögern getroffen wird. Eine Antwort „ohne Worte", die einfach darin bestand, alles liegen und stehen zu lassen, um sich Jesus anzuschließen. Hatten diese *Erst-Berufenen* nicht doch zuvor einiges zu regeln, haben sie wirklich Familie und Beruf so plötzlich verlassen? Diese Fragen gehen an der eigentlichen Aussage dieser Berufungsgeschichten vorbei: Der *Ruf in die Nachfolge* wird als *Botschaft* verkündet und nicht als Ereignisabfolge erzählt.

Die Berufung zur Nachfolge erinnert an eine ähnliche biblische Geschichte und scheint ihr bewußt nachgeformt zu sein. Elija, der Prophet, der vor dem Herrn steht (1 Kön 17,1) und gerade vom Gottesberg Horeb kommt (1 Kön 19,13), trifft Elischa, den Sohn Schafats, beim Pflügen mit einem Zwölf-Gespann. „Im Vorbeigehen warf Elija seinen Mantel über ihn. Sogleich verließ Elischa die Rinder, eilte Elija nach und bat ihn: Laß mich noch meinem Vater und meiner Mutter den Abschiedskuß geben; dann werde ich dir folgen. Elija antwortete: Geh, aber komm dann zurück! Bedenke, was ich an dir getan habe" (1 Kön 19,19f.).

Auch hier die spontane Reaktion: Elischa hält auf dem Feld *das Abschiedsmahl*, er schlachtet zwei Rinder und kocht sie auf dem Joch. Dann steht er auf und tritt in den Dienst jenes Mannes, der – wie sonst kein anderer – JHWH, dem Gott Israels, nahesteht (vgl. 1 Kön 19,21).

Jesus hat Simon und Andreas, Jakobus und Johannes ähnlich berufen wie einst Elija den Elischa. Unterschiede werden deutlich: Jesus ist *größer* als Elija; die Gottesherrschaft, die mit Jesus anbricht, duldet *keine Verzögerung*, deswegen folgen die Angesprochenen *ohne Abschiedsfest* und *ohne Verabschiedung*. Etwas ganz Neues bricht jetzt an, der Einladende *überbietet* die Gottesboten Israels, und seine Berufung fordert eine *bedingungslose* Antwort.

Noch deutlicher wird das im Lukasevangelium ausgesprochen. Die Bitte eines zur Nachfolge aufgeforderten Mannes, zuerst noch heimkehren zu dürfen, um seinen Vater zu begraben, wird von Jesus mit dem harten Wort abgelehnt: „Laß die Toten ihre Toten begraben; du aber geh und verkünde das Reich Gottes!" (Lk 9,60). Die Antwort Jesu wirkt pietätlos, mehr noch, sie widerspricht auch grundlegenden religiösen Verpflichtungen. Doch läßt die eigenartige Formulierung „Laß die Toten ihre Toten begraben" auf eine tieferen Sinn schließen. Es geht nicht um eine Anweisung zur Auflösung aller familiären Bindungen. Die Toten sind offenbar jene, die *geistig tot* sind und die sich der Botschaft Jesu verschließen. Jesus ruft sie in den *Bereich des Lebens* – in seiner Nachfolge *gewinnt* man das Leben, das nicht mehr unter der Gewalt des Todes steht. Das ist ein Hauptthema des Johannesevangeliums: Jesus führt die Menschen in die Entscheidung, zwischen *Leben und Tod* zu wählen; wer ihm glaubend folgt, der hat *jetzt schon* das Leben.

Die Nachfolge Jesu ist aufs engste verbunden mit der Verkündigung der Herrschaft Gottes. Der Jünger wird „Menschenfischer", der andere zu Jesus führt, weil in ihm sichtbar und erlebbar wird, wie Gott zu uns ist. Diese Missionsarbeit fordert ein ungeteiltes Herz und eine ganze Hingabe. Ein Vergleich soll das veranschaulichen: Wenn der Bauer seinen Pflug über das steinige und unebene Feld führt und nicht nach vorne, sondern nach rückwärts schaut, wird er keine gerade Furche zustande bringen (vgl. Lk 9,62). Die einmal erfolgte Berufung heißt, mit Christus in eine neue Zukunft hineingehen und das Reich Gottes zuerst suchen (vgl. Mt 6,33). Jesus lehrt nicht nur „wie einer, der Macht hat“ (Mt 7,29), er ruft auch so in seine Nachfolge, in einer Autorität, die das Letzte vom Menschen fordert. Das wird auch deutlich, wenn man bedenkt, daß im Judentum zur Zeit Jesu die Schüler selbst ihren Lehrer erwählten, dem sie nachfolgten, weil sie in ihm eine besondere Lehrautorität und ein Vorbild der Tora-Treue sahen. Im Evangelium ist es umgekehrt: Jesus war es, der die Fischer aus ihrem Alltag herausrief, *im Dienst der Gottesherrschaft ihm zu folgen.*

Nachfolge kann gefährlich werden

Ein Schriftgelehrter bietet Jesus seine Nachfolge an und möchte ihn als Meister wählen: „Ich will dir folgen, wohin du auch gehst“ (Mt 8,19). Jesus weist den Bittenden nicht ausdrücklich zurück, doch beschreibt er ihm äußerst anschaulich sein eigenes ungeschütztes und ungesichertes Leben: „Die Füchse haben ihre Höhlen und die Vögel ihre Nester; der Menschensohn aber hat keinen Ort, wo er sein Haupt hinlegen kann“ (Mt 8,20). Auf eine Kurzform gebracht, lautet die Antwort Jesu: *Nachfolge bedeutet Lebensgemeinschaft mit mir.*

Nachfolge Jesu heißt nicht nur seine Weisungen zur Richtschnur des Lebens machen, sondern auch sein Schicksal teilen. Die berufenen Jünger mußten Schritt für Schritt das Geheimnis seiner Person und Sendung kennenlernen. Sie waren zwar bereit, „seine Herrlichkeit“ zu teilen, aber noch keineswegs darauf eingestellt, *mit ihm* auch das Kreuz zu tragen. So können sie die Frage stellen: Was wird uns, die wir alles verlassen haben und dir gefolgt sind, dafür zuteil? (vgl. Mt 19,27).

Jesu Leidensweg hat Konsequenzen für diejenigen, die ihm nachfolgen wollen: „Wer mein Jünger sein will, der verleugne sich selbst, nehme sein Kreuz auf sich und folge mir nach. Denn wer sein Leben retten will, wird es verlieren; wer aber sein Leben um meinetwillen und um des Evangeliums willen verliert, wird es retten“ (Mk 8,34f.). Im Rückblick haben die Christen bei diesem Wort vom *„Kreuztragen“* nur noch an Jesu Kreuzigung gedacht. Wahrscheinlich hat Jesus schon ganz konkret die

Todesstrafe der Kreuzigung gemeint, die damals von der römischen Besatzungsmacht vor allem den Zeloten gegenüber praktiziert wurde. Damit hat Jesus von seinen Jüngern gefordert, auch die *letzte, tödliche Konsequenz* der *Gemeinschaft mit ihm* auf sich zu nehmen. Bis hin zum Lebensopfer kann aber nur die Forderung Gottes reichen. In diesen Nachfolge-Worten wird die *Vollmacht Jesu* bezeugt, der wie Gott die Macht hat, neues Leben zu schenken, den Menschen zu retten, der im Vertrauen auf ihn alles, selbst sein Leben, verliert.

Erst später haben die Apostel diese Worte Jesu erfaßt. Petrus verließ seinen Meister wie die anderen Jünger, nachdem er zuvor selbstsicher erklärte: „Herr, warum kann ich dir jetzt nicht folgen? Mein Leben will ich für dich hingeben" (Joh 13,37). Das *Verständnis* für diese Nachfolge mit allen ihren möglichen Konsequenzen mußte ihnen vom Meister selbst *geschenkt* werden – der ihnen durch den Tod hindurch in die Auferstehung vorausging. In rückblickender Perspektive ist dieses Wort des Auferstandenen an Petrus zu lesen: „Als du noch jung warst, hast du dich selbst gegürtet und konntest gehen, wohin du wolltest. Wenn du aber alt geworden bist, wirst du deine Hände ausstrekken, und ein anderer wird dich gürten und dich führen, wohin du nicht willst" (Joh 21,18). Und nochmals fordert ihn der Herr auf: „Folge mir!" (Joh 21,19). Haben nicht alle Jünger, die mit Jesus das Leben eines Wanderpredigers geteilt haben, diesen Ruf vom erhöhten Herrn neu vernommen? Diese Einladung ist immer wieder gehört und angenommen worden – bis heute!

Alle Christen sind zur Nachfolge berufen

Schon der Verfasser des Markusevangeliums konnte auf die ersten Christenverfolgungen unter Kaiser Nero zurückblicken und Erfahrungen der jungen Christengemeinden in die Darstellung seines Evangeliums einbringen. Denken wir an das Wort vom Kreuztragen: Eine *Bedingung der Nachfolge Jesu,* die von vielen bereits eingefordert wurde – die wie Jesus gelitten haben. Die noch kleinen und unbedeutenden Gemeinden standen *zwischen Heidentum und Judentum* und wurden von beiden angefeindet. Begreiflich, daß die Frage nach der eigenen Identität aktuell war: Wem *verdanken* wir unsere Existenz? – *worauf* können wir uns zurückführen? Darauf wollen die Erzählungen von der Jüngerberufung eine Antwort geben. Die urchristlichen Gemeinden haben letztlich nur *einen Grund* und *Ursprung:* Das Wort Jesu – seine *Einladung: Folge mir nach!* Die Gemeinde der Jesus-Jünger begann an jenem Tag zu existieren, als die zwei Brüderpaare, Simon und Andreas, Jakobus und Johannes, in die Nachfolge berufen wurden.

Die Christen in der Bedrängnis haben sich wie die ersten Jünger *von Jesus selbst ausgesprochen* gefühlt. Sie waren sich bewußt, wer sie berufen hat: Ein *Größerer* als der große Elija aus der Geschichte Israels – einer, der *voll-mächtig* ist, dem man *sich anvertrauen,* und dem man *bedingungslos folgen* kann, weil er das „Licht der Welt" ist (Joh 8,12) und als „Lamm Gottes" aus der Macht der Sünde retten kann (Joh 1,29). Die Berufungsgeschichten sind *Katechesen zum „Glauben in der Nachfolge Jesu"* und wollen mit ihrer Botschaft *alle* Christen erreichen. Uns heute wird das Verständnis dafür erschwert, weil eine jahrhundertlange Auslegungs-Tradition die Berufung der Jünger zum *„Sonderfall"* erklärt hat, der nur für jene Christen Maßstab wäre, die einen „geistlichen Beruf" wählen und sich durch Gelübde den „evangelischen Räten" verpflichten. Diese Kategorisierung des *Volkes Gottes* in Laien und Geistliche, Christen in der Welt und in einem Orden, lag völlig außerhalb des Horizonts der frühen Kirche. Sicher gab es auch damals „viele Berufungen", doch *Christ-sein* war *die Berufung,* dem Herrn zu folgen in der Gemeinschaft seiner Jünger, in der Kirche. Gerade die Evangelien wurden aus dem Bedürfnis heraus verfaßt, den Gemeinden „Lehrbehelfe" zu geben, die den „Weg Jesu" möglichst lebendig und der Lebens-Situation der Gemeinden entsprechend darstellen. Sie wollen das *Kennenlernen Jesu vermitteln* – und damit die persönliche Beziehung der Gläubigen zu Christus vertiefen.

Der Christus-Glaube wird einfach „Weg" genannt; das beweist, wie sehr Glaube *als Nachfolge Jesu* verstanden wird, und welchen *dynamischen* Charakter er hat. So lesen wir in Apg 18,25f., daß Apollos zwar im *Weg des Herrn* unterwiesen war, Priszilla und Aquila ihn aber zu sich nahmen, um ihm den *Weg Gottes* noch genauer darzulegen. Glauben im Sinn der Bibel heißt, dem einladenden Ruf Gottes folgen und „auf den Wegen des Herrn gehen", bis die Verheißung Jesu erfüllt ist: „... wo ich bin, wird auch mein Diener sein" (Joh 12,26). Die Verfasser der neutestamentlichen Schriften danken immer wieder für das *neue Leben,* das den Gläubigen in der *Christus-Gemeinschaft* geschenkt wird. *Jeder Getaufte* ist in die Jüngergemeinschaft *gerufen* und *lebt dort* vom ersten Mal der Einforderung seines Taufversprechens an. In der Antwort des Glaubens vertrauen wir uns ganz dem „Gott mit uns" an, der sich uns *im auferstandenen Herrn* ganz hingegeben hat. Deswegen sieht Paulus in der Christus-Nachfolge die *tiefste Form des Glaubens* an Gott: „Keiner von uns lebt sich selber, und keiner stirbt sich selber: Leben wir, so leben wir dem Herrn, sterben wir, so sterben wir dem Herrn. Ob wir leben oder ob wir sterben, wir gehören dem Herrn" (Röm 14,7f.).

Die Frage nach dem wichtigsten Gebot

Barmherzigkeit will ich und nicht Opfer
(Mt 9, 13)

„Ein Gesetzeslehrer wollte ihn auf die Probe stellen und fragte ihn: Meister, welches Gebot im Gesetz ist das wichtigste? Er antwortete ihm: Du sollst den Herrn, deinen Gott, lieben mit ganzem Herzen, mit ganzer Seele und mit all deinen Gedanken. Das ist das wichtigste und erste Gebot. Ebenso wichtig ist das zweite: Du sollst deinen Nächsten lieben wie dich selbst. An diesen beiden Geboten hängt das ganze Gesetz samt den Propheten" (Mt 22, 35–40).

Die Überlieferung des Doppelgebotes der Liebe in den synoptischen Evangelien läßt durchblicken, wie aktuell die Frage nach einer *Kurzformel* des Glaubens zur Zeit Jesu war. Die Verbindung zweier Schriftstellen aus dem Alten Testament ist als Bekenntnis zum Bundesgott zu verstehen: Das Gebot der Gottesliebe in Dtn 6, 5, wie es von den Juden bis heute im täglichen Gebet des „Höre Israel" bekannt wird, und die Weisung in Lev 19, 18 „Du sollst deinen Nächsten lieben wie dich selbst". Biblischer Glaube besteht zutiefst in einer *Lebenshaltung,* in einer Ausrichtung auf Gott und die Mitmenschen; es ist ein Glaube, der sich *verleiblichen* will, und nicht ein intellektuelles Fürwahrhalten.

Es ist nicht uninteressant, die Nuancen der Darstellung in den Evangelien zu vergleichen. Nach Lk und Mt soll Jesus mit der Frage nach dem größten Gebot provoziert werden. Nach Lk fragt der Gesetzeslehrer nicht nach dem „größten Gebot", sondern danach, was er tun müsse, um das *ewige Leben zu erlangen.* Lk läßt den fragenden Lehrer schließlich selbst die Antwort geben, *dieselbe Antwort,* die nach Mk und Mt *nur* Jesus gibt. Nach Mk lobt der fragende Schriftgelehrte die Antwort Jesu, und Jesus ist *einer Meinung* mit ihm. Wir sehen also, daß die Einheit von Gottes- und Nächstenliebe, als *Zusammenfassung der biblischen Botschaft,* einem Zeitgenossen Jesu durchaus zugemutet wird.

Die weitere Frage, ob die „Nächstenliebe" in der Praxis einzugrenzen sei bzw. *wer mein Nächster ist,* wird von Lk mit dem Gleichnis vom Barmherzigen Samariter beantwortet (Lk 10,25–37). Die Verbindung von Gottes- und Nächstenliebe zu einer unlösbaren Einheit ist der Botschaft des Alten Testaments nicht fremd. Jesus steht hier in einer *reichen Tradition,* die er aufgreift, deutet und den Menschen *neu verkündet.* Diese Verbindung ist eigentlich schon im Dekalog, in den *Zehn Geboten vom Sinai,* gegeben, denn die geforderte Lebenshaltung will als Antwort auf das zuvorkommende Heilshandeln Gottes verstanden werden, und Israel zeigen, wie man *Gottes Liebe erwidern* kann.

Ein schönes Beispiel einer Kurzformel des Glaubens, die wiederum eine Antwort des Menschen darstellt, finden wir beim Propheten Micha: „Es ist dir gesagt worden, Mensch, was gut ist, und was der Herr von dir erwartet: Recht tun, Güte und Treue lieben, in Ehrfurcht den Weg gehen mit deinem Gott" (Mi 6,8). Sehr oft wird eine bloß kultische Frömmigkeit, die nicht auf die liebenden Absichten Gottes eingeht, von den Propheten verurteilt. Jesus greift das kultkritische Wort des Propheten Hosea auf: „Barmherzigkeit will ich, nicht Opfer" (Mt 9,13; Hos 6,6).

Das Gebot der Nächstenliebe im Buch Leviticus betont besonders das rechte Verhalten und die Liebe zu den Fremden: „Wenn bei dir ein Fremder in eurem Land lebt, sollt ihr ihn nicht unterdrücken. Der Fremde, der sich bei euch aufhält, soll euch wie ein Einheimischer gelten, und du sollst ihn lieben wie dich selbst; denn ihr seid selbst Fremde in Ägypten gewesen. Ich bin der Herr, euer Gott" (Lev 19,33f.). Man könnte so interpretieren: Vergeßt nicht, aus welcher elenden Situation ihr von Gott errettet worden seid; so wie Gott an euch gehandelt hat, so sollt ihr an den besonders hilfsbedürftigen Mitmenschen handeln. Die Nächstenliebe ist nichts anderes, als sich dieses Wohlwollen Gottes seinen Geschöpfen gegenüber zu eigen zu machen.

„Amen, ich sage euch: Was ihr für einen meiner geringsten Brüder getan habt, das habt ihr mir getan" (Mt 25,40). Die

Werke der Barmherzigkeit sind der Maßstab für die Vergeltung beim Endgericht. Das *Gottesbild*, dem wir im Alten Testament schon begegnet sind, erscheint *hier ganz dicht.* „Herr, du hast die Sehnsucht der Armen gestillt, du stärkst ihr Herz, du hörst auf sie: Du schaffst den Verwaisten und Bedrückten ihr Recht“ (Ps 10,17 f.). Jesus identifiziert sich mit jedem Menschen, daher kann unsere Liebe zu ihm nicht anders gezeigt werden, als durch Liebe zum Mitmenschen. So bindet er Gottes- und Nächstenliebe *in seiner Person* aneinander. Die Forderung, ihn in den Menschen zu lieben, ist wohl *das Neue* jener alten biblischen Weisung, die besagt, daß man nur *über ein sittliches Verhalten* Gott erreichen kann.

Feindesliebe und Gewaltverzicht

Damit ihr Söhne eures Vaters im Himmel werdet;
denn er läßt seine Sonne aufgehen über Bösen und Guten
(Mt 5,45)

Zwei Erzählungen aus der Bibel des Alten Testaments sollen uns die *Logik der Liebe Gottes* zeigen, die Jesus lehrt und bis zur Hingabe des Lebens uns beweist. Gott, dessen letztes Wort Liebe und Erbarmen ist, zeigt uns, daß diese *schöpferische Kraft* allein die unheilvolle Kettenreaktion von Gewalt und Gegengewalt durchbrechen kann. Die „Söhne Gottes" sind verpflichtet, *seine Nachahmer* zu werden. Die Strategie heißt nicht, das Gute gewaltsam und ohne Rücksicht auf Verluste durchzusetzen – und dabei selbst in den Unheilsbereich von Gewalt und Gegengewalt abzugleiten –, sondern *das Böse durch das Gute besiegen*, im Vertrauen auf den Ostersieg Jesu, den wir oft schon hier und heute überwältigend erleben dürfen.

Der Herr war nicht im Sturm

„In jenen Tagen kam Elija zum Gottesberg Horeb. Dort ging er in eine Höhle, um darin zu übernachten. Doch das Wort des Herrn erging an ihn: Komm heraus, und stell dich auf den Berg vor den Herrn! Da zog der Herr vorüber: Ein starker, heftiger Sturm, der die Berge zerriß und die Felsen zerbrach, ging dem Herrn voraus. Doch der Herr war nicht im Sturm. Nach dem Sturm kam ein Erdbeben. Doch der Herr war nicht im Erdbeben. Nach dem Beben kam ein Feuer. Doch der Herr war nicht im Feuer. Nach dem Feuer kam ein sanftes, leises Säuseln. Als Elija es hörte, hüllte er sein Gesicht in den Mantel, trat hinaus und stellte sich an den Eingang der Höhle" (1 Kön 19,9a. 11–13a).

Dieser Text gehört in die Sammlung der Geschichten über den Propheten Elija. Der Prophet lebte zur Zeit des Königs Achab von Israel im 9. Jahrhundert vor Christus. Sein *Eifer für den wahren Gott* läßt ihn zur Gewalt greifen. Mit dem Schwert, das für ihn zum Symbol geworden ist, bringt er die heidnischen Propheten um. Der Rache der Königin Isebel kann er nur durch Flucht entgehen. Er macht sich auf den Weg zum Gottesberg Horeb, um dort, wo einst der Gott Israels sich dem Volk geoffenbart hat, nach einer *neuen Weisung* zu fragen. Der Text sagt das zwar nicht ausdrücklich; doch erfahren wir von der Verzweiflung des Gottesmannes, der aus Angst vor seinen Gegnern zurückweicht und an seiner Berufung zu scheitern droht: „Nun ist es genug, Herr. Nimm mein Leben; denn ich bin nicht besser als meine Väter" (1 Kön 19,4).

Am Horeb erlebt er Gott, aber nicht im Sturm, nicht im Erdbeben, auch nicht im Feuer, sondern in einem sanften, leisen Säuseln des Windes. Die Verkündigung der Gebote am Sinai wurde von furchterregenden Naturgewalten begleitet. Nur als *Vorboten der Gottesbegegnung* erlebte Elija diese gewaltigen Kräfte. Das *sanfte Wehen des Windes* ist wie die *Stimme Gottes,* die ihm sagt, was er weiter tun soll. Ist hier nicht auch eine Vertiefung der Gottesvorstellung Israels herauszuhören? Dem Propheten wird bewußt gemacht: Gott begegnet man *in der Stille* – wenn man, so wie er, *selbst still wird* und die Leidenschaften, wie den Sturm, das Erdbeben und das Feuer, *vorbeiziehen* läßt. War diese Offenbarung für den Propheten nicht auch *der göttliche Fingerzeig,* daß die Wahrheit nicht mit dem Schwert durchzusetzen ist? Hier wird eine von der religiösen Umwelt Israels radikal verschiedene Position eingenommen, wo Gott entweder an Naturgewalten gebunden ist oder in mirakulöser Weise in Erscheinung tritt.

Durch Jesus Christus kommt das Bild, das in der Elijageschichte gezeichnet wird, zur Vollendung. Das Reich Gottes, das Jesus verkündet, wächst aus den kleinen, scheinbar *gewaltlosen Anfängen* des Senfkornes. Stürmische Entwicklungen der Menschheitsgeschichte und der Einsatz politischer Macht haben sich nie als Wege zum Reich Gottes ausgewiesen. „Wenn wir uns mit Elija aufmachen, auf das Wort Gottes zu hören, dann steht jedoch wie bei ihm am Ende das Erbarmen Gottes, seine Liebe, die mit den Sündern und den Unwissenden nicht dadurch fertig wird, daß sie sie tötet, sondern dadurch, daß sie sich selbst für sie dahingibt, um auch sie noch zu gewinnen für die große Versöhnung, das Heil der Welt, das auch sie vielleicht in der Tiefe ihres Herzens ersehnen. Gottes Wort ist ein zweischneidiges Schwert. Aber es will nicht zerstören, sondern heilen" (Gerhard Voss).

Werkzeug des Friedens

„Doch der Herr fand Gefallen an seinem zerschlagenen Knecht, er rettete den, der sein Leben als Sühnopfer hingab. Er wird Nachkommen sehen und lange leben. Der Plan des Herrn wird durch ihn gelingen. Nachdem er so vieles ertrug, erblickt er das Licht. Er sättigt sich an Erkenntnis. Mein Knecht, der gerechte, macht die vielen gerecht; er lädt ihre Schuld auf sich" (Jes 53,10f.).

Wen der Prophet mit diesem leidenden Knecht Gottes in seiner Zeit gemeint hat, können wir nicht mehr sicher sagen. Im Lichte von Tod und Auferstehung Jesu hat das Neue Testament diese Verheißung auf Christus bezogen. „Was der Prophet hier ausspricht, sind Sätze der Einsicht in die Weisheit Gottes: der Einsicht, daß die Liebe in ihrer Langmut auf die Dauer den längeren Atem hat als jede Aggression und Gewalt. Das ist die Logik der Liebe Gottes, und alle Liebe, die dieser Logik folgt, wurzelt in Gott. Alle Gewalt aber trennt von Gott und treibt schnell zur Eskalation, zu Bosheit und Terror ... Und überall, wo du ein Geschlagener bist, wo dir wehgetan wird, wo du Unrecht oder auch nur kleine Mißlichkeiten erleidest, stehst du vor der Alternative, aggressiv zu antworten und so den Bruch zu verfestigen oder in der Langmut und Geduld der Liebe zu reagieren und so zum Werkzeug des Friedens zu werden" (Gerhard Voss).

Ein Ausweg aus der Sackgasse der Gewalt

„Ihr habt gehört, daß gesagt worden ist: Auge für Auge und Zahn für Zahn. Ich aber sage euch: Leistet dem, der euch etwas Böses antut, keinen Widerstand, sondern wenn dich einer auf die rechte Wange schlägt, dann halt ihm auch die andere hin. Und wenn dich einer vor Gericht bringen will, um dir das Hemd wegzunehmen, dann laß ihm auch den Mantel. Und wenn dich einer zwingen will, eine Meile mit ihm zu gehen, dann geh zwei mit ihm. Wer dich bittet, dem gib, und wer von dir borgen will, den weise nicht ab. Ihr habt gehört, daß gesagt worden ist: Du sollst deinen Nächsten lieben und deinen Feind hassen. Ich aber sage euch: Liebt eure Feinde und betet für die, die euch verfolgen, damit ihr Söhne eures Vaters im Himmel werdet; denn er läßt seine Sonne aufgehen über Bösen und Guten, und er läßt regnen über Gerechte und Ungerechte ... Ihr sollt also vollkommen sein, wie es auch euer himmlischer Vater ist" (Mt 5,38–48).

Jesu Worte über Gewaltverzicht und Feindesliebe lesen wir in der Bergpredigt zum Thema über die „größere Gerechtigkeit". Immer steht der Mensch in Gefahr, seine Liebe auf den engen Kreis seiner Verwandten und Freunde oder der Gleichgesinnten zu beschränken. Jesus *sprengt* aber alle Begrenzungen. Die Liebe muß *alle Menschen* umfassen, die ihrer bedürfen, selbst die Feinde. Nur eine *für alle offene Liebe* entspricht der *Güte Gottes* und führt in seine Nähe, macht zu seinen Kindern. Der Begriff „Nächster" wurde in der Praxis oft enger gefaßt als im Alten Testament. Eindeutig ist dort der hilfebedürftige Fremdling auch mein Nächster (Lv 19,34).

„Ihr habt gehört, daß gesagt worden ist: Auge für Auge und Zahn für Zahn. Ich aber sage euch: Leistet dem, der euch etwas Böses antut, keinen Widerstand ..." (Mt 5,38).

Der Rechtsgrundsatz, daß die Strafe dem Verbrechen entspreche, hat sich in der Gesetzgebung der Völker niedergeschlagen. Dieser Grundsatz, nach dem die Strafe *nach dem angerichteten Schaden* bemessen wurde, und der Willkür und Rache vorbeugte, ist auch in das israelitische Recht eingegangen. Zur Zeit Jesu konnte der zugefügte Schaden bereits durch eine Geldbuße ersetzt werden. Wenn Jesus den alten Rechtsgrundsatz „Auge für Auge und Zahn für Zahn" *zurückweist*, dann macht er deutlich, daß auch das beste Vergeltungsprinzip den Teufelskreis des Bösen *nicht durchbrechen* kann. Das gelingt *allein* der Liebe. Man hat sicher oft daran gezweifelt, ob solche Forderungen wie *Feindesliebe* und *Gewaltverzicht* überhaupt realisierbar sein können. Wollte uns Jesus vielleicht bloß unser gänzliches Unvermögen vor Gott drastisch vor Augen stellen?

Jesus wollte die Begrenztheit einer jeden menschlichen Ordnung herausstellen, indem er verlangt hat, dem Bösen nicht zu widerstehen. Er selbst hat dieses Wort in seinem Kreuzestod wahr gemacht. Er hat alles Böse an sich austoben lassen, um *das Böse durch das Gute zu überwinden,* um die Kettenreaktion der Gewalt zu durchbrechen. Eine so vollkommene Liebe ist aber keinem Menschen aus sich selbst möglich, diese konnte nur der Sohn Gottes, die menschgewordene göttliche Liebe, verwirklichen. Für uns bleibt sein Gebot ein *anzustrebendes Ziel,* das wir aber nie ganz erreichen können. Der Gewaltverzicht ist keineswegs mit einem bloß passiven Verhalten gleichzusetzen. Jesus selbst weist den Diener des Hohenpriesters, der ihm ins Gesicht schlägt, mit den Worten zurecht: „Wenn es unrecht war, was ich gesagt habe, dann beweise es mir; wenn es aber recht war, warum schlägst du mich?" (Joh 18,22). Jesus appelliert an das Gewissen des Menschen, der im Bösen und Unrecht befangen ist. Das gilt auch als Grundsatz für uns und ist Teil der *aktiven Feindesliebe.* In unserer unheilvollen Welt müssen die Menschen auf ihr Unrecht aufmerksam gemacht werden. Eine gerechte Ordnung im staatlichen und wirtschaftlichen Leben ist für den Frieden und die Liebesfähigkeit der Menschen von großer Bedeutung. Es genügt aber nicht, *bloß Ordnung und Recht* durchzusetzen – einfach recht zu haben und recht zu bekommen. Gott will, daß wir uns um den *im Bösen befangenen Mitmenschen* kümmern und ihn durch *Zuwendung* befreien.

Jesus meint hier nicht, daß wir uns gutmütig und passiv alles gefallen lassen müßten. Eine solche Haltung würde auch den bösen Willen anderer bestärken und wäre sicher kein Liebesdienst. Jesus meint etwas anderes: Ihm geht es um die *Kraft der Liebe,* die nicht aufrechnet, die fähig ist, das Böse durch das Gute zu überwinden, die alles daransetzt, den messianischen Frieden herbeizuführen.

Welche Begründung gibt Jesus für seine Forderung der Feindesliebe? Nur wer *nach dem Vorbild Gottes,* der seine Sonne über Bösen und Guten aufgehen, und über Gerechten und Ungerechten regnen läßt, jedem Menschen hilft, soweit er das vermag, kann mit Gott Gemeinschaft haben. Nur ein Mensch, der selbst den Feind aus seiner Liebe nicht ausschließt, kann ein Sohn oder eine Tochter Gottes sein und an der verheißenen Weltvollendung mitarbeiten. Das Motiv ist deutlich, nämlich *Gottes Art nachzuahmen* in dem Bestreben, seine „Söhne“ zu werden, Söhne eines solchen Vaters, der sich so grenzenlos gütig verhält. Etwas stärker ausgedrückt: Chancen, dieses Ziel zu erreichen, hat nur einer, der sich jenen Gott zur Nachahmung nimmt, der „gütig ist gegenüber den Undankbaren und Bösen“. Und das ist der „Gott Jesu“, von dem Jesus spricht und der in ihm nahe wird. Hier wird ein *Freund-Feind-Denken* sowie die Kette von Gewalt und Gegengewalt *durchbrochen,* da das eigene Handeln nicht als Reaktion auf das Handeln des anderen geschehen soll. Liebe bedeutet hier *nicht Gegenliebe,* sondern *ein schöpferisches Verhalten,* das auch denen noch eine Chance gibt, die ihre menschliche Freiheit und Würde im Haß verloren haben.

Der griechisch gebildete Lukas setzt für das Wort Liebe in diesem Zusammenhang einen Begriff ein, den wir im Deutschen eigentlich mit *Anmut* oder mit *Schönheit* übersetzen müßten. Menschen, die den „barmherzigen Vater“ nachahmen, besitzen eine einzigartige geistige Schönheit. Ob das Jesus ist, der am Kreuz sterbend für seine Henker betet, oder Stephanus, der seiner Verfolger betend gedenkt, oder P. Maximilian Kolbe, der im Hungerbunker von Auschwitz seinen Mördern verzeiht. Diese Menschen zeigen uns einen Weg aus der Sackgasse der Gewalt, der Unfreiheit und der Sünde. Sie bezeugen uns, daß *eine bessere Welt* möglich ist.

Friede und Versöhnung

Suche den Frieden, und jage ihm nach!
(Ps 34, 15)

Angesichts der brennenden Weltprobleme wird heute mehr denn je von einer friedlichen Welt geträumt, in der es keine Gewalt und keine ständige Lebensbedrohung mehr gibt. Jeder ist willkommen, der bereit ist, einen Beitrag zum Frieden zu leisten. So richten sich viele Erwartungen auch an die Kirche, der von ihrem Herrn der „Dienst der Versöhnung“ und somit Friedensarbeit anvertraut wurde. Hier ist es wichtig, ganz klar zu machen, daß der Auftrag der Kirche nicht auf einige Aktionen, Denkschriften und Appelle beschränkt ist. Der Beitrag der Kirche zur Überwindung von Unfrieden, Haß und Entfremdung setzt tiefer an. Sie deckt die Wurzeln des ganzen Unheils auf, die in der Sünde liegen. Solange nicht die Trennung von Gott als der letzte Grund der menschlichen Misere erkannt wird, bleiben alle Friedensinitiativen an der Oberfläche. Im Lichte der biblischen Botschaft wollen wir Versöhnung und Frieden als Gabe und Aufgabe annehmen.

Der Turmbau zu Babel und das Pfingstfest
„Alle Menschen hatten die gleiche Sprache und gebrauchten die gleichen Worte ... Dann sagten sie: Auf, bauen wir uns eine Stadt und einen Turm mit einer Spitze bis zum Himmel, und machen wir uns damit einen Namen, dann werden wir uns nicht über die ganze Erde zerstreuen. Da stieg der Herr herab, um sich Stadt und Turm anzusehen ... Der Herr zerstreute sie von dort aus über die ganze Erde, und sie hörten auf, an der Stadt zu bauen. Darum nannte man die Stadt Babel (Wirrsal), denn dort hat der Herr die Sprache aller Welt verwirrt, und von dort aus hat er die Menschen über die ganze Erde zerstreut“ (Gen 11, 1–9).

Mit dieser alten Überlieferung sollte zunächst eine Erklärung gefunden werden, wie es zur Vielfalt der Völker und Sprachen kam, und was es mit dem Namen der Stadt Babel auf sich hat. Die Erzählung wurde in die biblische Urgeschichte aufgenommen, weil sie etwas Allgemeingültiges über den Menschen sagen soll: Eine hohe Zivilisation *ohne Bindung an Gott* bringt die Menschen einander nicht näher, sondern *entzweit,* so daß sie sich gegenseitig nicht mehr verstehen. Im Zerbrechen der Einheit unter den Menschen, in der verwirrenden Vielzahl der Völker und Sprachen erscheint Gottes Gericht.

Menschen verstehen einander nicht, selbst dort, wo sie die gleichen Worte gebrauchen. Diese leidvolle Erfahrung der Entzweiung, der Feindschaft und Rivalität führt die Bibel auf die Emanzipation der Menschen von ihrem Gott zurück. Ein Leben *ohne Gott* führt aber konsequent zur *Distanz den Mitmenschen gegenüber,* zur *Selbstherrlichkeit,* die das eigene Wohl auf Kosten der anderen, und vor allem der Schwächeren, sucht.

Das Neue Testament stellt der *Geschichte vom Turmbau* offensichtlich die *Erzählung vom Pfingstwunder* gegenüber: „Sie gerieten außer sich vor Staunen und sagten: Sind das nicht alles Galiläer, die hier reden? Wieso kann sie jeder von uns in seiner Muttersprache hören ... wir hören sie in unseren Sprachen Gottes große Taten verkünden (Apg 2,7–11). Menschen aus allen Völkern verstehen einander wieder, weil sie erfüllt sind von dem einen Geist Gottes; weil sie gemeinsam hinhören auf das, was Gott für sie getan hat. In der *Frohen Botschaft* haben Juden, Parther und Meder eine *gemeinsame Mitte* gefunden, die sie verbindet. Der „Gott mit uns“, Jesus der Herr, ist die *Mitte* des neuen Gottesvolkes. Und diese neue Gemeinschaft im Geist Jesu soll der Brennpunkt und Anfang sein, die Menschen aus ihrer Feindschaft, Zerstreuung und Entfremdung heimzuholen, daß sie wieder zueinander finden – und zu ihrem Gott. Die Apostelgeschichte stellt der Urgemeinde in Jerusalem gerade dieses Zeugnis aus: „Die Gemeinde der Gläubigen war ein Herz und eine Seele“ (Apg 4,32).

Sind wir versöhnungsbereit wie Josef?

„Als Josefs Brüder sahen, daß ihr Vater tot war, sagten sie: Wenn sich Josef nur nicht feindselig gegen uns stellt und uns alles Böse vergilt, das wir ihm getan haben. Deshalb ließen sie Josef wissen: Dein Vater hat uns, bevor er starb, aufgetragen: So sagt zu Josef: Vergib doch deinen Brüdern ihre Untat und Sünde, denn Schlimmes haben sie dir angetan. Nun also vergib doch die Untat der Knechte des Gottes deines Vaters! Als man ihm diese Worte überbrachte, mußte Josef weinen. Seine Brüder gingen dann auch selbst hin, fielen vor ihm nieder und sagten: Hier sind wir als deine Sklaven. Josef aber antwortete ihnen: Fürchtet euch nicht! Stehe ich denn an Gottes Stelle? Ihr habt Böses gegen mich im Sinn gehabt, Gott aber hatte dabei Gutes im Sinn, um zu erreichen, was heute geschieht: viel Volk am Leben zu erhalten. Nun also fürchtet euch nicht! Ich will für euch und eure Kinder sorgen. So tröstete er sie und redete ihnen freundlich zu" (Gen 50,15–21).

Die Josefsgeschichte zeigt, daß die Zukunft des Volkes von der *Kollegialität* der zwölf Brüder – den Namensvätern der zwölf Stämme –, von ihrem *guten Willen* und vom *gegenseitigen Verzeihen* abhängig ist. Josef war *der erste,* der die Notwendigkeit der Kollegialität und des Verzeihens erkannt hat. Die Gründe, die seine Haltung motivieren, gehen tief: Das Böse, das ihm seine Brüder angetan haben, hat sich zum Guten gewendet; als rechte Hand des Pharao ist es ihm nun möglich, für die Zukunft des ganzen Volkes zu sorgen. Wie sollte er sich nun für dieses Böse rächen, das Gott doch dazu benutzt hat, um Gutes zu wirken? Auch das erlittene Unrecht hat einen Platz in der Verwirklichung der Pläne Gottes. In dieser Erkenntnis wurzelt die großmütige Bereitschaft Josefs, seinen Brüdern zu vergeben.

Dieses Beispiel der Vergebung ist nicht einzig im Alten Testament. In Lev 19,17f. ist das Verbot ausgesprochen, seinen Bruder zu hassen und Rache und Groll gegen den Nächsten zu hegen. In der Weisheitsliteratur wird über diese Vorschrift weiter nachgedacht und jenes Band entdeckt, das die *Vergebung, die der Mensch seinem Bruder gewährt,* mit der *anderen Vergebung verbindet, die er von Gott erbittet:* „Vergib deinem Nächsten das Unrecht, dann werden dir, wenn du betest, auch deine Sünden vergeben ... Mit seinesgleichen hat er kein Erbarmen, aber wegen seiner eigenen Sünden bittet er um Gnade?" (Sir 28,2.4).

Jesus lehrt und bringt Versöhnung

Jesus greift diese Unterweisung auf und führt sie weiter. Gleich dem Weisheitslehrer im Alten Testament verkündet er, *daß Gott dem nicht verzeihen kann, der nicht verzeihen will*, und daß jeder, der von Gott Vergebung erhofft, zuerst seinem Bruder verzeihen muß: „Denn wenn ihr den Menschen ihre Verfehlungen vergebt, dann wird euer himmlischer Vater auch euch vergeben. Wenn ihr aber den Menschen nicht vergebt, dann wird euch euer Vater eure Verfehlungen auch nicht vergeben" (Mt 6,14f.). Im Gleichnis vom *unbarmherzigen Knecht* prägt uns Jesus ein, daß wir allen Grund hätten, versöhnlich zu sein, da uns viel verziehen wird: „Hättest nicht auch du mit jenem, der gemeinsam mit dir in meinem Dienst steht, Erbarmen haben müssen, so wie ich mit dir Erbarmen hatte?" (Mt 18,33). Im Gebet, das uns Jesus gelehrt hat, wird uns immer auch das Bekenntnis abverlangt, das wir oft leichtfertig übersehen: *Wir haben denen verziehen, die an uns schuldig geworden sind.*

Die Frohbotschaft, daß Gott vergibt, hat Jesus verkündet. Er hat den Menschen in Wort und Tat Gott als *Gott der Vergebung* zeigen wollen. Weil Gott vergibt, können die Menschen auch untereinander Frieden und Gemeinschaft aus der Verzeihung finden. Man kann nicht beten und Gottesdienst feiern, wenn man miteinander in Unfrieden lebt (vgl. Mt. 5,23f.). Jesus hat seine Botschaft der *Versöhnung und Vergebung* seinem Volk verkündet, das sich in einer schwierigen Situation befand. Von den Römern beherrscht und in verschiedene Parteien und politische Lager gespalten, waren Aggressionen, Haß und Resignation überall zu begegnen. In dieser friedlosen Welt stellt er den Vater im Himmel als *Vorbild des Erbarmens und Verzeihens* den Menschen vor Augen: „Ihr aber sollt eure Feinde lieben und sollt Gutes tun und leihen, auch wo ihr nichts dafür erhoffen könnt. Dann wird euer Lohn groß sein, und ihr werdet Söhne des Höchsten sein; denn auch er ist gütig gegen die Undankbaren und Bösen. Seid barmherzig, wie es auch euer Vater ist!" (Lk 6,35f.). Auf die Frage des Petrus, wie oft Vergebung Pflicht wäre – etwa bis zu siebenmal –, antwortet Jesus: „Nicht siebenmal, sondern siebenundsiebzigmal" (Mt 18, 22). Und dem Beispiel des Herrn folgend, ist Stephanus mit einem Wort der Verzeihung auf den Lippen gestorben (Apg 7, 60). *Das Böse kann nur durch das Gute überwunden werden* – dieser Grundsatz des Apostels Paulus (Röm 12, 21) gehört zur Strategie der mühevollen Versöhnungsarbeit in Nachahmung des Vaters, und aus Liebe zu ihm.

Franz von Assisi, der in seiner Zeit das Evangelium als Botschaft des Friedens und der Versöhnung neu entdeckt und gelebt hat, kann uns eine wertvolle Einsicht zur Strategie des Friedens vermitteln: „Viele gibt es, die oft, wenn sie sündigen oder Unrecht ertragen müssen, dem Feind oder dem Nächsten die Schuld geben. Aber so ist es nicht; denn jeder hat den Feind in seiner Gewalt, sein eigenes Ich nämlich, durch das er sündigt" (Ermahnungen).

Diese psychologisch richtige Erkenntnis des Armen von Assisi entstammt der Botschaft Jesu. Für Jesus heißt Vergebung der Sünden, den Menschen Frieden schenken. In welch intensiver Weise für Jesus die *Vergebung der Sünden die Erfahrung von Friede bedeutet,* wird im Johannesevangelium deutlich, wo Jesus, der auferstandene Herr, seine Vollmacht den Jüngern überträgt: „Friede sei mit euch! Wie mich der Vater gesandt hat, so sende ich euch. Nachdem er das gesagt hatte, hauchte er sie an und sprach zu ihnen: Empfangt den Heiligen Geist! Wem ihr die Sünden vergebt, dem sind sie vergeben; wem ihr die Vergebung verweigert, dem ist sie verweigert" (Joh 20, 19–23).

Die Stadt Gottes zwischen Utopie und Wirklichkeit

„Am Ende der Tage wird es geschehen: Der Berg mit dem Haus des Herrn steht fest gegründet als höchster der Berge; er überragt alle Hügel. Zu ihm strömen alle Völker. Viele Nationen machen sich auf den Weg; sie sagen: Kommt, wir ziehen hinauf zum Berg des Herrn und zum Haus des Gottes Jakobs. Er zeige uns seine Wege, auf seinen Pfaden wollen wir gehen. Denn von Zion kommt die Weisung des Herrn, aus Jerusalem sein Wort. Er spricht Recht im Streit der Völker, er weist viele Nationen zurecht. Dann schmieden sie Pflugscharen aus ihren Schwertern und Winzermesser aus ihren Lanzen. Man zieht nicht mehr das Schwert, Volk gegen Volk, und übt nicht mehr für den Krieg. Ihr vom Haus Jakob, kommt, wir wollen unsere Wege gehen im Licht des Herrn" (Jesaja 2,2–5).

Seit den Zeiten der unseligen Kreuzzüge ist die Stadt Jerusalem nicht mehr so in das Blickfeld der Welt getreten wie heute. Die Bedeutung Jerusalems gründet für den offenbarungsgläubigen Menschen – Juden und Christen – aber tiefer als in der heutigen politischen Brennpunktsituation. Wir können *Jerusalem nicht vergessen,* hat Gott gerade in dieser Stadt zum Heil aller Menschen gewirkt. Der Glaube Abrahams wurde hier erprobt. Eine alte Tradition weiß zu berichten, daß er am Berg *Moria* – dem späteren *Tempelberg* – seinen Sohn Isaak opfern sollte. Propheten standen hier einer etablierten Priesterschaft und einem wankelmütigen Volk gegenüber und stellten sie vor das „*Entweder-Oder*" Gottes. Untreue, Abfall, Strafe, Zerstörung, Deportation, aber ebenso der Geist der Erneuerung und der Glaubenstreue bis in den Tod, prägten das Antlitz dieser Stadt. Jesus ringt hier um die Seele seines Volkes, er wird abgelehnt und außerhalb der Stadt gekreuzigt. Das Evangelium wird von Jerusalem aus in alle Welt hinausgetragen. Eine furchtbare Katastrophe brach im Jahr 70 n. Chr. über die Stadt herein. Das Haus des Herrn geht in Flammen auf. Der Pflug wird über die Stadt geführt, die Bewohner werden ermordet oder deportiert. Und dennoch haben nicht die Römer gesiegt, sondern die Juden, denn nach der Meinung des großen Rabbi Akiba *kann zwar der Buchstabe verbrannt werden, nicht aber der Geist.* Nach neunzehnhundert Jahren ist wieder ein selbständiger jüdischer Staat erstanden, der in Jerusalem sein ideelles Zentrum und seine Hauptstadt sieht. Mögen die zionistische Bewegung und der Holocaust die letzten Ursachen gewesen sein, die zur Gründung des Staates Israel führten; die tieferen Ursachen dürfen aber nicht übersehen werden: die biblischen Verheißungen, die über Jahrhunderte hinweg im jüdischen Volk die Sehnsucht der Rückkehr nach Zion wachgehalten haben. Gerade in dieser Stadt, die „*Stadt des Friedens*" heißt, ist die Hoffnung auf einen gerechten Frieden in weite Entfernung gerückt. Der Anspruch zweier Völker prallt hier unerbittlich aufeinander. Christen dürfen sich in diesem Konflikt nicht als selbstgerechte

Richter aufspielen; im Bewußtsein ihrer historischen Schuld müßten sie ihre *Mitverantwortung für einen gerechten Frieden* im Nahen Osten *deutlich wahrnehmen.*

Auf dem Hintergrund dieser kurzen Geschichtsbetrachtung über Jerusalem erscheint das vom Propheten Jesaja verheißene Zukunftsbild noch unrealistischer. Der Prophet verbindet mit dem *Berg Zion,* dem *Ort der Gegenwart Gottes,* eine große Vision: Am Ende der Tage wird der Tempelberg zum *Wallfahrtsziel aller Nationen.* Sie suchen dort die *Unterweisung Gottes* und wollen sich *von seinem Wort führen* lassen. Die neue *Gotteserkenntnis* wird zum *weltweiten Völkerfrieden* führen. Die gegenseitige Bedrohung und Ausbeutung werden ein Ende haben. Das eindrucksvolle Bild von den tödlichen Waffen, die zu Pflugscharen und Winzermessern umgeschmiedet werden, zeigt, daß die Menschen endlich um eine friedliche Nutzung der Kräfte bemüht sein werden, die ihnen am Anfang der Schöpfung von Gott anvertraut wurden.

Ist diese Vision nicht *utopisch,* eine Sehnsucht der Menschen, die sich *nicht erfüllen* wird? Wo ist dieser Friede, sind Anzeichen zu sehen, daß er sich vorbereitet? Zuerst einmal ist dieser Friede auch *ein Auftrag* und *nicht nur ein Zustand,* den man tatenlos zu erwarten hätte. Die Mahnung verdeutlicht diesen Auftrag: *Israel soll seine Wege im Lichte des Herrn gehen, d. h. nach Gottes Weisungen leben.* Das von Gott angesprochene Volk soll zuerst in seinem Bereich jenen Frieden von Mensch zu Mensch schaffen, der einst allen Völkern geschenkt wird. Wir sind hier *angesprochen und gefordert!*

Es ist typisch für prophetische Texte, über das irdisch Mögliche und Vorstellbare hinauszuweisen. Dadurch werden Menschen in Richtung auf ein Ziel in Bewegung gebracht. In christlicher Sicht gibt es jetzt schon eine *vorweggenommene Erfüllung.* Das Neue Testament bezeugt, daß mit Christus die *Umwandlung der Welt* begonnen hat. Christi Botschaft ist *Weisung zum Frieden* und zu einer *gottgewollten Lebensordnung.* Christus selbst ist *unser Friede* geworden (Eph 2, 14). Den *hochaufragenden Berg* hat Gott selbst aufgerichtet, indem er in Christus *Mensch* geworden ist. Der *„Gott Jakobs“,* der Vater unseres Herrn Jesus Christus, wird schon von vielen Menschen aus allen

Völkern erkannt; es gibt eine große Schar von Menschen, die zu diesem Berg pilgern und mit dem Wort des Herrn ernst machen. Die Friedensvision ist *Programm* und *Aufgabe* der Kirche: überall und mit allen an der Einheit und am Frieden der Gemeinschaften und der Völker zu arbeiten. Es gibt heute viele *Boten des Friedens,* die sich um *Pflugscharen* mühen und *nicht um Schwerter.* Wir dürfen dankbar feststellen, daß es in den Krisengebieten dieser Erde, in Afrika und Lateinamerika, viele engagierte Christen gibt, die oft unter Einsatz ihres Lebens ein Stück Frieden verwirklichen. Friedensarbeit ist mannigfach, sie beginnt schon im gewöhnlichen Alltag mit dem Abbau von diskriminierenden Vorurteilen. Je mehr die Kirche zum *Anwalt der Unterdrückten* wird und für *Frieden und Versöhnung* wirkt, desto *glaubhafter* wird sie „Stadt Gottes" sein.

Doch bleibt die mit Christus begonnene Erfüllung noch weit hinter der Verheißung des Propheten Jesaja zurück. Noch sind viele Völker nicht auf dem Weg zur „Stadt auf dem Berge", noch fragen viele Völker nicht nach den Weisungen Gottes, viele Menschen haben sich vor diesen Weisungen sogar abgewendet, noch gibt es Krieg und Streit. Aber auch das „ Neue Israel" wandelt nicht immer und nicht überall im Lichte des Herrn, sondern in der Finsternis der Sünde. So müssen wir noch immer auf eine Welt warten, „in der die Gerechtigkeit wohnt" (2 Petr 3,13), und auf das Jerusalem, das von Gott herabkommt (Offb 21,1). Die Mahnung des Propheten gilt es immer neu zu verwirklichen: „Laßt uns wandeln im Lichte des Herrn."

Gott auf seiten der Armen

Selig, die arm sind vor Gott;
denn ihnen gehört das Himmelreich
(Mt 5,3)

Ein brüderliches Volk sorgt für die Schwachen
In der Feier des Paschafestes, beim Erntedank und im Lobpreis seines Gottes wird Israel immer wieder daran erinnert, daß alles, was es jetzt besitzt und genießen darf, ein *unverdientes Geschenk* Gottes ist. Israel hat Geschichte gemacht, es wurde zum Volk Gottes und nahm das Land in Besitz, in dem „Milch und Honig fließen", weil Gott das *Elend* seines Volkes in Ägypten *gesehen,* sein lautes Klagen *gehört* hat, und weil er *herabgestiegen* ist, um es aus der Sklaverei zu *befreien* (Ex 3,7f.). Unser Stammvater, so bekennt Israel in einem Glaubensbekenntnis, war ein „heimatloser Aramäer" (Dtn 26,5). Wenn gerühmt wird, dann wird *Gott gerühmt,* der ein keineswegs ansehnliches Volk zu seinem Volk gemacht hat. Gottes Liebe zu seinem Volk ist *nicht zu hinterfragen,* sie darf aber *nicht vergessen* werden und soll – so ist es der Wille JHWHs – im Leben seines Volkes, im menschlichen Miteinander, nachvollzogen werden. Gott stand am Anfang auf der Seite eines armen Volkes. Wenn Israel seinen Bundesgott vor Augen hat, dann muß es auch auf seiten der Armen und Schwachen stehen und den Heilswillen Gottes im Alltag verwirklichen.

Aus dieser Glaubenserfahrung heraus werden die Gesetze und Weisungen verständlich, die ein liebevolles Verhalten und soziale Maßnahmen für gesellschaftlich schwächere Gruppen, wie Witwen, Waisen und Fremde, fordern: „Der Fremde, der sich bei euch aufhält, soll euch wie ein Einheimischer gelten, und du sollst ihn lieben wie dich selbst; denn ihr seid selbst Fremde in Ägypten gewesen" (Lev 19,33f.). Die Sabbatruhe gilt auch für die Sklaven und Sklavinnen (Dtn 5,14f.). Sie ist eine *erste Sozialgesetzgebung,* die wiederum mit Israels Sklavendasein in Ägypten motiviert wird. Die Gesetze über Grund und Boden sollen eine

Verarmung verhindern und der Kapitalansammlung einen Riegel vorschieben: „Das Land darf nicht endgültig verkauft werden; denn das Land gehört mir, und ihr seid nur Fremde und Beisassen bei mir ... Wenn dein Bruder verarmt und etwas von seinem Grundbesitz verkauft, soll sein Verwandter als Löser für ihn eintreten und den verkauften Boden seines Bruders auslösen“ (Lev 25,23–25).

Freilich sind die Vorstellungen von einem *brüderlichen Volk,* in dem auch für Arme gesorgt wird, im Laufe der Geschichte auf der Strecke geblieben. Die Propheten haben auf schärfste Weise asoziales Verhalten angeprangert, Betrügereien im Handel, Raffgier im Erwerb von Grund und Boden und Knechtung der Schwächeren verurteilt. Besonders für die Propheten Amos und Hosea, die beide im Nordreich Israel wirkten, ist rechter Gottesdienst einfach der *Nachvollzug der Liebe Gottes* im mitmenschlichen Verhalten und das Abweichen davon *Verrat an Gott.* Kein noch so feierlicher Gottesdienst kann die von Gott geforderte Gerechtigkeit und Nächstenliebe ersetzen. Deswegen wird von ihnen der Kult oft kritisiert: „Barmherzigkeit will ich und nicht Opfer“. Dieses Wort des Propheten Hosea hören wir wieder aus dem Munde Jesu.

Die Armen JHWHs

Der Hilferuf der Armen, der Bedürftigen, Verfolgten und Unterdrückten hat in den Psalmen einen nie verstummenden Widerhall gefunden: „Wende dein Ohr mir zu, erhöre mich Herr! Denn ich bin arm und gebeugt ... Hilf deinem Knecht, der dir vertraut“ (Ps 86,1). Der Arme erscheint in den Psalmen als der *Freund und Knecht* JHWHs, bei dem er *vertrauensvoll* Schutz sucht und nach einem Morgen ausschaut, der die Umkehrung der Verhältnisse bringen würde. Der Unterdrückte, der die „Rache“, d.h. *das gerechte Gericht* Gott überläßt, ist auch der demütige Arme, der in allen seinen Prüfungen Hilfe von Gott erwartet, der weiß, daß *Gott auf seiten der Armen steht.* Diejenigen, die in dieser Einstellung leiden und beten, verdienen zu Recht den Namen „Arme JHWHs“ (Ps 74,19); sie sind seiner rettenden Liebe gewiß (Jes 49,13). Wenn Jesus seine Verkündigung mit der Seligpreisung der Armen begann (Mt 5,3; Lk

6, 20), wollte er deutlich machen, daß sie das *erste Anrecht* auf das Reich Gottes haben. Er verstand seine Sendung als Erfüllung jener Verheißungen, die den Armen das messianische Heil zusprachen: „Der Geist des Herrn ruht auf mir; denn der Herr hat mich gesalbt. Er hat mich gesandt, damit ich den Armen eine gute Nachricht bringe ... (Lk 4, 18; Jes 61, 1).

Arm sein vor Gott macht glücklich und zur Liebe fähig

„Er richtete seine Augen auf seine Jünger und sagte: Selig, ihr Armen, denn euch gehört das Reich Gottes. Selig, die ihr jetzt hungert, denn ihr werdet satt werden. Selig, die ihr jetzt weint, denn ihr werdet lachen. Selig seid ihr, wenn euch die Menschen hassen und aus ihrer Gemeinschaft ausschließen, wenn sie euch beschimpfen und euch in Verruf bringen um des Menschensohnes willen. Freut euch und jauchzt an jenem Tag; euer Lohn im Himmel wird groß sein. Denn ebenso haben es ihre Väter mit den Propheten gemacht. Aber weh euch, die ihr reich seid; denn ihr habt keinen Trost mehr zu erwarten. Weh euch, die ihr jetzt satt seid; denn ihr werdet hungern. Weh euch, die ihr jetzt lacht; denn ihr werdet klagen und weinen. Weh euch, wenn euch alle Menschen loben; denn ebenso haben es ihre Väter mit den falschen Propheten gemacht" (Lk 6, 20–26).

Die Zuhörer, denen Jesus hier in den Seligpreisungen gratuliert, waren sicher nicht nur die Jünger – wie Lukas in seinem Text andeutet –, sondern das ganze Volk, das zu Jesus gekommen war. Den Armen, Weinenden und Hungernden wird das *Heil* von Jesus *verbindlich zugesichert.* In diesen Worten bringt Jesus zum Ausdruck, daß die Verheißungen der Propheten *in seinem Wirken* erfüllt sind. Wenn Jesus die Armen seligpreist, so hat dies für seine Zuhörer nicht ganz so fremd geklungen wie für uns. Jesu Worte stehen in einer reichen prophetischen Tradition. Die „Armen", die in den Psalmen so oft zu Wort kommen, *vertrauten* darauf, daß JHWH ihnen wieder *zu ihrem Recht* verhelfen werde. Armsein besagt also nicht nur ein Befinden in dieser Welt, sondern auch *ein Gottverhältnis.* Der *Schöpfer* wendet sich Gerechtigkeit schaffend denen zu, die als Geschöpfe *zu kurz gekommen* sind. Er wird zum *Erlöser* derer, die *vertrauensvoll* auf sein Erbarmen warten.

Die Worte Jesu sind zuerst denen zugesprochen, die tatsächlich arm sind und deswegen hungern, weinen und unterdrückt sind. Es scheint, als wären die Heilsverheißungen an einen *bestimmten sozialen Stand* gebunden. Wir dürfen hier den Textzusammenhang nicht aus den Augen verlieren. Die Verheißungen sind geknüpft an Forderungen, *die Worte Jesu zu tun.* Gerade das Gebot der Feindesliebe, das auf die *Seligpreisungen* und *Weherufe* folgt (Lk 6, 27–38), sowie die Goldene Regel: „Was ihr von anderen erwartet, das tut ebenso auch ihnen" (V. 31), und das Gebot: „Seid barmherzig, wie es auch euer Vater ist" (V. 36), weisen der Armut die maßgebliche *ethische* Richtung. In diesem Sinn wird uns die Seligpreisung von Matthäus überliefert: „Selig die Armen im Geiste" (Mt 5, 3). Die Einheitsübersetzung bietet bereits eine erklärende Übertragung: „Selig, die arm sind vor Gott." Der Zusatz „im Geiste" weist auf die Bescheidenen und Demütigen hin (Jes 57, 15). Auch die Mitglieder der Gemeinde von Qumran, die in Gütergemeinschaft lebten und das Reich Gottes erwarteten, verstanden das *Armsein als Ehrentitel.*

Jesus hat sich den Menschen in ihrer vielfältigen Not zugewendet, gerade darum dürfen wir nicht annehmen, daß er dem Armsein, dem Weinen und Hungern einen Selbstwert zugesprochen hat. Außerdem würden die Voraussetzungen für die Wohltätigkeit fehlen, die im Lukasevangelium besonders gefordert werden. Die Menschen waren mit ihrem besonderen Kreuz zu Jesus gekommen und warteten darauf, was er ihnen sagen werde. Diese Menschen waren noch *offen für eine neue Botschaft,* weil sie wußten, daß sie von sich aus keine Möglichkeit hatten, ihre Situation zu ändern. Sie verlegten ihre Zuversicht in Gott und seine unangezweifelte Macht und Liebe. Wenn Jesus sie seligpreist, wenn er ihnen das Reich Gottes zuspricht, so heißt das nicht, daß jetzt *alles umgekehrt* wird, daß nun die Armen reich und die Reichen arm würden, daß dieser Wechsel sich auf gleicher Ebene vollziehe. Der Ausgleich müßte ja dann wieder von neuem beginnen. Ein *Aufruf zum Umsturz* der herrschenden Besitzverhältnisse ist *nicht* herauszuhören. Die Seligpreisungen sind *kein billiger Trost* für die zu kurz Gekommenen. Christus bietet all diesen Menschen ein *neues Verhältnis zu Gott,* ein Vater-Sohn-Verhältnis, eine *neue Lebensweise,* von der aus sich alle bisherigen Wertvorstellungen relativieren. Die „Entschädigung" liegt also auf einer ganz anderen Ebene – im Reich Gottes, das jetzt angebrochen ist.

Der Evangelist sieht die Seligpreisung Jesu *bereits bestätigt* durch die Erfahrungen der Kirche seiner Zeit: Die Armen und Unterdrückten sind *leichter zugänglich für die Botschaft Jesu*, während die Satten und Hochgestellten *gefährdet* sind, und die Botschaft Christi bei ihnen kein Gehör findet. Gerade die vierte Preisung (V. 22) charakterisiert die Situation der frühen Kirche, die nicht mehr nur eine Kirche der Armen, sondern *auch der Verfolgten* ist. Die sich zu Jesus bekennen, sind gehaßt bis zum Ausschluß aus der Gemeinschaft der Synagoge.

So sehr auch der Ruf nach Armut und Verzicht auf die Güter dieser Welt den Christen heute verpflichten will, bleibt doch zu bedenken, daß auf diesem Weg allein die sozialen und gesellschaftlichen Probleme der Zeit *nicht zu lösen* sind. Der Ruf nach Armut und Verzicht steht deshalb auch unter dem *Oberthema des Liebesgebotes.* Zwei Drittel der Menschen hungern heute. Ihnen nur zu sagen, daß sie deswegen „selig" seien, wäre reiner Hohn. Wenn nur dort das Reich Gottes gegenwärtig wird, wo wir mit Hand anlegen, dann ist es nicht mehr in unser Belieben gestellt, zu helfen oder nicht. Wir müssen uns einsetzen, daß die Hungernden zu essen bekommen und die Weinenden wieder lachen können.

Suchet zuerst das Reich Gottes – sammelt unverlierbare Schätze

„Dann sagte er zu den Leuten: Gebt acht, hütet euch vor jeder Art von Habgier. Denn der Sinn des Lebens besteht nicht darin, daß ein Mensch aufgrund seines großen Vermögens im Überfluß lebt. Und er erzählte ihnen folgendes Beispiel: Auf den Feldern eines reichen Mannes stand eine gute Ernte. Da überlegte er hin und her: Was soll ich tun? Ich weiß nicht, wo ich meine Ernte unterbringen soll. Schließlich sagte er: So will ich es machen: Ich werde meine Scheunen abreißen und größere bauen; dort werde ich mein ganzes Getreide und meine Vorräte unterbringen. Dann kann ich zu mir selber sagen: Nun hast du einen großen Vorrat, der für viele Jahre reicht. Ruh dich aus, iß und trink, und freu dich des Lebens! Da sprach Gott zu ihm: Du

Narr! Noch in dieser Nacht wird man dein Leben von dir zurückfordern. Wem wird dann all das gehören, was du angehäuft hast? So geht es jedem, der nur für sich selbst Schätze sammelt, aber vor Gott nicht reich ist" (Lk 12,15–21).

„Verkauft eure Habe, und gebt den Erlös den Armen! Macht euch Geldbeutel, die nicht zerreißen. Verschafft euch einen Schatz, der nicht abnimmt, droben im Himmel, wo kein Dieb ihn findet und keine Motte ihn frißt. Denn wo euer Schatz ist, da ist auch euer Herz" (Lk 12,33–34).

Das Urteil über den Besitzbesessenen in der Gleichniserzählung vom reichen Kornbauer ist eine *ernste Warnung* an uns: Mit all unserer Sorge um irdisches Vermögen können wir unser Leben nicht absichern und verlängern. Im Gegenteil, Sorge und Besitzstreben verdecken immer mehr den Blick auf den, in dessen Hand unser Leben ist. Es geht um die Schwerpunkte, die wir unserem Planen und Arbeiten geben. Ein Besitzstreben, das zum Lebensinhalt geworden ist, hat den *Verlust der wahren Lebenswerte* zu Folge, die zutiefst mit der *kommenden Gottesherrschaft* zu tun haben. Für die Christen, denen Lukas das Evangelium schrieb, war diese Mahnung von besonderer Aktualität. Es ist anzunehmen, daß diese Neuchristen aus dem Heidentum ihren alten Lebensgewohnheiten und Geschäftspraktiken verhaftet waren oder sich ihnen wieder zuwandten. Die Sorge um das Lebensnotwendige, die dem Menschen von Gott aufgegeben ist, kann schnell in Habsucht und Raffgier umschlagen. Mit dem Hinweis „um all das geht es den Heiden" (Lk 12,30), sollen die Christen an ihre Berufung erinnert werden, eine *Kontrastgemeinschaft* inmitten dieser Welt zu sein, deren Kennzeichen *Vertrauen auf Gott* und *brüderliches Teilen* sind.

Die Verurteilung der ängstlichen Vorsorge und Habgier des Reichen ist aber nicht das letzte Wort, das über „Besitzende" gesprochen wird. Die Mahnung öffnet den Blick für eine positive Einstellung zu den Werten dieser Welt, zu Geld und Besitz. „Der Schatz im Himmel" (V. 33) beantwortet die im Schlußvers des Gleichnisses vom törichten Reichen (Lk 12,21) offengebliebene Frage, wie man *reich wird vor Gott:* durch *Verzicht auf Besitz* und durch *Freigebigkeit.* Zum Almosengeben, um einen Schatz bei Gott zu haben, mahnt auch schon das Buch Tobias

(4,7f.). Die *Unverlierbarkeit* des Schatzes wird bildhaft ausgedrückt im Geldbeutel, der nicht zerreißt, der von Dieben nicht gefunden und von Motten nicht zerfressen wird (V. 33). Wer jetzt den Notleidenden hilft, der setzt seine vergänglichen Güter in unvergängliche Werte um, die bei Gott aufgehoben sind.

Das Beispiel der Urgemeinde:
Armut und Verzicht dienen der Liebe

„Die Gemeinde der Gläubigen war ein Herz und eine Seele. Keiner nannte etwas von dem, was er hatte, sein Eigentum, sondern sie hatten alles gemeinsam ... Es gab auch keinen unter ihnen, der Not litt. Denn alle, die Grundstücke oder Häuser besaßen, verkauften ihren Besitz, brachten den Erlös und legten ihn den Aposteln zu Füßen. Jedem wurde davon so viel zugeteilt, wie er nötig hatte“ (Apg 4,32–35).

Die Urgemeinde von Jerusalem wird hier den späteren christlichen Gemeinden als *Vorbild* vor Augen gestellt mit der deutlichen Verkündigungsabsicht: So wie es damals war, als sie *alles gemeinsam* hatten, müßte es auch heute noch sein. Die idealen Verhältnisse in der Gemeinde des Anfangs werden in den Grundzügen skizziert: Sie waren *ein Herz und eine Seele* – es gab *keine Notleidenden,* denn sie *teilten* ihren Besitz untereinander auf – sie hatten *alles gemeinsam.* Das Armutsideal ist der Liebestätigkeit und dem Gemeinschaftsleben untergeordnet. Man hält am Besitz fest, es wird auch niemand gezwungen, seinen Besitz aufzugeben, doch erhält der Besitz einen anderen Stellenwert durch die Verpflichtung, für alle Gemeindemitglieder zu sorgen und mit ihnen brüderlich zu teilen. Die Urgemeinde hat sicher über die Armutsforderung Jesu intensiv nachgedacht und sich ihr verpflichtet gefühlt. Die christliche Gemeinde ist Liebesgemeinschaft, die im *freiwilligen Besitzverzicht* zugunsten derer, die in der Gemeinde Not leiden (2,45; 4,35), und in einer *gemeinschaftlichen Nutzung des Privateigentums* konkret wird (4,32). Nicht das „Armsein“ an sich wird als Tugend angestrebt, sondern die Verwirklichung einer Gemeinschaft von Menschen, die durch die Erfahrung mit dem auferstandenen Herrn zu Schwestern und Brüdern geworden ist.

Gebet und Meditation

Jerusalem, preise den Herrn, lobsinge, Zion, deinem Gott (Ps 147,12)

Lobpreis und Danksagung

Der Lobpreis Gottes nimmt im Alten Testament einen breiten Raum ein. Er ist Verherrlichung Gottes – verbunden mit Freude und Jubel – und die geläufige Form der Danksagung für das Heil, das Israel als Volk erfahren hat sowie für die Rettung aus persönlicher Not. Gott danken heißt: von den Wundern *erzählen*, die er getan hat und für seine Werke *Zeugnis ablegen* vor versammelter Gemeinde und vor den Völkern. In den Bekenntnissen, die Israel in den liturgischen Feiern ablegt, wird Gottes Walten gerühmt. Das *Rühmen Gottes* ist die *dankende Antwort* des Gottesvolkes.

Jesu Jubelruf steht in dieser großen biblischen Gebetstradition: „Ich preise dich, Vater, Herr des Himmels und der Erde, weil du das den Weisen und Klugen verborgen, den Unmündigen aber offenbart hast" (Mt 11,25). Grund zur Danksagung ist die vom Vater bestimmten Menschen geschenkte Erkenntnis seiner Person und das Verständnis seiner Botschaft. Die Christushymnen des Neuen Testaments sind danksagende Bekenntnisse: „Danket dem Vater mit Freude! Er hat euch fähig gemacht, Anteil zu haben am Los der Heiligen, die im Licht sind. Er hat uns der Macht der Finsternis entrissen und aufgenommen in das Reich seines geliebten Sohnes. Durch ihn haben wir die Erlösung, die Vergebung der Sünden ... (Kol 1,12ff.). Das *Magnifikat* Mariens (Lk 1,47–55), der *Lobgesang* des Zacharias (Lk 1,68–79) und des greisen Simeon (Lk 2,28–32) preisen das *Heil in Christus* als Erfüllung der Verheißungen Gottes an Israel. Diese Lieder sind ein *Echo* der Danksagung und des Lobpreises der ersten Christengeneration, die zum *Leitfaden* ihres neuen Lebens geworden sind.

Mit Gott im Gebet ringen

Unter den Betern Israels ragt die Gestalt des Mose heraus. Er ist der *große Fürsprecher* des ihm anvertrauten Volkes, das sich immer wieder von seinem Gott abwendet und den Weg in die Freiheit nicht weitergehen möchte. In der Erzählung vom „goldenen Kalb" wird die Sünde des Volkes dramatisch dargestellt (Ex 32). Das Volk verlangt nach sichtbaren Göttern, die es begleiten. Die begonnene Heilsinitiative Gottes droht durch die Widerspenstigkeit des Volkes ein jähes Ende zu nehmen (vgl. Ex 33,5). Mose bittet um Vergebung der Schuld und bietet Gott in Solidarität mit seinem Volk das eigene Leben an: „Mose kehrte zum Herrn zurück und sagte: Ach, dieses Volk hat eine große Sünde begangen. Götter aus Gold haben sie gemacht. Doch jetzt nimm ihre Sünde von ihnen! Wenn nicht, dann streich mich aus dem Buch, das du angelegt hast" (Ex 32,31 f.). Die Argumente, die Mose im Gebet vorbringt, finden wir immer wieder in den Bittgebeten der Bibel. Er *appelliert* an die Liebe Gottes: „Es ist doch dein Volk" (Ex 33,13). Gott wird an die großen Lebensverheißungen *erinnert,* die er einst den Vätern dieses Volkes gegeben hat und an seine Befreiungstat am Schilfmeer (Ex 32,11–14). Darin wird das *Vertrauen auf Gottes Treue* angesprochen, der zu seinem Verheißungswort steht, auch wenn die Menschen, denen diese Verheißungen gelten, sich seiner Führung entgegenstellen. Ein weiteres Argument: „Sollen etwa die Ägypter sagen können: In böser Absicht hat er sie herausgeführt, um sie im Gebirge umzubringen ..." (Ex 32,12). Gott möge um seines Namens und seiner Ehre willen – d.h. zum *unmißverständlichen* Zeugnis seines Wirkens vor den Völkern der Welt – an seinem Volk gnädig handeln. Dieses Motiv bestimmt die Bitt- und Bußgebete Israels: „Nicht uns, o Herr, bring zu Ehren, nicht uns, sondern deinen Namen, in deiner Huld und Treue! Warum sollen die Völker sagen: Wo ist denn ihr Gott?" (Ps 115,1 f.). In diesem Gebetsringen geht Mose als Mittler auf die *Heilsabsichten* Gottes mit Israel ein, wie sie in der Vorgeschichte offenbar geworden sind, obwohl zur Zeit der Glaube an dieses Heil *geschwunden* war und die Antwort des gerufenen Volkes *fehlte.* Er vollzieht in seinem Beten die Liebe nach, in der Gott einst Israel zu seinem Volk gemacht hat. Sein Gebet ist getragen vom Glauben daran, daß Gottes Liebe und Treue das *letzte Wort* haben.

Unter der Last der Verantwortung hat Mose selbst auch Tiefpunkte erlebt. Als das Volk die „Fleischtöpfe Ägyptens" herbeisehnte, hat er sich in einem kühnen Gebet vor Gott beklagt und ihm Vorwürfe gemacht: „Warum hast du deinen Knecht so schlecht behandelt, und warum habe ich nicht deine Gnade gefunden, daß du mir die Last mit diesem ganzen Volk auferlegst? Habe denn ich dieses ganze Volk in meinem Schoß getragen, oder habe ich es geboren, daß du zu mir sagen kannst: Nimm es an deine Brust, wie der Wärter den Säugling, und trag es in das Land ... Wenn du mich so behandelst, dann bring mich lieber gleich um, wenn ich überhaupt deine Gnade gefunden habe. Ich will mein Elend nicht mehr ansehen" (Num 11,11–15).

Dem Fürbitter Mose ist der Prophet Jeremia sehr ähnlich. Seine Bitte um Rettung des Volkes (Jer 10,23; 14,7 ff. 19–22) ist verbunden mit einem *solidarischen Mitleiden* und *Mittragen* der Not (4,19; 8,18–23). Auch er beklagt sich vor Gott (15,10), und unter der Last seiner Berufung macht er Gott den *Vorwurf,* daß er an seinem Unglück schuld sei (Jer 20,7–18), doch ringt er sich wieder zu neuem Vertrauen durch.

Der biblische Mensch spricht sich vor Gott ganz aus, er wartet nicht auf den Zeitpunkt seelischer Ausgeglichenheit, um dann ein schönes, ehrfürchtiges Gebet zu sprechen. In seiner Ausweglosigkeit *flüchtet* er nicht von Gott weg, sondern *zu ihm hin,* auch wenn sich sein Gebet zur *Klage* und manchmal zur *Anklage* steigert.

Die Psalmen: Gottes Wort und menschliche Antwort

Die Psalmen (wörtlich „Preisungen") sind im Gottesdienst Israels entstanden und wurden später im *Buch der Psalmen* gesammelt. Sie zeigen uns besonders den Dialogcharakter der Heiligen Schrift, denn sie sind die *menschliche Antwort* auf Gottes Reden und Handeln. Als Teil der Bibel sind diese Gebete *Wort Gottes,* der uns *diese* Worte in den Mund legt, die er hören will, und die uns die *Dimensionen des Betens* erschließen. Juden und Christen sind sie bis heute zum Ausdruck stets neuer Erfahrungen geworden. Wenn wir die Psalmen beten, lassen wir uns vom *Strom der Gebetserfahrung* vieler Menschen und vieler Jahrhunderte *mittragen.* Der Mensch in allen seinen Situationen, in jubelnder Freude und tiefstem Leid, in seiner Leibhaftigkeit, in der Gemeinschaft des Gottesvolkes und als einzelner, spricht hier in einer *ungeschminkten Offenheit* zu seinem Gott. Diese Offenheit, uns *vor Gott auszusprechen,* wollen uns die Psalmen vermitteln. Da es nicht so leicht ist, Gebete längst vergangener Zeiten zu unseren Gebeten zu machen, braucht das Psalmenbeten eine *Einübung.* Dazu einige Verständnishilfen:

1. Die Psalmen drücken Gefühle, Erfahrungen und subjektive Stimmungen aus, sie sind religiöse Lieder, und nicht zu vergleichen mit ausgewählten Gebeten christlicher Heiliger, die man persönlich oft nicht nachvollziehen kann. Wir begegnen in ihnen Betern, die ihre ganze Unvollkommenheit vor Gott hintragen. Deswegen können sie uns Mut machen, uns mit unseren Ängsten und Schwächen an Gott *heranzu-wagen* und *ohne Masken* zu beten. So dürfen wir auch unseren Zorn und unsere Aggression vor Gott im Gebet *zulassen,* es ihm sagen und so *vor ihm bewältigen.*

2. Die Psalmen bezeugen die „Menschwerdung Gottes" *in seinem Wort,* sein Herabsteigen zu uns und seine Aufforderung, mit ihm menschlich zu reden. Die Sprachbilder, die hier verwendet werden, sind nicht im Sinne des Katechismus oder der Philosophie zu verstehen; etwa wenn der Beter Gott fragt: „Warum drückst du mein Leben zu Boden?" Jede Not und jedes Leid wird ringend und betend bewältigt.

3. Wenn wir uns dem Gebetsstrom der Psalmen anvertrauen, müssen wir auch nicht jeden sprachlichen Ausdruck intellektuell verstehen oder den Inhalt jedes Verses ausschöpfen; wir dürfen uns der großartigen Bildsprache hingeben und diese Verse „auskosten", die etwas in uns *zum Schwingen* bringen.

4. Die zwei Hauptgattungen, die *Lob- und Klagepsalmen,* umspannen die Höhen und Tiefen unseres Lebens. Allen Lebenssituationen können wir einen *betenden Ausdruck* verleihen. Wenn wir die Psalmen im Sinne Israels und der Kirche beten, dann sollen wir nicht nur eine Auswahl nach unserer persönlichen Stimmung treffen. Die Kirche mutet uns zu, daß wir *unabhängig von unserer Situation* Klage- und Lobpsalmen beten; sie gehören zum

offiziellen Gebet der Kirche, dem „Stundengebet“, in dem das gesamte Gottesvolk Freude und Jubel, aber auch Leid und Not vor Gott bringt. Wir sind eingeladen, mit denen zu beten, die gerade weinen, auch wenn es uns gerade gut geht, andererseits auch mit anderen Gott zu loben, wenn wir in Not sind. So können wir uns mit dem Gottesvolk *solidarisieren* und werden den Nöten der Mitmenschen gegenüber sensibel bleiben. In dieser Gebetsschule werden wir zum *Lobpreis Gottes fähig gemacht,* im Bewußtsein, daß seine Liebe größer ist als die Not.

5. Die Psalmen waren die *Gebetsschule Jesu,* durch die er seinen Gott und Vater kennen lernte. In den Worten der Psalmen haben die ersten Christen ihre *Heilserfahrungen* aussprechen gelernt. Die *„Erhöhung aus der Erniedrigung“,* die immer wieder besungen wird, hat in der Auferweckung Jesu eine ungeahnte, alles übertreffende Erfüllung gefunden. So begegnet uns in den Psalmen auch der Herr, der betend vor dem Vater *klagt,* um Rettung *fleht* und im Lobpreis *dankt* (vgl. Hebr. 5,7). Das Gottesvolk der Kirche betet die Psalmen *vereint mit ihrem Herrn,* der Mensch unter Menschen war und als treuer Knecht Gottes nach seinem Leiden und Sterben vom Vater erhöht wurde.

Im Namen Jesu beten

Jesus lebt in der *Gebetstradition* der Synagoge und bildet mit seinem Jüngerkreis eine *Gebetsgemeinschaft.* Das war so selbstverständlich für die Evangelisten, daß sie Jesu Teilnahme am offiziellen Gebet *nur indirekt* bezeugen. War doch das „Lehren“ in der Synagoge nur im Rahmen des Wortgottesdienstes möglich. Wie gewohnt geht er am Sabbat in die Synagoge (Lk 4,16), und den Tempel bezeichnet Jesus ausdrücklich als „Haus des Gebetes“ (Mk 11,17).

Die Evangelisten zeigen größeres Interesse, darauf hinzuweisen, daß Jesus die Stille aufsuchte, um *allein* zu beten. Lukas will zeigen, daß dieses *persönliche Gebet Jesu* im Zusammenhang mit seiner Sendung steht: Er berichtet von Jesu Beten bei der Taufe (3,21), vor der Wahl der Zwölf (6,12), bei der Verklärung (9,29) und vor der Lehre des Vaterunsers (11,1). Das vertrauensvolle Bitten am Ölberg läßt uns etwas von der *einzigartigen Beziehung* Jesu zu seinem Vater ahnen: „Abba, Vater, alles ist dir möglich. Nimm diesen Kelch von mir! Aber nicht was ich will, sondern was du willst, soll geschehen" (Mk 14,36; vgl. Lk 22,42). Das Sprechen Jesu mit dem Vater ist *Ausdruck seines Sohn-Seins* und seiner Berufung. Zugleich wird dieses Gebet zu einem *Modell* unseres Betens. Es ist zuversichtlich und *voll Vertrauen:* Dir Vater ist alles möglich. Es ist eine *Erprobung des Gehorsams,* die im Verzicht auf den eigenen Willen bestanden wird: Gottes Wille soll in allem geschehen. Sein Tasten und Suchen nach dem Weg, den ihn der Vater führen soll, stellt den betenden Jesus auf unsere Seite. Der Hebräerbrief greift dieses Gebet auf und sagt uns, daß die Auferweckung die Antwort Gottes auf dieses so echt menschliche Gebet Christi ist: „Als er auf Erden lebte, hat er mit lautem Schreien und unter Tränen Gebete und Bitten vor den gebracht, der ihn aus dem Tod retten konnte, und er ist erhört und aus seiner Angst befreit worden ... zur Vollendung gelangt, ist er für alle, die ihm gehorchen, der Urheber des ewigen Heils geworden" (Hebr. 5,7–9).

In dieses Beten Jesu, in sein Gespräch mit dem Vater und in seine Gottbeziehung, dürfen wir *eintreten* – darin liegt die *einzigartige Berufung* des Christen. Der Geist, der Jesus von den Toten auferweckt hat, wohnt in uns (vgl. Röm 8,11); er hat uns zu Söhnen gemacht und *deswegen* dürfen wir *in ihm* zu Gott „Abba" sagen (Röm 8,15). Der Geist der Kindschaft ist es gerade, der uns durch Christus, d. h. *in seinem Namen* beten läßt. Durch diesen Geist ist uns zusammen mit Jesus der vertraute *Zugang zum Vater* eröffnet worden. Das aber ist ein unverdientes Geschenk: „Gott hat den Geist seines Sohnes in unsere Herzen gesandt, der da ruft: Abba, Vater!" (Gal 4,6). Christliches Beten ist, wie es die Liturgie der Kirche durch Jahrhunderte festgehalten hat, ein Gebet *durch Christus im Heiligen Geist zum Vater.*

Wenn uns der Geist das rechte Gebet ins Herz legt und für uns so eintritt, wie Gott es will (vgl. Röm 8,26), dann wird uns dieses Gebet *formen* und unser Leben und Denken auf die großen Gaben Gottes *hinlenken;* es wird zu einem Beten, das *immer erhört* wird, weil es *Gebet Christi* geworden ist. Die oftmals wiederkehrende Zusicherung in den Evangelien, daß jedes Gebet erhört werde, findet hier ihre Aufhellung: „Wenn nun schon ihr, die ihr böse seid, euren Kindern gebt, was gut ist, wieviel mehr wird der Vater im Himmel den Heiligen Geist denen geben, die ihn bitten“ (Mt 11,13). Dem Gebet im „Namen Jesu“ ist *Erhörung* zugesagt (vgl. Joh 16,23 f.). Unser Bittgebet, das vor allem die persönlichen Probleme und Anliegen vorbringt, aber die großen Heilsabsichten Gottes übersieht, soll zum wahren Gebet vorstoßen. Das Wort Jesu an die Apostel: „Bis jetzt habt ihr noch nichts in meinem Namen erbeten“ (Joh 16,24) gilt auch uns, wenn wir noch nicht betend die Verbundenheit mit seinem Willen gesucht haben. In *seinem Namen beten* heißt, in Gemeinschaft mit Christus sein, seine Gesinnung haben und sein neues Gebot erfüllen: „Liebet einander! Wie ich euch geliebt habe, so sollt auch ihr einander lieben!“ (Joh 13,34). Weil das Gebet im „Namen Jesu“ in das Gebet Jesu *aufgenommen* ist, wird der Vater die Bittenden beschenken und ihre Freude vollkommen machen (vgl. Joh 16,24).

Die Gebetsweisung Jesu

Matthäus überliefert das Vaterunser in der Bergpredigt (Mt 6,9–13). Dieser Zusammenhang mit dem Verkündigungsprogramm Jesu macht uns aufmerksam, daß dieses Gebet nicht so sehr ein Gebetsformular ist, sondern eine *Anweisung*, richtig zu beten. Jesus will uns sagen: *So sollt ihr beten;* stellt nicht euer Anliegen in den Mittelpunkt, es geht um Größeres, um sein Reich, an dem ihr mitwirken dürft; sucht deshalb auf seinen Willen einzugehen, damit das Reich Gottes verwirklicht wird. Das Gebet entspricht ganz der Predigt Jesu: „Euch aber muß es zuerst um sein Reich und seine Gerechtigkeit gehen; dann wird euch alles andere dazugegeben“ (Mt 6,33).

Nach der Überlieferung des Lukas treten die Jünger mit der Bitte an Jesus heran: „Herr lehre uns beten, wie schon Johannes seine Jünger beten gelehrt hat“ (Lk 11,1). Jüdische Rabbis haben ihre Schüler bestimmte Gebete gelehrt, in denen der Schwerpunkt ihrer Lehre zum Ausdruck kam. Die Jünger wollen also von Jesus ein *persönlich geformtes* Gebet, eben *sein Gebet*, lernen.

Jesus nennt seinen und unseren Vater „abba“. Das klingt ganz vertraulich. So redeten damals die Kinder ihren Vater an, so tun es heute wiederum die Kinder in Israel. In den liturgischen Gebeten Israels wird Gott oft mit „unser Vater“ angesprochen, aber nicht mit der *vertraulichen Anrede* „abba" (Vati). Matthäus hat diese vertrauliche *Kinderanrede,* die das Beten Jesu wiedergibt und die uns *von Lukas überliefert* wird (Lk 11,2), der liturgisch geläufigen Form angepaßt (Mt 11,2). Jesus hat uns erst die Berechtigung dazu gegeben, zu Gott in dieser *kindlichen* Weise zu beten. Jesus ist unser Bruder geworden, deswegen sind wir auch Söhne Gottes. Das Bild vom sorgenden Vater wird ergänzt durch die Beifügung „im Himmel". Gott ist auch der Herr der Mächte und Gewalten, der unvorstellbar *anders ist* als wir ihn aus der Größe seiner Schöpfung erahnen können. Wir sollen die Spannung verspüren, die zwischen der vertraulichen Anrede *Vater* und dem *Herrn der Schöpfung* besteht. Zu diesem Herrn *dürfen* wir Vater sagen. Der Grundton der Frohbotschaft ist aus dieser Vateranrede herauszuhören.

Die folgenden Bitten bilden eine Einheit, sie zeigen uns, wie die *geforderte Umkehr* auch unser Beten bestimmen muß: Gottes Wirken und Wille steht an erster Stelle! Die passive Formulierung „geheiligt werde dein Name" entstand aus einer Ehrfurchtshaltung Gott gegenüber und ist in zeitgenössischen jüdischen Gebeten belegt. Gott wird aufgefordert, sich als *heilig zu erweisen* (vgl. Ez 20,41). Sinngemäß bedeutet diese Bitte: *Bewirke in Barmherzigkeit, daß alle Menschen dich kennenlernen und sich dir zuwenden.* Wir machen damit *Gottes Sorge* um alle Menschen zu unserem *persönlichen Anliegen.* Gott will diese Bitte aber auch durch uns erfüllen, und das geschieht, wenn unser Leben ein Zeugnis für ihn gibt und zum *Zeichen seiner Güte* wird: „So soll euer Licht vor den Menschen leuchten, damit sie eure guten Werke sehen und euren Vater im Himmel preisen" (Mt 5,16).

In der Bitte *„dein Reich komme"* ist das *Hauptanliegen* der Verkündigung Jesu ausgesprochen. Die Herrschaft Gottes, sein Königtum, ist im Wirken Jesu nahe gekommen, trotzdem ist sie noch verborgen und in Vorbereitung. Gott wird uns sein Reich schenken, doch *nicht ohne* unsere Mitwirkung. Deswegen verbindet Jesus mit der Ankündigung der Herrschaft Gottes die Forderung der Umkehr und den Glauben an das Evangelium (vgl. Mk 1,15). Umkehr heißt hier, die *Gedanken Gottes mitdenken.* Auch die dritte Bitte „dein Wille geschehe, wie im Himmel, so auf Erden", ist nicht nur von Gott her, aber auch nicht nur vom Menschen her, zu verstehen. Ohne Gottes Hilfe können wir seinen Willen nicht erkennen und tun. Wenn *durch uns* Gottes Wille geschieht, wird *sichtbar,* was mit dem „Reich Gottes" gemeint ist.

In der *Bitte um das tägliche Brot* läßt uns Jesus nur um den täglichen Bedarf, um das, was wir heute zum Lebensunterhalt notwendig haben, bitten. Wir erinnern uns an die Warnung Jesu vor der übertriebenen Sorge um irdische Güter, die manche Menschen ganz in Anspruch nimmt (Mt 6,19–34). Die vorhergehenden Bitten haben *Unvergängliches* zum Ziel gehabt, und diese Bitte blickt über die *enge Grenze* eines Tages nicht hinaus.

Die Bitte um Vergebung unserer Schuld nennt als Voraussetzung: „wie auch wir unseren Schuldnern erlassen haben" (Mt 6,12). Diese Forderung wird durch das Jesuswort nach dem Vaterunser noch unterstrichen: „Denn wenn ihr den Menschen ihre Verfehlungen vergebt, dann wird euer himmlischer Vater auch euch vergeben. Wenn ihr aber den Menschen nicht vergebt, dann wird euch euer Vater eure Verfehlungen nicht vergeben" (Mt 6,14f.). Nur der darf seine Gaben zum Altar bringen, der sich vorher mit seinem Bruder versöhnt hat (vgl. Mt 5,23f.).

Die Bitte, Gott möge uns nicht in Versuchung führen, läßt an die Prüfung Abrahams denken, der seinen Sohn Isaak opfern sollte. Gott läßt viele Prüfungen zu, in denen wir wachsen und reifen können. Wir haben aber auch die Zusicherung, daß wir nicht über unsere Kraft geprüft werden: „Gott ist treu, er wird nicht zulassen, daß ihr über eure Kraft hinaus versucht werdet" (1 Kor 10,13). Wir dürfen vertrauensvoll Ausschau halten nach einer *endgültigen Befreiung* von allem, was uns bedrückt und knechtet, das sind die Sünden, das Leid und der Tod. Die Bitte um *Errettung vor dem Bösen* weist über diese Weltzeit hinaus, aber zugleich als Verpflichtung, *das Gute zu tun* auch ganz auf unser Leben hin. Die „heidnische" Auffassung, daß vielen Gebetsworten die Erhörung Gottes sicherer sei, weist Jesus zurück (Mt 6,7f.). Es geht hier nicht um die Frage, ob ein Gebet kurz oder lang sein soll, sondern um die richtige Gottesvorstellung: „Euer Vater weiß, was ihr braucht, noch ehe ihr ihn bittet" (Mt

6,8). Der Bittende wendet sich an den *liebenden Vater,* dem *nichts verborgen* bleibt.

Schriftlesung und Meditation

Die Liturgie der Synagoge hatte schon zur Zeit Jesu eine *feststehende Leseordnung,* nach der bestimmte Abschnitte aus der Tora und aus den Propheten in den Sabbatgottesdiensten vorgetragen wurden. Jeder religionsmündige Jude konnte aufgerufen werden, um aus der Schrift zu lesen. Die Evangelien berichten von einem Sabbatgottesdienst in der Synagoge von Nazaret, an dem Jesus wie gewohnt teilnahm: „Als er aufstand, um aus der Schrift vorzulesen, reichte man ihm das Buch des Propheten Jesaja" (Lk 4,16f.).

Das *Hören auf Gottes Wort in der Schrift* ist ein wesentlicher Teil biblischen Betens: Die *Anrede Gottes* fordert die *Antwort im Gebet* heraus. Das in der Gemeinde Israels und in der Kirche zur *Schrift gewordene* Wort Gottes soll das ganze Leben der Angesprochenen *durchdringen.* Diese *Aneignung* des Wortes vollzieht sich in der *Meditation.* Für das lateinische Wort *„meditari – meditatio"* steht im Hebräischen die Wurzel *„haga"* in der Bedeutung von *„halblaut murmeln".* Es geht um ein *innerliches Aufnehmen* des Gotteswortes, wobei das Sprechen und Hören die *sinnenhaften Tore* zum Herzen sind. Dem Josua wird vor dem Einzug ins Land der Verheißung von Gott die Weisung gegeben: „Über dieses Gesetzbuch sollst du immer reden und Tag und Nacht darüber nachsinnen ..."(Jos 1,8). Und im ersten Psalm wird der Mann *glücklich* gepriesen, „der Freude hat an der Weisung des Herrn, und über seine Weisung nachsinnt bei Tag und bei Nacht" (Ps 1,2). Dieses „Nachsinnen" wird in wörtlichen Übersetzungen mit „murmeln" wiedergegeben. Von Maria wird gesagt, daß sie alles, was geschehen war, „in ihrem Herzen bewahrte und darüber nachdachte" (vgl. Lk 2,19.51). Das Heilsgeschehen *im Herzen bewahren,* und um eine *vertiefte Erkenntnis* bemüht sein, das bedeutet *meditieren.*

Die Meditation *lebt* vom Wort Gottes, das den Menschen *wie ein Brot* gereicht wird und ihm als Nahrung dient: „Der Mensch lebt nicht nur vom Brot, sondern von jedem Wort, das aus Gottes Mund kommt" (Mt 4,4; vgl. Dtn 8,3). In *seinem Wort* ist

Gott uns gegenwärtig. Im Frühjudentum wird Gottes Wort mit dem *Lebensbaum* verglichen. Aus Ehrfurcht vor der *lebenspendenden Gegenwart Gottes in seinem Wort* werden in der Synagoge die Heiligen Schriften in einem Tabernakel aufbewahrt, vor dem das Ewige Licht brennt. Das 2. Vatikanische Konzil hat den „Tisch des Wortes" neben den „Tisch des Brotes" gestellt und die Gegenwart Gottes *in seinem Wort* verglichen mit der Gegenwart des fleischgewordenen Wortes *im Brot des Lebens* („Dei Verbum").

Die *Lesung des Gotteswortes* und das *sprechende Wiederholen* sind wesentliche Elemente der christlichen Meditation. Das meditierende Wiederholen wird von Augustinus als ein „Wiederkauen" bezeichnet: „Wenn du hörst oder liest, dann ißt du; wenn du meditierst, dann kaust du wieder, was du eben gehört oder gelesen hast." Das *halblaute Wiederholen* von Psalmversen und kurzen Schrifttexten ist im Mönchtum des Ostens eine noch heute praktizierte Form der Meditation. Über das sinnenhafte Tun soll Gottes Wort *in unser Herz fließen* und uns vertraut werden.

Eine wichtige Voraussetzung für diese in der Bibel selbst wurzelnde Meditationsform ist die *große Ehrfurcht* vor dem Wort Gottes, die Überzeugung, daß ich hier – in diesem Text, in diesem Wort, in diesem Spruch, in diesen Berichten, Erzählungen und Verheißungen – der *Gegenwart Gottes* inne werden kann. Er spricht uns diesen Bericht, dieses Gebet, dieses Gleichnis zu. Es ist *sein Wort*, und in diesem Wort ist *Er mir gegenwärtig.* Diese Ehrfurcht wird keineswegs gemindert durch Zugänge wissenschaftlicher Art, die uns über die Entstehung eines Textes und die eigentliche Aussageabsicht tiefere Kenntnisse vermitteln. Gottes Wort ist in das Menschenwort ganz *eingegangen*, deswegen hat es auch eine menschliche Entstehungsgeschichte.

Erfahrungsgemäß werden wir von bestimmten Schrifttexten besonders angesprochen und fühlen in ihnen besonders die Gegenwart Gottes. Andere wieder sind uns fremd und scheinen zu unserem Leben beziehungslos zu sein. Es braucht Geduld und eine gewisse Zeit, damit unser Kontakt mit dem Wort Gottes so lebendig geworden ist, daß uns nicht nur „schöne" und ausgewählte Schriftstellen diese Begegnung mit Gott vermitteln, sondern die Lesung der Schrift überhaupt zum *Impuls* wird, der uns *in die Gegenwart Gottes* versetzt. Wichtig ist die Bemühung, das Wort Gottes als *Wort an uns – an mich* – zu erleben.

Fernöstliche Meditationsmethoden werden heute immer mehr in den christlichen Raum eingebracht und können einen wesentlichen *Beitrag zur Selbstfindung* des Menschen leisten, der unter vielen Belastungen seelisch verkümmert. Diese Welt der Innerlichkeit stößt auch auf großes Interesse bei Menschen, die der biblisch-christlichen Tradition entfremdet sind. Die Bemühung um Sammlung und Konzentration ist eine wichtige Voraussetzung, sich dem eigentlichen Ziel der Meditation zu nähern. An diesem Ziel scheiden sich jedoch die Geister. Wenn das Ziel der Meditationswege das *Aufhören der Personalität* und das *Einswerden mit dem unpersonalen Absoluten* ist, so ist dieses Ziel mit dem biblisch-christlichen Glauben *nicht* vereinbar. Die Botschaft der Bibel setzt uns auf einen *Weg,* auf dem uns *vielfältige Begegnungen* mit dem lebendigen Gott geschenkt werden. Ziel dieses Weges ist die *Gemeinschaft* mit dem sich in Liebe verschenkenden Gott. In dieser Gemeinschaft findet der von Gott gerufene und begleitete Mensch seine *letzte Erfüllung.*

Bilder vom bildlosen Gott

Das Verbot der bildhaften Darstellung JHWHs bestimmte die Gottesverehrung Israels. Nichts in der Welt, kein König, kein Tier und kein Gestirn vermögen JHWH adäquat Gestalt zu verleihen. *Gottesbilder machen Gott verfügbar.* Immer wieder haben die Propheten gegen diese Tendenz im Volk, sich einen *verfügbaren Gott* zu machen, *angekämpft.* Doch ist ein Gemeinschaftsverhältnis wie das, das zwischen Gott und Israel und Gott und dem einzelnen Beter bestand, ohne eine gewisse Verfügbarkeit gar *nicht denkbar.* In den Psalmen, in denen das Verhältnis Gott – Mensch am stärksten zur Sprache kommt, spielen daher die *bildhaften Vorstellungen* von Gott eine große Rolle. Die Bilder, die den „Gott für uns" darstellen, laden den Beter ein, davor zu *verweilen,* sie immer wieder *anzuschauen* und selbst *in sie einzugehen.* Sie laden uns ein mit den Worten des Psalmisten: „Kostet und seht, wie gut der Herr ist."

In dem Bildwort „JHWH ist mein Fels" drückt sich das *Ver-*

trauen des Beters aus, das zu den wichtigsten Charakteristika der Psalmen gehört. Gott ist *Fels, Turm, Zelt* und *Burg* (Ps 61,1–5; 62,1–3.6–8). Auf seine *Zuverlässigkeit* kann man bauen wie auf einen Felsen. Auf diesem Felsen ist man vor jedem Ansturm lebensfeindlicher Mächte sicher. Er ist „Fels meines Herzens" (Ps 73,26), weil ich ihm in allem vertrauen und mich an ihn halten kann.

Gott ist der *Spender des Lebens.* Dieses Leben wird in den Bildern des Wassers und des Lichtes veranschaulicht. „Denn bei dir ist die Quelle des Lebens, in deinem Licht schauen wir das Licht" (Ps 36,10). Sein Licht ist sein uns *gnädig zugewandtes Angesicht* – durch seine *Freundlichkeit* leben wir. Jesus verheißt der Samariterin am Jakobsbrunnen *lebendiges Wasser,* das *ewiges Leben* schenkt (Joh 4,13f.; vgl. Joh 7,37–39). Die Tempelquelle, von der in Ez 37 und Offb 22,1–5 die Rede ist, verheißt Gottes bleibende und lebenspendende *Gegenwart* inmitten seines Volkes.

Gott birgt und behütet uns *im Schatten seiner Flügel* wie ein Vogel, der seine Flügel schützend über seine Jungen ausbreitet (Ps 17,8; 61,5).

Der Beter von Ps 27 fühlt sich bei JHWH im Tempel zuverlässiger geborgen als bei Vater und Mutter (V. 10). Wie ein *Gastgeber* nimmt Gott den Tempelbesucher in seine Gemeinschaft auf und bereitet seinen Gästen den Tisch (Ps 23,5; 132,15). Von einem starken Vertrauensverhältnis zeugt auch das aus dem Bereich des Krieges genommene Bild von JHWH, dem Schild des Beters (Ps 7,11; 33,20).

Wie ein *Hirte* hat Gott sein Volk aus Ägypten geführt und in sein Land gebracht (vgl. Ps 77,21; 95,7). Das Hirtenmotiv will vor allem die *Sorge des Hirten* für die Herde und das *Vertrauen der Herde* zu ihm ausdrücken. In Psalm 23 leitet JHWH nicht die Herde, sondern den einzelnen. Jesus ist der *gute Hirt,* der sein Leben für die Schafe gibt; er kennt die Seinen, und die Seinen kennen ihn (Joh 10,11–16).

Im Johannesevangelium offenbart Jesus sein „für uns sein" in aussagekräftigen Bildworten, damit wir *ihn aufnehmen* und er uns die Macht gibt, Kinder Gottes zu werden (vgl. Joh 1,12):
„Ich bin das Brot des Lebens" (6,35);
„Ich bin das Licht der Welt" (8,12);

„Ich bin der gute Hirt“ (10,11);
„Ich bin die Auferstehung und das Leben“ (11,25);
„Ich bin der wahre Weinstock“ (15,1).

Die Bildworte, die in der Bibel Gottes Wirken beschreiben, sind eine *Entfaltung* des JHWH-Namens, in dem Gott sich dem Mose und seinem Volk *zugesagt* hat als der „ich bin da für euch“. Ein nur wenig bekanntes Gebet im Buch Jesus Sirach ist ein gutes Beispiel dafür: „Der Herr ist ein starker Schild, eine mächtige Stütze, Schutz vor dem Glutwind, Schatten in der Mittagshitze, Halt vor dem Straucheln, Hilfe vor dem Fall, Freude für das Herz, Licht für die Augen, Heilung, Leben und Segen“ (Sir 34,19f.).

LITERATUR

Barth, M.: *Jesus, Paulus und die Juden,* Zürich 1967, S. 37.

Breuning, W.: Zitat in: Greshake G., *Stärker als der Tod,* Topos-Taschenbücher, Bd. 50, S. 67.

Buber, M.: *Zwei Glaubensweisen,* Werke Bd. I, München und Heidelberg 1967, S. 679.

Franziskus v. Assisi: *Ermahnungen,* in: *Franziskanische Quellenschriften,* Bd. 1, Dietrich Coelde Verlag, Werl/Westf., S. 104 (Zitat frei wiedergegeben).

Greshake, G.: *Stärker als der Tod,* Topos-Taschenbücher, Bd. 50, S. 25 f.

Haag, H.: *Und du sollst fröhlich sein. Lebensbejahung im Alten Testament,* Verlag Katholisches Bibelwerk, Stuttgart 1978, S. 89.

König, Kardinal Franz: *Der Mensch – Gestalter und Hüter der Erde,* in: *Informationen Argumente Initiativen,* Katholische Aktion Österreichs, Nr. 4/1985, S. 4.

Kremer, J.: in: *Wiener Kirchenzeitung* vom 23. April 1978.

Lohfink, G.: *Die Sammlung Israels. Eine Untersuchung zur lukanischen Ekklesiologie,* in: *Studien zum Alten und Neuen Testament,* Bd. XXXIX, Kösel-Verlag, München 1975, 115 Seiten.

Prager, M.: *Die Propheten – Rufer zur Umkehr,* in: *Die Bibel,* Bd. 4, Andreas Verlag, Salzburg 1975, S. 2059.

Weiser, A.: *Was die Bibel Wunder nennt. Ein Sachbuch zu den Berichten der Evangelien,* Katholisches Bibelwerk Verlag, Stuttgart 1984, S. 20, 34, 104.

Die Bibelzitate sind der Einheitsübersetzung entnommen.